AF391149

13c11

Le Roman de sire Bertrand du Guesclin.

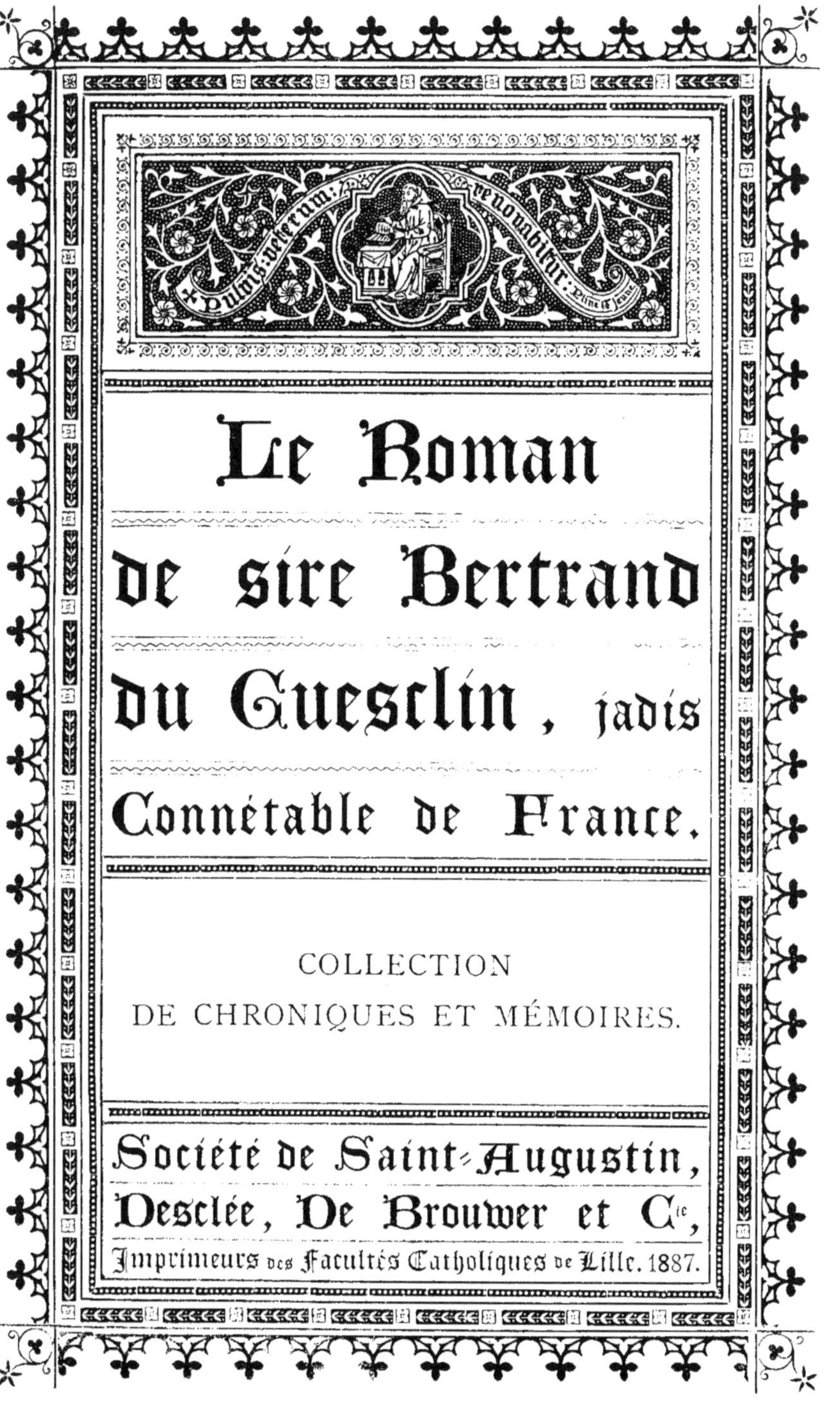

Le Roman
de sire Bertrand
du Guesclin, jadis
Connétable de France.

COLLECTION
DE CHRONIQUES ET MÉMOIRES.

Société de Saint-Augustin,
Desclée, De Brouwer et Cie,
Imprimeurs des Facultés Catholiques de Lille. 1887.

Parmi les illustres capitaines dont s'enorgueillit la France, Bertrand du Guesclin est un des plus célèbres. Ce n'est point un génie guerrier comme nos Turenne, nos Condé, nos Luxembourg. Il ne faut pas attendre de lui de ces campagnes, de ces retraites, de ces marches qui sont d'un grand général et d'un tacticien. L'homme est ce que le fait son temps, et nous n'irons pas exiger d'un chevalier du moyen-âge une science accomplie des batailles, science qui, comme d'autres moins meurtrières, a ses révolutions et ses progrès. Sans chercher à savoir si l'art de la guerre, porté à un très haut point par Rome conquérante, s'est trouvé en décadence au temps de la chevalerie, il est certain qu'à une époque où tout gentilhomme était soldat, où la valeur personnelle était tout, où même la valeur aveugle et stupidement téméraire était applaudie, les seules qualités qu'on pût attendre d'un héros d'alors étaient l'honneur, la bravoure, la générosité ; en un mot ce qui faisait la grandeur de la chevalerie, ce qui rendait ses traditions respectables et saintes.

Du Guesclin a été le plus brave parmi les plus braves ; généreux jusqu'à tout sacrifier pour l'être, donnant quand il avait, empruntant des autres quand il n'avait pas, et pour donner encore ; enfin il a été regardé par ses compagnons comme le type parfait et le modèle de l'honneur. Sans doute ce n'est point un personnage de roman dans le sens musqué du mot ; il est rude, bourru, de petite mine. Quand on vient le chercher de la part des princes, on le trouve vêtu d'un jaque noir, ayant

une hache pendue au cou ; «il semble bien brigand en cet état.»
Il n'a pas non plus poussé l'humanité jusqu'à ses dernières li-
mites ; au moins n'a-t-il pas mérité le nom de boucher comme
Clisson, le Breton son compère. D'ailleurs, dans ces guerres
cruelles de Bretagne et d'Espagne où là deux cousins et ici
deux frères se battaient pour s'arracher la couronne et la vie;
dans ces luttes de tous les jours contre les Anglais qui rava-
geaient nos contrées, la clémence est une vertu qui n'eût pas
été de saison. On frémit quand on songe aux cruautés qui se
commettaient, de part et d'autre, de sang-froid : Clisson qui
tue de sa main dix-huit Anglais prisonniers, l'un après l'autre,
se faisant lui-même bourreau par haine et par vengeance ; le
Prince Noir qui met Limoges à feu et à sang; et ici toute une
garnison mise à mort, et plus loin Holegrave qui fait couper
les poings et crever les yeux à ceux de la Rochelle qui lui
tombaient entre les mains, pour punir cette ville de s'être
« tournée française. » Si du Guesclin, naturellement bon, n'a
pas épargné, c'est que les lois de la guerre étaient alors terribles
et que le culte de la force étouffait brutalement toute pitié.

Du Guesclin ne fut d'abord qu'un habile chef de partisans,
résolu et audacieux. Toujours prêt à l'attaque et prompt à la
riposte ; ici, sur la queue des Anglais, quand on le croyait à
vingt lieues ; tenace et têtu comme un Breton qu'il était, toujours disposé à jeter le gant ou à le relever ; jouant si bien de
la lance, que les autres, dit la chronique, « s'arrêtaient de combattre pour le regarder » ; ayant avec cela continuellement
quelque ruse en idée et la mettant aussitôt à exécution, le
plus souvent avec succès ; il est devenu peu à peu, par son
entente de la guerre, par sa prudence autant que par son
courage, la plus grande force dont pût s'armer son pays, le

seul homme qui fût redoutable aux Anglais orgueilleux de Crécy et de Poitiers, le seul qui réussît à les chasser et à les acculer à leurs frontières. Comprenant admirablement qu'avec des troupes qui s'élançaient impétueusement à l'attaque, sans ordre ni discipline, des troupes qui poussaient le mépris de l'obéissance presque aussi loin que le mépris de la mort, et qui, victimes de leur folle bravoure, se battaient elles-mêmes avant d'en venir aux mains, il ne fallait point essayer de livrer des batailles rangées, du Guesclin entama une série de petits combats, d'embuscades, d'assauts précipités, qui furent ruineux pour les Anglais. Les harcelant sans cesse, il arriva à les anéantir par des escarmouches répétées, relevant ainsi nos armes compromises ; et Charles V ne pouvait faire mieux que de placer à la garde de ce chevalier loyal, et presque toujours victorieux, l'épée de connétable, cette épée glorieuse de la France.

Les belles actions de du Guesclin, cette ardeur sans pareille qu'il avait au combat, la réputation qu'il avait acquise moins encore qu'il ne l'avait méritée, avaient de quoi tenter les historiens. Nous n'entreprendrons pas une critique de chaque ouvrage écrit à la gloire du connétable ; nous n'essayerons même pas d'en donner une nomenclature qui trouverait mieux sa place dans une édition savante que dans le livre que nous ajoutons à notre collection de chroniques et mémoires. Le monument le plus authentique, le plus traditionnel que nous ayons sur Bertrand, est sans contredit le poème de Cuvelier. Il a été publié dans le recueil des documents historiques par E. Charrière, qui a donné en notes les principales versions qu'offraient les différents manuscrits. Bien que fastidieux à la lecture, ce poème est d'un intérêt incontestable, et si mêlé de fables qu'il soit, il n'en a pas moins beaucoup d'autorité. Ce poème a été la source première où ont puisé tous les auteurs qui ont écrit sur du Guesclin. Traduit en prose alors que les vers étaient passés de mode, on l'a relu encore sous cette forme nouvelle qui l'a gâté plutôt que rajeuni. Plusieurs auteurs ont ainsi traduit ou plutôt dépoétisé ce poème : c'est ce qui explique la variété d'ouvrages parmi lesquels on est bien embarrassé de faire un choix. La plus connue de ces traductions est celle que Menard a donnée chez Sébastien Cramoisy en 1618. Elle est intitulée : *Histoire de Bertrand du Guesclin, connétable de France, duc de Molinas, comte de Longueville et de Burgos, contenant les guerres, batailles et conquêtes faites sur les Anglais, Espagnols et autres, durant les règnes des rois Jean et Charles V. Écrite en prose l'an MCCCLXXXVII, à la requête de messire Jean d'Estouteville, capitaine de Vernon-sur-Seine ; et nouvellement mise en lumière par Me Claude Menard, conseiller du Roy et lieutenant en la Prévosté d'Angers.*

Dans l'espèce d'introduction dont Menard fait précéder le livre qu'il offre au public, il s'exprime ainsi : « Il y a deux ans, rencontrant par hazard cette pièce manuscrite qui faisait le rebut d'un colporteur, je la jugeai mériter quelque coin de notre histoire. Depuis, faisant l'an passé quelque séjour dans Paris, MM. de Sainte-Marthe, advocats au Parlement, m'en offrirent une autre plus ample et de meilleure trempe. En feuilletant quelques manuscrits dans l'hôtel de Mercœur, j'en trouvai un autre, non si bon... etc. » L'ouvrage est divisé en chapitres, et finit ainsi : « Et à tous ceux qui ce livre liront et ouïront, et espécialement à celui qui l'a fait ordonner, donne

Dieu bonne vie et l'Paradis à la fin. Amen. » Puis, à la dernière page, se trouvent ces vers :

> En un temps qui a Yver nom,
> Du chastel roial de Vernon
> Qui yst aux champs et à la ville,
> Fist Jehannet d'Estouteville,
> Dudit chastel lors capitaine,
> Aussi de Vernonnet sur Sayne,
> Et du Roy escuyer de corps,
> Mettre en prose, bien m'en recors,
> Ce livre cy extrait de ryme,
> Complet en Mars dix neufyme ;
> Qui de l'an la date ne scet
> Mil trois cens quatre-vingts et sept.

Le poème de Cuvelier ne porte point de date ; quelques vers cependant sont une indication plus que suffisante de l'époque où il a été composé. Cuvelier parle de la mort de Bertrand et de celle de Charles V, qui eut lieu peu de mois après, et dit :

> Depuis fut Oliviers connétable eslis,
> Cestuy qui de Clisson maintint les édifis ;
> Que ce soit à l'onneur de France le païs !

Olivier de Clisson ne perdit la dignité de connétable qu'en 1393. Le poème est donc antérieur à cette époque. De plus, et de l'aveu de l'auteur dont Menard n'est que l'éditeur, cette chronique en prose, datée de 1387, n'est qu'une traduction d'une chronique « en ryme. » Ceci placerait la date du poème de Cuvelier très peu après la mort de Bertrand, c'est-à-dire très peu après 1380.

Un autre ouvrage en prose, tout à fait différent de celui de
Menard, a été publié, toujours d'après d'anciennes chroniques,
à Douay, en 1792, chez la veuve de Balthazar Bellere. Il est
intitulé : « *Anciens mémoires du XIVe siècle, depuis peu dé-
couverts, où l'on apprendra les aventures les plus surprenantes
et les circonstances les plus curieuses de la vie du fameux Bertrand du Guesclin, connétable de France, qui, par sa valeur, à
rétabli dans ses états un prince catholique ; et nouvellement
traduits par le sieur Lefèvre, prévôt et théologal d'Arras.* »
Cent ans auparavant la même chronique avait été éditée à
Paris, par Langlois, mais avec certaines altérations et un
changement dans le titre. C'est cette chronique de Lefèvre que
M. Petitot a insérée dans sa collection de mémoires relatifs
à l'histoire de France.

Enfin, il existe une autre chronique de Bertrand du Guesclin, probablement originale, si l'on en juge par la naïveté du
récit, évidemment contemporaine du poème de Cuvelier, et
publiée bien antérieurement aux traductions dont nous avons
parlé. Les bibliothèques possèdent de nombreux manuscrits
de cette chronique, qui, sans être plus exacte que les autres,
est moins diffuse et aussi moins longue. C'est ce qui nous
a déterminés à la choisir pour faire partie de notre collection.

Cette chronique a été imprimée in-folio, en lettres gothi-
ques, dans le premier siècle de l'imprimerie. Les exemplaires
en étant extrêmement rares, on nous saura peut-être gré de
donner quelques détails sur cette intéressante édition. Elle
est ornée de très curieuses gravures sur bois, dont quelques-
unes sont plusieurs fois reproduites, imprimée sur papier fort,
à deux colonnes, sans titre, et en caractères ressemblant à
ceux qu'employaient les imprimeurs de Lyon dans les dix

dernières années du XVe siècle. La première feuille présente au verso un chevalier en armes, visière levée, appuyé d'une main sur une hache, et de l'autre sur un écu, avec ces mots : Bertrand du Guesclin. Les armes figurées sur l'écu, un lion dressant, et au chef de trois fleurs de lis, ne sont pas celles du connétable. La Bibliothèque Nationale en possède un exemplaire, ainsi que le British Museum.

Nous avons reproduit aussi fidèlement que possible cette édition, en comblant toutefois les lacunes et en corrigeant les fautes, qui sont innombrables et qui, pour la plupart, ont été relevées par Buchon dans la révision qu'il en a faite sur les manuscrits. Bien entendu, cette reproduction n'est pas textuelle ; tout en nous tenant assez près du texte pour ne l'avoir point défiguré, nous avons eu égard à ceux pour qui cette collection de chroniques est destinée, et les jeunes gens qui liront cette histoire de Bertrand du Guesclin ne trouveront, dans une lecture rendue facile, rien que de bon et rien que de sain. L'assurance que nous aurons été utile à la jeunesse est la seule récompense que nous ambitionnions.

Le lecteur trouvera, à la suite de cet ouvrage, un extrait du poème de Cuvelier, et un autre de la traduction publiée par Menard. Il sera ainsi à même de comparer ces fragments avec le commencement de notre chronique qui s'y rapporte

Prologue.

N ma pensée souvent me delictoye en
ouyr livres et côpter les faiz des anciens,
par lesquels (soubs la grace de Nostre-
Seigneur duquel tous biens viennent)
cognoissance de raison est donnée à tout humain.
Et, devant toute rien, au fait de chevalerie et de
clergie qui de justice sont voyes et droictes gardes,
jà-çoit ce que ne soye point telle que en moy doyve
estre chière, mais les clers et les chevaliers en ma
ieunesse ay voulu hanter voulêtiers et souvent, et
le cueur de moy forment y trait. Et depuis, pour mon
délit, comme celluy qui par entroublier ladversité
mondaine, par laquelle maint cueur est desvoye, ay
prins aulcun remede de confort pour ma pensée
eslever et me suis mis a traictier et racompter par
histoires les faiz de Messire Bertrand du Guesclin,
chevalier, qui par sa doctrine et par sa vaillance sur-
monta en prouesse tous aultres chevaliers en son
vivant. Et de lui et de sa vaillance ala tant la renommée que le roy Charles de France, qui iustice et
chevalerie tant aymoit, le retint connestable de son
royaulme. Cestuy roy Charles fut preudons et de
saîcte vie en son vivât, car avecques ce qu'il fut
tenu le plus preudomme de son royaulme, il régna
par sa iustice en telle manière et puissance que bien
povait on dire de luy ce que notre Seigneur dit par

la bouche de Gérémie, son benoit prophete, qui au livre des lamentations dit : Regnabit rex, sapiens erit et faciet iudiciû. Et certes bien se gouvernait selon telles parolles le roy Charles. Et bien le devra chescun congnoistre par ceste hystoire laquelle doresenavant ie uueil commencer. Mais à tous supplie humblement que, se en aulcuns lieux ie fais, ce que souventes fois me advient, ils veuillent mes faultes débonnairement supplier et corriger.

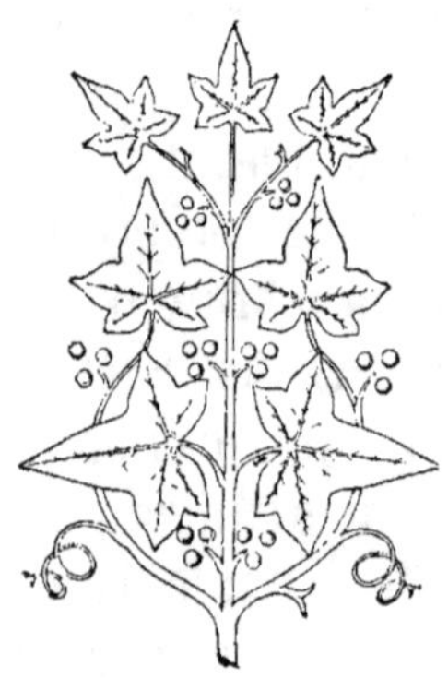

Le Roman de sire Bertrand du Guesclin, jadis Connétable de France.

I. — Ci commence le roman de Bertrand du Guesclin, jadis connétable de France, et né de la nation
de Bretagne, et nombré au nombre des preux.

U temps et règne de Philippe, le roi de
France, fils de Charles, comte de Valois,
frère de Philippe le Bel, roi de France et
de Navarre, qui en son vivant engendra
trois fils, lesquels, l'un après l'autre, depuis le trépassement dudit Philippe le Bel, leur père, furent couronnés
rois de France par la succession du dernier ; desquels le
royaume descendit et échut audit Philippe de Valois (1),
neveu aîné dudit Philippe ; en ce temps était en Bretagne un chevalier nommé Regnault du Guesclin, seigneur de la Motte de Bron, un fort château et bien
situé à six lieues de Rennes. Le chevalier fut pru-
d'homme, loyal et droiturier envers Dieu et le monde,
et renommé de grand'prouesse et de hardiesse sur toutes choses; il aimait l'Église pour la révérence de Notre-Seigneur, de qui tous biens viennent, et il confor-
tait les pauvres et leur faisait aumônes.

Il est vrai que de ce chevalier et de sa femme, qui

(1) Philippe VI de Valois, fils du frère de Philippe IV, dit le Bel. Les trois fils
de Philippe IV, qui régnèrent successivement, Louis X, Philippe V, Charles IV,
ne laissèrent pas d'enfants aptes à succéder au trône.

était fort de sainte vie et bien renommée en son pays, furent issus trois fils, desquels l'aîné eut nom Bertrand (1), et de qui en sa vie courut tant la renommée par toutes terres chrétiennes et sarrasines, qu'il fut craint (2) et redouté. Le second eut nom Guillaume, et il valut beaucoup, mais peu vécut. Et le troisième eut nom Olivier, qui maintenant règne comte de Longueville. A la haute prouesse de ce Bertrand nul ne se put comparer en son vivant : ce à cause de quoi Charles, roi de France, le retint pour son connétable et chef de toutes ses guerres.

Mais parce que les chevaliers de jeunesse désirent volontiers entendre raconter les grandes vaillances, ici sont rappelés les faits dudit Bertrand depuis le temps de sa jeunesse jusqu'à son trépassement, d'après ce qui est trouvé en ses faits qui sont écrits parmi les faits des rois de France en l'église de Monseigneur Saint-Denis, en France (3).

Bertrand du Guesclin, fils aîné de Regnault du Guesclin, fut de moyenne stature, le visage brun, le nez camus, les yeux vairs (4), large d'épaules, longs bras et petites mains. Mais parce que de grand'beauté n'était-il pas plein, il fut peu prisé en sa jeunesse ; et souvent

---

(1) Bertrand du Guesclin naquit en 1314.

(2) Quelques manuscrits portent « aimé et redouté ».

(3) A cette époque on désignait de ce nom plus spécialement le cœur du royaume, l'Ile de France.

(4) Gris ; peut-être pour *vairons*, qui se dit quand les yeux sont de couleur différente.

il advient que l'enfant moins prisé en sa jeunesse reçoit
en ses jours avancement et grand honneur. Il advint,
à une fête de l'Ascension, que à La Motte de Bron
vint une converse qui avait été juive et qui était de
grand'science. Cette converse fréquentait souvent en
l'hôtel du Sire de Bron, qui débonnairement la recevait,
et à ce jour il la fit asseoir à sa table. Et la converse regarda qu'à la seconde table étaient assis les trois enfants
et tout au dernier bout était assis Bertrand, qui était
l'aîné, mais le chevalier en tenait peu de compte, et
moins que des autres. Elle considéra et avisa la manière
de Bertrand ; et au lever de la table, elle prit l'enfant
qui était en l'âge de six ans. Et après qu'elle lui eut
regardé les mains et vu sa physionomie, elle demanda
au chevalier et à la dame pourquoi on le tenait si vilainement. La dame répondit :

   « Belle amie, en vérité, cet enfant est si rude,
» malicieux (1) et divers en courage (2), que jamais
» son pareil ne fut vu, car jamais homme, de si haut
» lignage qu'il soit, ne lui fera ou dira quelque chose à
» son déplaisir, qu'aussitôt il ne soit frappé par lui. Et
» nous en sommes, Monseigneur et moi, souvent dolents
» à cause des griefs qu'il fait aux enfants du pays ; car
» jamais il ne cessera de les faire assembler pour les

---

(1) Un manuscrit porte « mal gracieux. »

(2) De caractère changeant. *Courage* est souvent pris dans le sens de cœur ou
d'esprit.

» faire combattre, et lui-même combat avec eux ; ce
» dont Monseigneur et moi désirons souvent sa mort
» ou qu'il ne fût jamais né. »

A cette parole répondit la converse :

« Madame, je vous affirme que sur cet enfant je vois
» un tel signe, que par lui seulement le royaume de
» France sera relevé ; et en son temps nul ne sera qui
» puisse lui être comparé en chevalerie. »

De cela la dame commença à se réjouir, et dorénavant le tint plus cher.

Tant grandit Bertrand qu'il vint en l'âge de neuf ans ; et il prit une coutume, c'est qu'il assemblait les enfants et les partageait par corps de bataille, et souvent les faisait combattre si longuement, que plusieurs des enfants s'en repentaient et s'en retournaient blessés en leurs maisons ; et lui-même y était blessé et ses robes dérompues. Quand la dame voyait Bertrand ainsi se démener, elle était fort dolente et elle lui disait :

« Malotru, il vous souvient mauvaisement du haut
» honneur auquel la converse vous a dit que vous deviez
» venir ; mais certes elle vous avisa mal, car en vérité
» je ne le pourrais croire. »

De cela Bertrand ne tint pas de compte, mais il fit faire quintaines (1) et joutes d'enfants et manières de

(1) Exercice qui consistait à frapper d'une lance une figure d'homme armé, qui, lorsqu'on ne l'atteignait pas au bon endroit, tournait sur elle-même et déchargeait un coup de bâton dans la figure du maladroit.

tournois, selon le sentiment qu'il en pouvait avoir par ce qu'il en avait entendu raconter ; car alors l'on faisait des tournois parmi le royaume de France.

Ainsi se maintint Bertrand, jusques à ce que les gens du pays firent plainte au sire de Bron de son fils qui guerroyait leurs enfants en telle manière. Alors le sire du Guesclin et de Bron fit crier que personne ne laissât aller ses enfants avec Bertrand. Quand Bertrand vit et aperçut que nul enfant ne le voulait plus suivre, il s'en prenait à eux et les faisait combattre avec lui outre leur gré.

Alors les pères des enfants retournèrent vers le sire de Bron faire leur plainte de son fils, lequel il fit emprisonner. Il advint qu'un soir une chambrière portait à manger à Bertrand ; et comme elle ouvrit l'huis de la prison, Bertrand en sortit et lui ôta les clefs et l'enferma dedans ; puis il s'en alla de nuit en l'une des maisons de son père, et là prit une jument et s'en alla à Rennes. Le sire de Bron avait à Rennes une sœur mariée à un chevalier de grand honneur qui demeurait à Rennes ; et là alla Bertrand. Et quand la dame sa tante l'aperçut, elle fut fort joyeuse de sa venue ; mais, parce que déjà elle avait entendu parler de son maintien, elle lui dit :

« Ah ! beau neveu, vous ressemblez mal à la race
» dont vous êtes issu, vous qui ainsi vous démenez
» vilainement. »

Là était le chevalier, mari de la dame, qui lui dit :

« Dame, laissez à Bertrand s'acquitter de jeunesse (1). »

Puis il dit à Bertrand :

« Beau neveu, l'hôtel de céans est vôtre. »

Ce dont Bertrand le remercia fort débonnairement.

Bertrand demeura dans Rennes longuement avec son oncle et changea fort de ses manières ; puis son père fut apaisé envers lui et il retourna en son hôtel. Et tant grandit Bertrand, qu'il fut en l'âge de douze ans. Alors le sire du Guesclin lui donna chevaux et harnois, et dorénavant il suivit les armes, joutes et tournois. Et il fut si large, et faisant tant de dons et présents aux gentilshommes qui passaient par la terre de son père, qu'en peu de temps il fut en accointance des chevaliers et renommé de largesse. Et entre ses autres manières, il avait de coutume que, s'il voyait quelque pauvre requérant l'aumône, s'il n'avait pas d'argent, il se dévêtait et donnait sa robe pour l'amour de Notre-Seigneur ; ce à cause de quoi son père le chérissait beaucoup plus que pour nulle chose qui fût en lui.

Or il advint que les barons de Bretagne tinrent à Rennes une bien grand'joute. Et de l'entreprise fut le sire du Guesclin, père de Bertrand, et avec lui Bertrand qui était fort désirant de jouter ; mais, à cause

---

(1) Laissez-lui passer sa jeunesse.

qu'il était trop jeune, son père ne voulut point qu'il joutât.

Au jour des joutes s'armèrent à Rennes des chevaliers de plusieurs contrées ; là il y eut grand'fête et il y eut des dames et des damoiselles, des bourgeois et des bourgeoises. Les chevaliers qui étaient venus pour l'entreprise, vinrent sur la place des joutes ; et là furent reçus tous les chevaliers et écuyers. Et sur tous ceux qui firent bien pendant cette journée, on donnait le prix au seigneur du Guesclin. Il advint que, parmi ceux du dehors, jouta un écuyer, parent de la dame du Guesclin, et fort bellement et longuement il se maintint à la joute ; puis il retourna dans l'hôtel où était logé Bertrand qui connaissait l'écuyer ; et Bertrand le suivit dans la chambre où il voulait se désarmer, et s'agenouilla devant lui, en lui requérant qu'il lui voulût prêter son harnais pour jouter ; ce à quoi l'écuyer, qui le connaissait, lui répondit doucement :

« Ah ! beau cousin, vous ne devez pas requérir cela, mais bien tout prendre comme le vôtre. »

Ce dont Bertrand fut fort joyeux. Puis l'écuyer arma Bertrand fort secrètement, puis lui donna un cheval de joute et un varlet pour le servir et gouverner.

Bertrand vint joyeusement sur le champ ; et quand il se vit sur les rangs, il frappa son cheval des éperons appertement contre un chevalier, et le chevalier contre lui. Bertrand, qui au grand jamais n'avait jouté, frappa le chevalier par le heaume (1), de telle force, qu'il le lui mit hors de la tête. De ce coup tomba le chevalier et son cheval fut occis. Quand les hérauts virent le rude coup qu'avait fait celui qu'on ne connaissait point, et comme ils ne savaient quel cri crier, ils commencèrent tous à crier :

« A l'écuyer aventureux ! »

Alors Bertrand piqua son cheval, chevauchant les rangs, et il fit tant ce jour-là qu'il n'y eut nul de ceux du dedans qui ne redoutassent de le rencontrer, et ils ne savaient quel il était. Quand le sire du Guesclin, qui tout le jour avait eu le prix, aperçut la contenance de ceux du dedans, il frappa son cheval des éperons et s'adressa contre Bertrand son fils, lequel reconnut son père à ses parements (2). Alors Bertrand laissa choir sa lance. Le sire du Guesclin, qui ne reconnaissait pas son fils, s'émerveilla de ce qu'il lui avait refusé la joute ; et alors il s'assembla avec ses autres compagnons en leur demandant s'ils savaient qui il était, et comment ils le pourraient savoir. Par le conseil du sire du Guesclin, il fut dit que l'un des chevaliers du dedans irait contre lui et se mettrait en peine de le désheaumer (3), et que par ce moyen pourrait-on le reconnaître. Et alors partit un écuyer qui était de grand'prouesse et de grand'vertu, et il vint contre Bertrand et le désheau-

---

(1) Sur le casque.
(2) Parures, ornements que portaient les chevaliers pour se distinguer.
(3) Faire tomber son casque.

ma. Alors Bertrand fut reconnu de ceux de son lignage et de son père qui en furent fort joyeux. Et, par dessus tous ceux qui en firent joie, le sire du Guesclin, à cause du bien qu'il vit en son fils, fut fort joyeux. Depuis ce jour-là il l'aima tellement que dorénavant il le tint pour très cher et lui abandonna toute sa terre.

Quand la dame du Guesclin entendit ces nouvelles de Bertrand, son fils, à qui le prix des joutes de Rennes fut donné, que nul ne demande si elle le reçut à grand'-joie. Alors il lui souvint des paroles de la converse.

Au partir des joutes, le sire du Guesclin s'en alla à La Motte de Bron avec son fils, auquel il donna grand état pour suivre joutes et tournoiements. Et brièvement, tant fit Bertrand, que de lui courut grand'renommée dans le duché de Bretagne.

En ce temps régnait en Bretagne le bon duc Jean qui en tout son temps fut bon français, prud'homme et joyeux ; et loyalement il avait servi le roi Philippe de Valois. Contre le roi Philippe guerroyait le roi Édouard d'Angleterre, qui fit tant par l'aide des Flamands, Allemands, Gallois, Hennuyers (1), Brabançons et gens de plusieurs nations alliés à lui, qu'il mit le siège devant la cité de Tournay. Quand le roi Philippe le sut, il manda les princes de son royaume. Au mandement de roi alla le bon duc Jean de Bretagne à grand harnois, accompagné de ses barons. Et brièvement le roi assem-

______

(1) Du pays de Hainaut.

bla quatre cents lances, et s'en partit pour aller contre Édouard. Il chevaucha tant par ses journées qu'il vint à Mons en Hainault. Quand la comtesse de Hainault, qui était veuve et qui par dévotion s'était rendue abbesse de Fontenelles, sut la venue du roi Philippe son frère et du roi Édouard qui avait épousé sa fille, tant se peina la dame, que toutefois trèves furent prises entre les rois en espérance de paix. Alors fut levé le siège ; et les rois s'en retournèrent chacun en sa contrée. Et quand le roi Philippe fut retourné en France, il donna congé à ses princes et les remercia fort de leur secours. Et sur tous les autres le bon duc Jean de Bretagne fut honoré et festoyé, puis il prit congé du roi et s'en retourna en Bretagne où il fut reçu fort honorablement.

Pour la grand'renommée qui courait en Bretagne de Bertrand, le bon duc Jean désirait beaucoup le voir, et pour cela il le manda ; et il vint devers lui et là le bon duc Jean le reçut à son service, et, dans tous les voyages qu'il fit pour le roi, il le mena avec lui et en sa compagnie. Et il ne demeura pas longuement que le bon duc Jean trépassa, ce dont le pays fut fort endommagé.

II. — Comment le comte de Montfort prétendit au duché de Bretagne et saisit le trésor du duc.

EN cette partie l'histoire dit qu'après la mort du bon duc Jean, le comte de Montfort, frère puiné du bon duc, alla à Limoges pour saisir les trésors dudit bon duc, puis il retourna en Bretagne ; et par de l'argent il attira à soi plusieurs barons du pays ; et il fit tant, qu'à lui se rendirent plusieurs villes et châteaux du duché. Et brièvement il se nomma duc de Bretagne.

III. — Comment le père du duc de Bretagne, qui maintenant règne (1), fut fils de la reine d'Écosse, qui avait été mariée deux fois.

IL est vrai que Arthur, duc de Bretagne, père du bon duc Jean, avait trois fils, dont il eut les deux premiers de la vicomtesse de Limoges, sa première femme, et le troisième de la reine d'Écosse ; c'est à savoir : le dit bon duc Jean, et monseigneur Guy de Bretagne, comte de Penthièvre et de Grebbo, second fils ; et Jean, comte de Montfort, troisième et dernier fils (2).

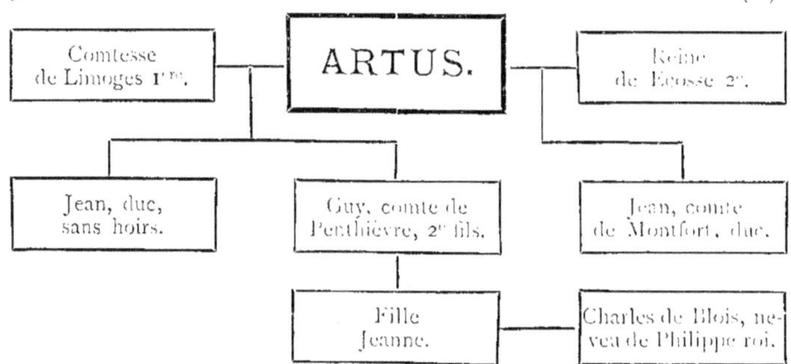

(1) Ces mots « qui maintenant règne » peuvent servir d'indication sur l'époque où l'ouvrage que nous reproduisons a été composé. Jean V, duc de Bretagne, fils du comte de Montfort, mourut vers 1399. Le *Roman de Bertrand du Guesclin* a donc été écrit peu d'années après la mort du connétable, entre 1380 et 1399. L'inspection des manuscrits ne laisse d'ailleurs aucun doute à ce sujet, et l'écriture du plus ancien est de la fin du quatorzième siècle.

(2) Le tableau généalogique qui suit est ajouté à la main sur l'imprimé du British Museum ; nous le donnons comme curiosité.

Le bon duc Jean, l'aîné, après son père le duc Arthur, régna au gré de tous, et, par le conseil de ses barons, il fut marié ; mais la duchesse sa femme n'eut jamais d'enfants. Et parce que messire Guy, le second fils, était prud'homme, et qu'il était plus agréable aux barons et au peuple que messire Jean, comte de Montfort (et aussi ce bon duc Jean, considérant qu'après lui il était le plus prochain pour régner et hériter du duché), il voulut et fit, par le conseil des barons, qu'au cas que le dit messire Guy son frère irait de vie à trépassement avant lui, le droit héritier issu de messire Guy, fils ou fille, devait être et se réputer son successeur ; car telle était la coutume de Bretagne. A cela s'accorda le comte de Montfort avec tous les barons ; et brièvement ledit messire Guy trépassa avant le bon duc Jean, son frère (1). Duquel messire Guy il demeura une fille qui fut mariée à Monseigneur Charles de Blois, neveu de Philippe, roi de France (2).

Or, il advint qu'après le trépassement dudit bon duc Jean (3) le duché échut audit Charles de Blois, à cause de Madame sa femme, et il s'en alla devers le roi de France et lui porta l'hommage du duché qu'il reçut, puis alla en Bretagne et prit le nom de duc ; mais Jean de

---

(1) En 1330.

(2) Guy, comte de Blois, père de Charles de Blois, avait épousé une sœur de Philippe VI. Le mariage de Jeanne de Penthièvre avec Charles de Blois eut lieu en 1338.

(3) En 1341.

Montfort lui contredit, et contre ledit Monseigneur Charles il réclama le duché. Le comte de Montfort fut alors ajourné à comparaitre par devant le roi ; il y vint, et tant fut démenée la cause, par devant les pairs de France, par lesdites parties, qu'ils furent appointés par droit. Et pendant ce temps le comte de Montfort fut prévenu qu'on avait adjugé que le duché ne lui devait point appartenir ; pour laquelle raison il partit de la cour hâtivement et sans le congé du roi. Et il s'en alla tout seul jusques à Orléans, et là se mit sur Loire en un vaisseau, et nuit et jour s'en alla en Bretagne, et là il passa la mer et s'en alla en Angleterre par devers le roi Édouard, auquel il fit hommage du duché ; lequel roi anglais lui promit de le lui garantir. Et ainsi partit d'auprès des Anglais le comte de Montfort. Et au jour assigné, il fut ordonné par les pairs que le duché appartenait à Charles de Blois et non à d'autres, à cause de sa femme ; et, en prononçant l'arrêt, les prélats et barons de Bretagne y pendirent leurs sceaux (1).

Après le jugement, Charles partit de la cour et s'en alla en Bretagne, et plusieurs villes et châteaux se rendirent à lui ; et plusieurs se tinrent du parti du comte de Montfort. Il ne demeura guère que, pour faire secours audit comte, le roi d'Angleterre envoya en Bretagne le duc de Lancastre, son frère, avec grand'quantité de gens. Parmi la Bretagne allèrent réclamant villes

(1) 7 septembre 1341.

et châteaux le comte de Montfort d'une part, et Monseigneur Charles d'autre part ; ce à cause de quoi la Bretagne fut fort endommagée et la noblesse abaissée; car alors en Bretagne le père guerroyait contre le fils, parce que les uns tenaient le parti de Charles de Blois, et les autres tenaient le parti de messire Jean, comte de Montfort.

IV. — Comment messire Bertrand s'éprit d'armes premièrement.

ALORS Bertrand était jeune d'environ vingt ans et il aimait fort les armes. Il considéra donc en soi que maintenant il était temps d'acquérir honneur. Et alors en avaient bien moyen tous chevaliers et écuyers qui allaient en Bretagne où étaient alors les guerres des Anglais, parce qu'entre le roi de France et celui d'Angleterre il y avait des trèves. Et le roi anglais faisait ce secours d'Angleterre au comte de Montfort pour abaisser la puissance de Bretagne qui toujours était en l'obéissance et souveraineté du roi de France; autrement le roi anglais n'eût pas eu volonté de mener guerre contre Charles de Blois, qui était son cousin issu de germain et le cousin germain de sa femme la reine d'Angleterre, pour aider au comte de Montfort qui ne lui était rien de lignage.

La renommée fut par toute la Bretagne que le comte

de Montfort n'avait rien ni nul droit au duché ; et pour cela maints bons chevaliers de France et d'autres contrées se mirent du parti de Charles de Blois. Bertrand, qui sut ces nouvelles, dit que jamais en son vivant il ne soutiendrait mauvaise querelle ; mais qu'il serait toujours avec droiture. Il se mit donc à tenir le parti de Charles de Blois, et par sa vaillance il attira à soi plusieurs jeunes gens désirants de savoir les guerres. Et il fit tant qu'en peu de temps ils se trouvèrent bien soixante compagnons armés qui au-dessus d'eux firent capitaine Bertrand.

Quand Bertrand se vit ainsi accompagné, il se prit à courir sur les Anglais et à faire des embuscades ; mais comme ils n'avaient point de forteresses ni de frontières où ils se pussent retirer, ils allaient dans les grandes forêts. Ainsi se maintint Bertrand qui, pour attirer à lui des gens d'armes, donnait tout à ses compagnons. Et en peu d'heures il fut pauvre par sa largesse. Quand Bertrand vit qu'il n'avait plus de quoi donner, il prit les joyaux de sa mère et les vendit, et acheta chevaux et harnois, ce dont elle fut contre lui courroucée et dolente. Et il advint une journée que Bertrand chevauchait, lui quatrième, par la forêt. Alors passa un chevalier anglais qui dans le château de Forgeray menait sa finance pour la mettre en sûreté. Messire Bertrand reconnut bientôt que le chevalier était anglais ; lequel fort hardiment, bien monté et armé qu'il était, et de grand'prouesse, courut sur Bertrand et en tint fort peu de compte, parce qu'il était lui septième. Toutefois Bertrand avec ceux de sa compagnie courut de grand'vertu sur le chevalier anglais. Et tant fit qu'en peu d'heures il le conquit et l'occit.

Quand Bertrand eut conquis le chevalier, il s'en vint à sa mère ; et quand elle l'aperçut ainsi monté et armé, elle en fut fort joyeuse. Alors Bertrand descendit et embrassa sa mère ; et puis vint à son père et lui conta son aventure, lequel en eut grand'joie. Alors Bertrand fit apporter la malle du chevalier ; et là Bertrand trouva grand'finance d'argent et aussi de joyaux, lesquels il donna à sa mère, et beaucoup la supplia que jamais elle ne le maudit. Quand la dame vit les joyaux qui, sans comparaison, valaient mieux que les siens, elle dit à Bertrand :

« Ah ! Bertrand, la converse a bien dit que par toi » serait honorée toute la race dont tu es issu. »

Bertrand demeura là deux jours, puis prit congé de son père et de sa mère, et emporta avec lui tout ce qu'il avait conquis, hormis les robes et les joyaux. Il alla tant par les forêts, qu'il vint à ses compagnons qui furent fort joyeux de sa venue et s'émerveillèrent fort de son état. Là il partagea son gain à ses compagnons et leur conta son aventure, ce dont chacun dit à soi-même que Bertrand surpasserait encore toute la chevalerie de Bretagne d'honneur et de prouesse.

Là Bertrand séjourna un peu, puis il dit à ses compagnons qu'il était maintenant saison de guerroyer et d'aviser de quel côté ils pourraient gagner une forteresse pour courir sur les Anglais.

V. — Comment messire Bertrand prit le château de Forgeray.

BERTRAND du Guesclin qui était fort volontiers écouté de ses compagnons, dit :

« Beaux seigneurs, j'ai regardé qu'ici près il y a un
» château appelé Forgeray, lequel tient Robert Bem-
» borough, chevalier anglais, de par le comte de Mont-
» fort. Nous sommes ici soixante compagnons armés
» dont il n'y en a point qui n'ait désir de vaillance. Plu-
» sieurs fois j'ai été en ce château, et j'y ai été prison-
» nier une fois ; et j'y ai vu porter du bois, comme ont
» accoutumé de faire sur leur dos les pauvres gens ;
» vous savez que le bois de Forgeray est près du châ-
» teau. »

A cette heure passa un varlet de Forgeray qui tan-tôt fut pris ; Bertrand sut par le varlet que Bemborough était sorti dehors et y avait laissé peu de gens. Ce Bemborough était allé épier l'armée de Charles de Blois, qui avait assiégé un château, et là il pensa le surprendre, et de nuit. Quand Bertrand sut ces nouvelles, il fit garder le valet. Et aussitôt ils chevauchèrent droit à Forgeray. A la sortie du bois, Bertrand fit embusquer une partie de ses compagnons, et lui et le reste se tinrent en manière de pauvres bûcherons ; armés en dessous, et, leurs dos chargés de bois, ils vinrent près du château. Alors les Anglais, qui pensèrent que c'étaient des bûcherons, abaissèrent le pont appertement ; et alors Bertrand et ses compagnons entrèrent dedans et laissèrent leur bois sur le pont et crièrent : « *Guesclin !* » Alors s'élança l'embuscade de Bertrand ; et pour défendre le château les Anglais s'assemblèrent (1) fort âprement contre Bertrand et ses compagnons. Là il y eut assaut fort et merveilleux, et Bertrand y fut fort blessé ; mais les Anglais furent déconfits, et le château pris, lequel était très fort et bien garni de richesses (2).

Au même jour que Bertrand prit Forgeray, Robert Bemborough entra dans le camp de Charles de Blois, mais il fut déconfit, et prit son chemin vers Forgeray pour se garantir. Et bientôt vint au-devant de lui un varlet qui lui raconta l'aventure et la prise et mortalité de Forgeray : alors il fut plus dolent qu'il n'était auparavant et se mit à fuir autre part. De cela vinrent les nouvelles à Bertrand, qui aussitôt sortit de Forgeray et poursuivit Bemborough qui était aussi poursuivi par

____

(1) On trouvera fréquemment ce mot, *assembler, s'assembler,* dans le sens d'attaquer, en venir aux mains.

(2) La prise de Forgeray eut lieu en 1354, sept ans après la bataille de la Roche-Derien où Charles de Blois fut fait prisonnier, comme on le verra au chapitre suivant. Ce n'est pas précisément par l'exactitude chronologique que brillent nos vieilles chroniques.

les gens de Charles de Blois. Et tant fit Bertrand qu'il atteignit Bemborough. Là les Anglais se mirent en grand'défense, car ils ne pouvaient plus fuir, mais à la fin ils furent déconfits. Bemborough fut sur le champ occis. Après cette déconfiture, Bertrand retourna à Forgeray, et dorénavant en fut nommé sire. De cela sut les nouvelles Charles de Blois, qui désira fort voir Bertrand, à cause de la grand'renommée qui courait de lui par tout le duché de Bretagne.

VI. — Comment Charles de Blois fut pris en trahison.

Durant ces guerres, Charles de Blois avait mis le siège devant la Roche-Derien (1). En sa compagnie était le vicomte de Rohan et la plus grand'partie des barons de Bretagne. Pour faire lever le siège, vinrent les Anglais qui étaient en Bretagne ; et entre Monseigneur Charles et eux furent prises des trèves de quinze jours, en espérance de paix.

Il advint que, les trèves durant, monseigneur Thomas d'Agsworth, chevalier anglais, passa la mer à grand effort d'Anglais, et, de nuit, sans que le duc Charles sût rien de sa venue, vint dans l'armée des Anglais qui avaient accordé les trèves ; et le lendemain matin les Anglais entrèrent dans le camp du duc Charles qui de cela ne se donnait garde. Quand le duc

(1) La Roche-Derien, à cinq lieues à l'est de Lannion, (Côtes-du-Nord.)

aperçut la trahison, il s'arma, lui et ses gens, et âprement assembla contre les Anglais. Là il y eut bataille fière et merveilleuse ; mais à la fin le duc Charles fut déconfit, et frappé en son corps de dix-sept mortelles plaies. Et y mourut le vicomte de Rohan, et beaucoup d'autres barons y furent morts ou pris (1).

Après la bataille, vinrent les varlets anglais chercher dans les champs et dépouiller les tués. Là il y avait un varlet nommé Coffin qui trouva Charles comme mort, et qui le voulut dépouiller. Charles donna sa parole à cedit Coffin, et lui fit serment ; et le pria qu'il allât dire à sa femme qu'il était encore en vie, et lui promit qu'il le ferait riche homme. Pour trouver Charles, d'Agsworth, après la bataille, fit chercher sur le champ. Alors le duc fut trouvé en vie, et il lui fut amené. Quand d'Agsworth tint Charles, il le mit dans La Roche-Derien et lui requit qu'il se rendit à lui. A cela le duc fut refusant ; et pour cela d'Agsworth le mit en un cellier sur un peu de paille ; puis il fit venir quatre archers, et il voulut les faire tirer contre le duc, s'il ne se rendait pas à lui. Charles répondit qu'il était gentilhomme, et qu'il ne donnerait pas sa foi à autre qu'à celui à qui il l'avait promise. Là étaient plusieurs chevaliers qui eurent de Charles grand'pitié ; et ils dirent à d'Agsworth qu'il ne fût pas si hardi que de le faire occire ; ce dont d'Agsworth s'irrita.

(1) La bataille de la Roche-Derien eut lieu le 18 juin 1347.

Ainsi fut pris Charles par la déloyauté des Anglais qui le menèrent en Angleterre ; et il fut rendu au roi Édouard (1).

Depuis que Charles fut pris, cessèrent les trèves des Français et des Anglais ; et, les trèves cessées, le roi Édouard fit une très grand'armée que conduisit le prince de Galles son fils aîné, qui passa la mer et entra en Picardie ; et en gâtant et pillant le pays de Picardie et de Champagne, il prit son chemin droit en Guyenne.

VII. — La bataille de Poitiers.

POUR guerroyer le prince, le roi Jean de France assembla très-grand'armée, et il poursuivit le prince et lui demanda bataille ; mais le prince la redouta fort, pour la grand'peur qu'il avait du roi, et toujours il tirait droit en Guyenne. Le roi le poursuivit tant qu'il l'atteignit entre Poitiers et Chauvigny (2). Quand le prince aperçut qu'il ne pouvait plus esquiver la bataille, il envoya devers le roi Jean de France pour traiter ; et pour partir sans bataille, il fit offrir de rendre au roi tous les châteaux qui étaient tenus par les Anglais au royaume de France, et cent mille francs. Le maréchal

(1) Le récit de Froissart diffère essentiellement de la chronique de du Guesclin, et n'accuse point comme celle-ci les Anglais de trahison. Il est d'ailleurs certain qu'alors les trèves étaient violées par l'un ou par l'autre parti tout aussitôt qu'une occasion leur apparaissait favorable.

(2) Buchon fait remarquer que cette chronique est le seul des monuments contemporains qui fixe réellement le champ de bataille de Poitiers.

d'Audeneham, qui était du conseil du roi, conseilla au roi de prendre ces offres ; mais là était le maréchal de Clermont qui le déconseilla au roi, et dit au maréchal d'Audeneham que, parce qu'il avait peur, il avait donné le conseil. De ces paroles se courrouça Audeneham, et il dit au maréchal de Clermont :

« Clermont, afin que vous sachiez, si bataille il y a, » que je n'ai pas peur, je veux que vous sachiez que » la pointe de votre lance n'entrera jamais si avant que » la queue du cheval de mon écuyer. »

Finalement le roi refusa toutes les offres du prince, et ils entrèrent le lendemain au matin en bataille. Là furent les deux maréchaux de France qui avaient la première bataille ; et à cause des paroles qui avaient été entre eux, ils furent l'un sur l'autre fort envieux, et sans arroi (1) entrèrent dans la bataille (2) du prince, qui, au front de sa bataille, avait mis grand nombre d'archers. Par les traits des Anglais, la bataille des maréchaux fut déconfite. De l'armée du roi de France partirent quelques princes qui emmenèrent plus de quatre mille hommes d'armes. Et dans la bataille demeura le roi de France qui, à cause de cela, ne voulut pas partir, mais qui assembla aux Anglais avec le peu de gens qui y étaient demeurés. Quand les Anglais aperçurent que la chevalerie de France s'enfuyait, ap-

---

(1) *Arroi*, ordre, ordonnance. Nous avons conservé le mot composé *désarroi*.
(2) Corps de bataille, bataillon.

pertement ils assemblèrent la bataille du roi qui les reçut grandement ; mais à la fin il fut pris, et son puiné fils Philippe (1) avec lui, au mois de septembre mil trois cent cinquante-six.

Le roi Édouard savait bien que le roi Jean poursuivait son fils le prince de Galles, et pour le secourir, il envoya le duc de Lancastre, son autre fils, qui passa avec beaucoup de gens la mer de Bretagne, et qui se hâta tant pour être en la bataille, qu'il arriva trois jours avant au Pont-de-Cé sur Loire ; mais les Français lui gardèrent tant le passage qu'il lui fallut s'arrêter là : et lui furent apportées des nouvelles de la déconfiture : ce à cause de quoi il mena grand deuil, parce qu'il n'y avait pas été. Alors il retourna en Bretagne (2).

VIII. — Du siège de Rennes.

LE duc de Lancastre mit le siège devant Rennes, et jura qu'il ne partirait pas de là jusqu'à ce qu'il aurait été dedans. Dans Rennes était, de par le duc Charles, Le Boiteux de Penhoët qui fut chevalier de grand'prouesse et de grand sens. Bertrand désira fort être dans Rennes où il avait une partie de son lignage ; mais le duc avait tant assiégé la ville de toutes parts,

(1) Philippe, depuis surnommé le Hardi, plus tard duc de Bourgogne.

(2) Cette dernière phrase manque dans l'imprimé. Comme le livre que nous publions n'a point de prétentions, ni à l'érudition, ni au redressement des erreurs, nous ferons seulement remarquer les différences notables qui se trouvent entre les manuscrits et l'imprimé que nous suivons.

que ceux du dedans ne pouvaient avoir secours ni de vivres, ni de gens.

Durant le temps dudit siège, Bertrand se tint dans de grandes forêts près de Rennes (1), et souvent, de jour et de nuit, il courut sur l'armée du duc en criant : « *Guesclin !* » Le duc de Lancastre s'émerveilla de cela, et s'enquit fort qui était celui qui si souvent réveillait son camp. Là il y avait un chevalier de Bretagne qui dit au duc :

« Je vous jure, Monseigneur, que c'est un jeune
» homme de vingt ans, issu de grand'parenté, qui tient
» des jeunes gens en sa compagnie ; mais déjà en son
» âge il a fait plus d'armes que chevalier de ce pays
» n'en fit jamais de nos temps. »

Puis il lui conta la prise de Forgeray, et qu'il s'en faisait nommer sire. Alors le duc dit que, puisqu'il tenait le château, il pouvait bien s'en dire seigneur ; mais il aurait bien voulu qu'il fût autre part.

Devant Rennes le duc fit de grands assauts, mais il perdit plus qu'il n'y gagna. Alors il fit miner la cité. Le rusé (2) Boiteux de Penhoët qui se douta de la mine, ordonna dans Rennes que, pour avoir connaissance de la mine, chacun tint en son hôtel bassins ou pelles d'airain, avec une fourchette dedans. Par ce moyen, ceux

---

(1) La forêt de Paimpont, entre Rennes et Montfort.

(2) L'imprimé porte « le *tort* Boiteux », rusé, retors.

de Rennes eurent connaissance de la mine et contre-
minèrent.

Bertrand sut nouvelles de la mine, et il en fut fort
dolent ; et une nuit Bertrand chevaucha secrètement
avec ses compagnons, et mit le feu dans le camp du
duc. Alors commença le cri si merveilleux, que les
Anglais pensèrent que les Français, pour soutenir le
duc Charles, fussent venus là. En cette envahie Bertrand prit quatre chevaliers en dehors du camp, et là
ils promirent de tenir prison ; puis Bertrand se retira
en la forêt. A cause du cri, les Anglais furent ordonnés
en bataille toute la nuit, jusques à ce que le guet du
jour vint, qui rapporta que ce n'était rien. Alors le duc
pensa, et dit que c'était Bertrand qui ne les laissait pas
dormir. Alors vint un chevalier anglais prisonnier que
Bertrand envoya par devers le duc, et lui dit :

« Monseigneur, à vous m'envoie Bertrand, dont
» je suis prisonnier, pour vous dire que cette nuit il vous
» a réveillé ; mais pour que dorénavant il vous laisse
» reposer, il vous requiert qu'il vous plaise de le laisser
» entrer dans Rennes, lui et ses compagnons ; car il
» désire beaucoup voir ses parents qui sont dedans. »

Le duc, qui était fort courroucé, répondit que jamais
il ne lui donnerait de trèves ; mais il fit miner plus fort
la cité.

Ceux de Rennes contre-minèrent tant, que la mine
fut percée. Là furent les Anglais et les Rennois qui

combattirent longuement ; et à la fin les Anglais de la mine furent morts et déconfits, et la mine fondue (1). Quand le duc sut la déconfiture, il n'y eut en lui que courroux. Et il fit de plus en plus guetter pour que ceux de Rennes n'eussent ni vivres ni secours. Et le duc savait bien qu'ils étaient en grand'pauvreté de chairs ; mais ils ne sortaient point. Alors le duc imagina une grand'subtilité pour faire sortir les Rennois. Il fit assembler bien deux mille porcs et les fit mettre en pâture hors de Rennes dans la prairie près des murs de la cité. Alors ceux de Rennes pensèrent sortir pour s'emparer des porcs ; mais le capitaine ne le voulut souffrir, mais trouva une subtilité contre celle du duc. Il manda un boucher auquel il fit amener une truie ; puis fit abaisser la planche du pont, et au dedans il fit langoyer (2) par le boucher cette truie qui très fort se mit à braire. Aussitôt que les porcs entendirent le cri, ils accoururent en criant, et jamais rien ne les put empêcher qu'ils n'entrassent tous dans la cité, et en telle presse, que jamais Anglais ne s'osa mettre sur la planche. Ainsi les gens de Rennes conquirent les porcs du duc qui en fut fort marri (3). Et de cela ceux de Rennes furent

---

(1) Effondrée.

(2) Égorger. Le mot *langoyeur* ou *languéyeur de porcs* est encore usité dans quelques provinces. L'imprimé que nous avons entre les mains ne porte pas ce mot.

(3) Jean-Juvénal des Ursins, dans son *Histoire de Charles VI*, raconte une chose toute semblable ; il place seulement l'aventure aux portes d'Oudenarde, pendant le siège que mit Arteveld devant cette ville en 1382.

fort aises ; car ils avaient longuement jeûné de chair ;
et longuement ils furent ainsi, parce que le duc de Lancastre avait juré le siège, et que de jour en jour les
vivres abaissaient dans Rennes, et ils n'avaient secours
de nulle part.

Le Boiteux de Penhoët assembla ceux de Rennes
pour avoir avis de quel côté ils pourraient avoir secours
du duc Charles, qui était dans Nantes, mais il était
encore prisonnier (1), élargi sur sa parole, et ne se pouvait armer. Là il y avait un bourgeois de Rennes, qui
avait six enfants, lesquels n'avaient de quoi manger ;
lequel bourgeois dit :

« Seigneurs, s'il vous plait, je m'aventurerai en la
» manière que je vous dirai ; c'est à savoir que j'irai au
» duc de Lancastre, et je lui dirai que vous m'avez
» banni et pris mon bien ; et je lui dirai aussi que secours
» vous viendra de France bien prochainement, et que
» les Français pensent entrer secrètement dans son
» camp ; puis je lui dirai que les Français doivent partir
» de Nantes, et je lui montrerai le chemin que doivent
» tenir les Français ; et si, en ce faisant, je puis échap-
» per, j'irai à Nantes montrer au duc la grand'misère de
» nous tous ; mais, de mes enfants je vous prie que vous
» ayez soin. »

A cela les Rennois furent accordants ; et ils firent
une sortie sur le camp du duc ; et pendant cette sortie

(2) Depuis sa défaite à La Roche-Derien, en 1347.

se détourna le bourgeois ; et tant fit, qu'il vint au duc
de Lancastre, et lui dit :

« Ha ! Monseigneur, comme ce sera dure chose,
» si Rennes demeure ainsi ! Monseigneur, il est vrai
» que je suis de Rennes, mais de Rennes m'ont banni
» ceux qui y sont, et ils m'ont tué six enfants et enlevé
» mon bien. Pour cela je m'étais retiré à Nantes pen-
» sant trouver pitié devers le duc, qui n'en a tenu
» compte. Monseigneur, vous êtes ici de longue main ;
» mais si vous n'y prenez garde, vous n'y serez pas
» longuement ; car, par ma foi, vous aurez demain les
» Français qui sont secrètement partis de Nantes pour
» vous combattre ; et ils viennent par deux chemins
» pour vous surprendre en deux endroits. »

Pour ces nouvelles, le duc fit le soir ordonner ses
batailles pour recevoir les Français, et ceux qui étaient
dans Rennes firent faire des feux de joie ; et, sur les
murs de la cité, ils firent corner les ménestriers et
montrer grand semblant de joie.

IX. — Du bourgeois qui alla parler au duc de Lancastre
devant Rennes.

TANT fit le bourgeois qu'il échappa du camp et prit
son chemin droit à Nantes ; et le lendemain
il trouva en son chemin Bertrand et ses compagnons,
qui allaient épier le camp du duc. Bertrand fut aus-

sitôt reconnu du bourgeois, qui lui conta comment il était à ceux de Rennes, et toute l'affaire, et comme il avait parlé au duc et s'en allait à Nantes.

Ce matin-là le duc de Lancastre chevaucha sur le chemin de Nantes, dans l'espérance de rencontrer les Français ; et en son siège il laissa tentes, pavillons et charrois, vivres et gens d'armes pour garder le siège.

Bertrand qui, par le bourgeois, sut le départ du duc, vint se jeter sur le camp en criant : « *Gueselin !* » et là les Anglais se défendirent. Quand ceux de Rennes, qui savaient le départ du duc, surent que Bertrand combattait contre les Anglais, ils sortirent de Rennes et entrèrent au camp. Là les Anglais furent surpris, et les tentes du duc, vivres, charrois, garnisons (1) et pavillons gagnés et mis dans la cité de Rennes avec leurs prisonniers.

Ainsi entra Bertrand dans la ville de Rennes, ce dont ceux de son lignage et de la ville se réjouirent beaucoup.

De cela le duc de Lancastre sut bientôt les nouvelles, et il en fut fort dolent ; et il vit bien qu'il était trompé. Alors il retourna à son siège, et de plus en plus tint à l'étroit ceux de Rennes. Quand Bertrand fut dans Rennes avec les vivres, charrois et prisonniers, il délivra, sans leur faire payer rançon, tous les marchands étrangers qui avaient amené des vivres dans le camp, et il

____

(1) Provisions.

les fit payer par ceux de Rennes des vivres qu'ils avaient
au jour de la prise ; mais il leur fit promettre que jamais
ils n'amèneraient de vivres dans le camp du duc de Lancastre. Cela fait, il les envoya au duc et les chargea de
le recommander à lui, et de lui dire que les biens de la
ville étaient en son commandement. Les marchands
vinrent au duc, puis lui contèrent de Bertrand tout ce
qu'il lui mandait par eux. Le duc le prisa fort en son
cœur, et dit que jamais cœur de telle largesse ne pourrait mauvaisement finir ; et que Bertrand surpasserait
encore tous les chevaliers du monde ; et il désira fort
de le voir.

Avec lui était le comte de Pembroke, qui lui dit :

« Je conseille, Sire duc, que vous envoyiez à Ber-
» trand sauf-conduit et que vous le mandiez ; et je le
» connais si bien que je suis sûr qu'il viendra à vous. »

Le duc envoya aussitôt son héraut à Rennes, et par
sauf-conduit manda Bertrand, lui quatrième (1).

Le héraut entra dans Rennes, et s'adressa au capitaine, puis lui demanda Bertrand du Guesclin. A cette
heure Bertrand venait le long de la rue, vêtu d'un jac-
que (2) noir qui n'était pas de grand'montre, et à son
cou il portait une hache. Le capitaine montra Bertrand
au héraut.

---

(1) Le sauf-conduit était pour quatre personnes.

(2) Jaquette ; on disait aussi *jaque* de mailles, pour cotte de mailles. Les Anglais
ont le mot *jack*, dans ce sens.

Et quand le héraut l'aperçut si noir et en tel arroi, il dit au capitaine :

« Sainte-Marie ! Sire, comme il ressemble bien à
» un brigand en cet état. »

« Bel ami, dit le capitaine au héraut, je vous con-
» seille que vous parliez à lui courtoisement, car par
» force l'on n'aurait rien de lui. »

Alors le capitaine fit appeler Bertrand. Là fut le héraut qui de par le duc le salua, et courtoisement lui dit :

« Sire, à vous m'envoie le duc de Lancastre, qui,
» pour les biens qu'il a entendus raconter de vous, désire
» beaucoup de vous voir : et pour cela, il vous prie
» débonnairement que, vous quatrième, le veuillez venir
» voir en son camp : et pour cela prenez son sauf-con-
» duit que par moi il vous envoie. »

Appertement Bertrand partit pour venir voir le duc, mais avant il donna au héraut cent francs, lequel le remercia beaucoup.

Quand les Anglais surent la venue de Bertrand, ils sortirent des tentes et pavillons pour le voir en son maintien. Et tant alla qu'il vint en la tente du duc. Devant le duc Bertrand s'agenouilla fort humblement, lequel duc aussitôt le releva et le remercia fort de ce qu'il était venu à son mandement.

X. — Le bon duc de Lancastre.

LE duc tint longuement Bertrand en paroles. Et il aperçut bien à ses paroles qu'en lui était grand' hardiesse ; et il désira fort l'attirer à son parti, et lui demanda qui était son seigneur.

« Sire, dit Bertrand, vous le savez assez. Déjà » savez-vous que c'est monseigneur le duc Charles, » qui, de par madame sa femme, tient le duché de » Bretagne. »

A cela répondit le duc :

« Bertrand, bel ami, Charles ne tient pas encore le » duché de Bretagne ; mais je tiens qu'auparavant en » mourront cent mille personnes; dont dommage sera. »

Et Bertrand en plaisantant lui dit :

« Monseigneur, je crois bien qu'on en tuera assez; » mais au moins demeurera l'avoir à ceux qui demeu- » reront. »

De cela le duc se prit à sourire et dit à Bertrand :

« Si vous me voulez servir, je vous ferai cheva- » lier, et je vous donnerai des terres en telle quantité, » que cela vous pourra bien suffire à mener votre état,»

Quand Bertrand entendit le duc, il songea un peu et dit :

« Sire, plût à Dieu que bonne paix fût entre vous, » princes ; car, en vérité, si la paix y était, et par spécial

» envers monseigneur le duc Charles à qui je suis, je
» ferais volontiers votre gré ; mais Sire, vous savez : si
» présentement je vous avais servi, et qu'après je vous
» eusse laissé pour servir un autre qui vous fût con-
» traire, vous me tiendriez pour traître et déloyal, ce
» que jamais n'advienne ! »

De cette réponse il prisa fort Bertrand, et puis fit
venir vin et épices (1), dont les chevaliers qui étaient
là furent servis.

Alors était en l'armée du duc messire Guillaume
Bemborough, frère de feu Robert Bemborough qui
jadis tint Forgeray. Guillaume Bemborough alla devant Bertrand et lui requit une joute de trois coups de
fer de glaive. Bertrand lui octroya cette requête, ou six
coups s'il n'était pas content de trois seulement ; ce
dont le duc se prit à sourire ; et il dit que Bertrand
était de fière réponse, puis il leur dit :

« Beaux Seigneurs, puisqu'en ma présence il vous
» plaît de faire cette joute, je veux que ce soit demain. »

En ce point vint le héraut du duc, qui lui dit :

« Sire, de la courtoisie et largesse que par vous
» me fit Bertrand, je vous remercie ; car pour l'honneur
» de vous, il me donna très grand présent. »

De cela le duc sut bon gré à Bertrand et l'en remercia fort, puis il fit venir le meilleur coursier qu'il
eut et le donna à Bertrand. Alors Bertrand lui dit :

---

(1) Dragées et confitures.

« Sire, vous êtes le premier prince qui jamais me
» donnât. Je suis pauvre homme et ne puis vous faire
» service ; mais je vous jure qu'en tous cas je vous ser-
» virais volontiers, mon honneur sauf. Le coursier est
» beau, ce dont je vous remercie, et demain par devant
» vous je l'éprouverai. »

En ce point Bertrand prit congé du duc et rentra à
Rennes.

Le lendemain matin il se confessa et fit chanter la
messe ; puis s'arma et vint dans le camp du duc. Là
étaient apprêtés le duc de Lancastre et le comte de
Pembroke pour faire garder le champ. Brièvement y
entra Guillaume Bemborough, et puis y entra Bertrand.
Sur les destriers (1) ils montèrent, et de grand'vertu
coururent ; et s'enferrèrent l'un l'autre aux bassinets
dès la première entrée ; et Bemborough fut bien peu
blessé, et ne le fut point Bertrand ; mais du coup il fut
étonné.

Après ils commencèrent à férir les autres deux coups
de lance, et ne fut rien blessé d'une part ni d'autre.

Alors fut fort dolent Bertrand, de ce qu'autrement ils
n'avaient enferré l'un l'autre. Il dit donc au chevalier :

« Bemborough, je vous ai accompli votre requête,
» et, pour l'honneur de monseigneur le duc qui est là,
» je vous ai épargné; mais si vous en voulez davantage,
» davantage vous en aurez. »

---

(1) Chevaux de bataille.

Bemborough prit ces paroles en grand dédain, et il dit à Bertrand qu'il l'en requérait d'autant. Bertrand alors lui accorda. Là recommença la joute. Et il advint que de la première lance Bertrand frappa Bemborough de telle vertu, qu'il lui faussa tout son harnais, en telle manière que le fer du glaive lui transperça outre le corps, dont il tomba tout pâmé sur le champ. Quand Bertrand eut abattu le chevalier, il prit son cheval, et s'en vint remercier le duc et lui dit :

« Sire, je vins ici avec un destrier et je m'en vais
» avec deux, à vous merci. »

Là vint le héraut du duc. Quand Bertrand l'aperçut, aussitôt il lui donna le destrier qu'il avait conquis : dont le duc et sa chevalerie le tinrent à très grand honneur de sa part.

XI. Comment messire Bertrand entra dans la cité de Rennes.

DANS Rennes rentra messire Bertrand, qui y fut honorablement reçu et fêté cette journée ; mais au soir environ le duc fit assaillir la cité ; et en cet assaut les Anglais firent tant, qu'ils menèrent une haute tour bien près des murs de la cité. A la nuitée cessa l'assaut, et le duc mit dans la tour gens d'armes et arbalétriers pour la garder, en l'espérance de recommencer le lendemain l'assaut par la tour ; mais le lendemain, au point du jour, par le conseil de Bertrand, sortirent de la cité Le Boiteux de Penhoët, ledit Bertrand et grand nombre de Rennois qui assaillirent la tour et occirent les gardes ; et la tour fut brûlée par feu grégeois ; ce dont le camp fut tout ému. Et les Anglais assaillirent bien âprement ceux de Rennes qui étaient sortis. Là les Rennois se défendirent si longuement en se retirant, et firent tant, que sans rien perdre ils rentrèrent dans Rennes.

A ce temps approchait la saison d'hiver, et le duc et les Anglais étaient fort lassés du siège qui s'était longuement tenu, et volontiers le duc eût levé le siège ; mais il avait juré que jamais il n'en partirait, tant que son pennon ne serait pas assis devant la porte de la cité.

En la cité ils étaient en grand'douleur, à cause des vivres qui fort baissaient, et Bertrand savait bien le serment que le duc avait juré. Il fit donc assembler les chevaliers et les barons qui étaient dans Rennes ; et, par le conseil de Bertrand, il fut avisé que, si le duc de Lancastre, lui dixième seulement (1), voulait entrer dans Rennes, on lui ouvrirait les portes, et, pour acquitter son serment, il placerait son pennon sur les portes, pourvu qu'il levât son siège. Bertrand fit signifier cette chose au duc, qui débonnairement l'octroya, et demanda répit de trois jours pour avoir conseil sur ce.

----

(1) Avec une escorte de neuf personnes seulement.

Par l'ordonnance de Bertrand il fut crié dans Rennes qu'au lendemain au point du jour chacun fût armé, et que tous vivres de pain, de blé, de chairs et de poissons fussent mis sur les étals et fenêtres de la cité. Tout ainsi comme Bertrand le devisa, cela fut fait. En ce point quelques chevaliers Anglais conseillèrent au duc qu'il ne fît rien de cela, si la ville n'était mise pleinement à son commandement, et qu'ils savaient bien que la cité était affamée. Toutefois cette journée-là le duc devait entrer dans Rennes. Le duc s'avisa donc que, ce même jour qu'il avait accordé, il entrerait dans Rennes ; et qu'il chevaucherait par toute la ville, lui dixième, pour voir la ville et son état, puis qu'il pourrait agir selon ce qu'il verrait. Au jour qu'il avait accordé, il entra dans Rennes, lui dixième de chevaliers. Au devant du duc vinrent le capitaine et Bertrand, et par la ville le menèrent.

Quand le duc vit la grand'planté (1) des vivres qui étaient dans Rennes sur les étals, et les gens qui étaient armés parmi la ville, il envoya un héraut en son camp quérir ses bannières et pennons, qui bientôt furent apportés. Sur les portes de Rennes le duc monta et y assit ses bannières, puis descendit ; et le vin lui fut apporté, dont il but. Après le vin Bertrand dit au duc :

« Sire, je vous supplie qu'il vous plaise me dire

---

(1) *Grand'planté*, grande quantité, de *plenitudo*. Nous avons gardé le mot plantureux, dans le sens d'abondant, de copieux. Les Anglais ont le mot *plenty* qui a exactement la même signification.

» où sera la guerre dorénavant, car je voudrais aller
» là. »

Le duc lui répondit doucement :

« Bertrand, bel ami, vous le saurez bientôt. »

XII. — Comment le bon duc de Lancastre sortit de Rennes, et comment on lui jeta ses pennons après ses
talons, ce dont il fut fort courroucé.

DE la cité de Rennes sortit le duc de Lancastre.
Et aussitôt qu'il fut sur le bord du pont, ceux
qui étaient sur la porte de Rennes lui jetèrent ses bannières après ses talons ; ce à cause de quoi le duc fut
dolent de ce qu'il avait jamais traité ; toutefois, pour
tenir sa loyauté, il leva son siège et s'en alla au château d'Auray (1) qui se tenait du parti du comte de
Montfort ; et là il se tint le temps d'hiver.

Après que le siège fut levé, le duc Charles qui était
encore prisonnier vint à Rennes. Là il lui fut conté le
gouvernement de Bertrand et ses vaillances, ce dont le
duc Charles le recueillit grandement en amour.

(1) Il y a là une lacune considérable dans l'imprimé du quinzième siècle que
nous avons sous les yeux. L'imprimé porte : « Et s'en alla au château d'Auray,
et de là s'en partit tirant à Reims, là où il cuida se faire couronner roi de France
où droit n'avait. » Le duc de Lancastre n'ayant jamais eu cette pensée, il faut
rapporter cette dernière phrase au roi Edouard d'Angleterre. Le copiste du manuscrit original a tout simplement tourné deux feuillets par distraction et a supprimé
tout un passage, depuis les mots : « Et s'en alla au château d'Auray, » jusqu'à la
ligne 8 du ch. XVI, « et en ce voyage pensait se faire couronner, etc... » Buchon
est le premier qui ait signalé cette erreur. M. Michel, qui d'ailleurs s'est donné
pour mission de reproduire exactement l'imprimé, ne semble pas s'en être aperçu.

XIII. — Comment le duc Charles envoya à Dinan messire Bertrand et le Boiteux de Penhoët.

AU renouveau du temps, le duc de Lancastre qui avait séjourné dans Auray pendant la saison d'hiver, fit grand appareil pour mettre le siège devant Dinan qui se tenait du parti du duc Charles. Charles entendit parler de cela, et, pour secourir la ville, il y envoya Bertrand et le Boiteux de Penhoët avec beaucoup de gens.

XIV. — Comment le duc de Lancastre assiégea Dinan.

TANTÔT après, vinrent devant Dinan le duc de Lancastre, le comte de Montfort et le comte de Pembroke avec grand nombre d'Anglais et de Bretons bretonnants (1) qui assiégèrent la ville et l'assaillirent souvent. Durant le siège, furent prises et accordées des trèves entre le duc et la ville de Dinan, pour quarante jours, à la condition que, si, dans quarante jours, ils n'avaient secours de par le duc Charles, la ville serait rendue au comte de Montfort à la fin de ces quarante jours (2).

---

(1) De la Basse-Bretagne.
(2) Le siège de Dinan eut lieu en 1359.

XV. — Comment, pendant une trève, fut pris messire Olivier du Guesclin, chevalier de renom.

URANT les trèves, il advint qu'Olivier du Guesclin, frère puiné de Bertrand, sortit de Dinan pour s'ébattre. Là il fut rencontré de Thomas de Canterbury (1), chevalier anglais, qui fort orgueilleusement le prit et le retint prisonnier. Ce Thomas était armé, lui sixième, et demanda à Olivier, qui était désarmé, de quelle parenté il était au chevalier du Guesclin. Olivier répondit qu'il était frère de Bertrand qui avait pris trèves avec le duc de Lancastre. Le chevalier anglais répondit outrageusement : qu'il ne tenait compte de Bertrand, et que, sans cause, il courait grand'renommée par toute la terre de lui et de ses exploits. Ces nouvelles vinrent à Bertrand qui partit hâtivement et alla par devers le duc de Lancastre lui faire plainte de cette chose. Le duc, qui fut fort juste chevalier et loyal, lui promit de lui faire justice. Aussitôt fut mandé le chevalier anglais, auquel le duc dit : que Bertrand se plaignait de lui, à cause d'Olivier son frère qu'il avait pris durant les trèves. Le chevalier qui était orgueilleux et félon, répondit au duc : que si Bertrand voulait maintenir qu'il eût fait quelque chose dont il dût recevoir blâme, il disait qu'il mentait, et sur ce qu'il jetait son gage de bataille. Là était Ber-

---

(1) Il était beau-frère du fameux Jean Chandos.

trand, qui, sans mot dire, releva le gage, puis dit par devant le duc :

« Faux chevalier, traître et déloyal ! Je prouverai
» par devant le duc que, à tort et sans occasion, mau-
» vaisement vous avez détenu mon frère en vos pri-
» sons. »

Sur ces points fut jugé le gage, et jour fut pris par devant le duc et le capitaine de Dinan ; ce à cause de quoi ceux de Dinan furent en grand émoi par crainte pour Bertrand qu'ils aimaient beaucoup.

Il y avait à Dinan une demoiselle de haut parage, appelée Tiphaine Raguenel (1), âgée d'environ vingt-quatre ans. Cette demoiselle avait en astronomie de grandes connaissances ; et quand elle entendit la plainte que faisaient ceux de Dinan pour Bertrand, elle les réconforta fort et dit qu'elle savait certainement que Bertrand aurait la victoire. Au jour du gage entrèrent dans Dinan, pour tenir le champ, le duc de Lancastre et d'autres princes et chevaliers, jusqu'au nombre de cent. Là furent Bertrand et le chevalier. Et du côté du chevalier anglais il fut demandé à Bertrand de traiter ; mais Bertrand fut si désirant de combattre le chevalier, qu'il ne voulait pas faire d'accord, à moins que le chevalier ne se rendît tout-à-fait à merci. Cela, le chevalier le refusa. Alors cessa le parlement et fut crié le gage (2).

----

(1) Qui plus tard épousa du Guesclin.
(2) Le défi.

Alors ils montèrent sur leurs destriers et combattirent des lances longuement ; mais ils se firent peu de mal. Après ils combattirent de grandes épées, et s'approchèrent tant l'un de l'autre qu'ils s'entre-prirent par les hâtereaux (1) et ils furent longuement en ce point, et tant, que le chevalier perdit son épée ; alors il frappa son destrier des éperons, et par la force du destrier il échappa des mains de Bertrand qui le poursuivit longuement par le champ. Quand Bertrand aperçut que Thomas allait fuyant et avait perdu son épée, il mena son destrier à côté et descendit à terre et prit l'épée du chevalier et la jeta hors du champ ; puis il ôta tout son harnais de jambes et descendit ses chausses. Alors Bertrand fut plus léger qu'il n'était auparavant. En ce point le chevalier frappa des éperons son destrier droit à Bertrand pour le faire passer par-dessus lui ; mais Bertrand, qui avisa cela, vint appertement contre lui et frappa de l'épée au côté du destrier. Et celui-ci se déroba tellement, qu'il jeta le chevalier à terre.

Quand Bertrand vit le chevalier abattu, il sauta dessus appertement, et du gantelet le battit tant par le visage, qu'il fut tout ensanglanté. Alors vinrent vingt chevaliers, tant d'une part que de l'autre, qui prirent Bertrand et le chevalier. De cette chose Bertrand fut dolent. Mais là était Robert Knowles qui doucement lui dit :

---

(1) *Hâterel, hasterel,* qui signifie le cou, la nuque.

« Bertrand, bel ami, monseigneur le duc vous prie
» que vous vouliez lui donner votre champion. »

A cela s'accorda Bertrand débonnairement. Puis le
duc de Lancastre fit amener Olivier par devant soi, et
le livra à son frère Bertrand auquel il donna le cheval
et le harnais du chevalier, avec mille livres de ses
deniers ; puis il bannit le chevalier de sa cour.

XVI. — Comment le roi Edouard vint devant Reims.

EN ce temps, et durant les trèves prises entre Bertrand du Guesclin, Le Boiteux de Penhoët, et le
duc de Lancastre, le comte de Montfort et le comte de
Pembroke, Edouard, roi d'Angleterre, entra au royaume
de France avec de telles forces, qu'on les nombrait à
plus de six cent mille hommes. Ce roi Édouard tenait
en ses prisons le bon roi Jean (1), et en ce voyage (2)
pensait se faire couronner roi de France où il n'avait
droit ; mais Dieu qui mérit (3) tous biens, le garda de
son propos, ainsi que le raconte l'histoire ci en avant.

Édouard vint devant Reims, et là manda au duc de
Lancastre, son fils, de venir à lui avec tous les Anglais
de sa compagnie. Quand les Anglais, qui avaient des
trèves de quarante jours pour recevoir Dinan, si la

(1) Fait prisonnier à la bataille de Poitiers.

(2) C'est ici que reprend le récit dans l'imprimé, après la lacune considérable
dont nous avons parlé.

(3) *Mérir*, récompenser ; payer selon les mérites.

ville n'avait pas de secours, surent le mandement
d'Édouard, ils mandèrent les chevaliers et prélats de
Bretagne. Là, par l'avis de tous, furent prises de lon-
gues trèves, en espérance de paix. Alors les Anglais
levèrent le siège de devant Dinan, puis ils entrèrent
en mer pour passer droit à Calais ; mais une maladie
prit au duc de Lancastre qui devint mesel (1) ; et pour
cela il demeura et retourna en Angleterre où guère ne
vécut.

XVII. — De la pestilence des Anglais.

DE devant Reims se partit Édouard ; et en brûlant et pillant le pays de Champagne, de Picardie et de France (2), chevaucha jusques environ Auneau près de Chartres. Environ Auneau tomba sur les
Anglais une tempête merveilleuse ; et on maintenait
que sur eux descendaient du ciel des pierres qui tous
les écrasaient. Et les trouvait-on tous morts et leurs
chevaux entre Paris et Chartres.

Le roi Édouard fut fort endommagé à cette voie,
ni rien n'y conquit ; mais, pour traiter de paix, il manda
le conseil de France qui y fut envoyé de par le duc de
Normandie, régent, au mois de mai mil trois cent
soixante, à deux lieues de Chartres. Et là fut fait l'ac-

---

(1) *Mesel* ou *mésiaulx*, attaqué de la lèpre.
(2) L'Ile-de-France.

cord des rois (1). Après s'en alla en son pays le roi Édouard, en pauvre état.

XVIII. — Du siège de Bécherel.

EN ce temps fut en Bretagne Charles de Blois qui était délivré de prison ; mais il ne se pouvait armer contre le comte de Montfort qui réclamait le duché de Bretagne. Et, pour la partie du duc Charles, le bon Bertrand guerroyait auprès de Dinan en un château appelé Bécherel (2), qui, de par le duc Charles, était tenu.

Devant Bécherel le comte de Montfort mit le siège, accompagné de Jean Chandos, connétable d'Angleterre, de Robert Knowles et de grands chevaliers d'Angleterre. Et plusieurs fois il fit assaillir le château ; mais il résista beaucoup, car il était très fort et bien garni de gens d'armes qui le défendaient bien. Et tant y fut le siège, que les vivres baissaient au château. Le châtelain de Bécherel prit répit avec le comte de Montfort pour rendre le château s'il n'avait secours du duc Charles. Aussitôt le châtelain fit savoir au duc Charles le répit qu'il avait pris avec le comte de Montfort ; et, en peu de temps, le duc Charles assembla grand'chevalerie et brièvement vint devant Bécherel pour lever

---

(1) Le traité de Brétigny, conclu le 8 mai 1360.
(2) A cinq lieues au nord de Montfort (Ile-et-Vilaine).

le siège et combattre les Anglais. Mais là vinrent les évêques de Bretagne qui furent fort désirants de mettre paix entre les princes ; et ils firent tant, qu'en faisant la paix il fut traité entre eux : « Que le duc Charles et le comte de Montfort assembleraient à certain jour leur conseil, et qu'à chacun d'eux serait donné tel nombre de villes et de châteaux que le conseil aviserait et ordonnerait ; et que chacun d'eux porterait le nom de duc (1). »

D'une part et d'autre cette chose fut accordée, et là-dessus donnèrent otages et prirent jour pour se réunir. Pour la partie du duc Charles, Bertrand fut donné comme otage au comte de Montfort qui le donna à garder à messire Guillaume Felton, chevalier anglais. Ainsi échappèrent cette fois le duc Charles et le comte de Montfort, sans avoir bataille, et les Anglais levèrent leur siège. Mais au jour qui avait été convenu, le comte de Montfort, ni personne pour lui, n'y alla ni ne vint (2). Et, pour cela, le duc Charles délivra les otages anglais. Le comte de Montfort délivra de sa part les otages du duc Charles, excepté Bertrand qu'il redoutait fort, et le fit retenir et bien garder. Bertrand demeura plus d'un an après la délivrance des autres otages ; et sou-

---

(1) Cette convention fut signée à la fin de 1363. Le *Rommant* se tait sur les faits des trois années précédentes ; Bertrand cependant n'était pas demeuré inactif : il avait conduit une expédition en Guyenne contre les Anglais qui violaient la paix de Bretagne, et en était revenu vainqueur, mais grièvement blessé.

(2) De son côté, Jeanne de Penthièvre, de qui Charles de Blois tenait ses droits, se refusait à tout partage du duché qui était son héritage à elle.

vent il requérait à messire Guillaume Felton qu'il
voulût montrer au comte qu'il n'avait raison de le retenir, puisque ses otages étaient pleinement délivrés.
Et Guillaume, qui connaissait bien le tort qu'on lui
faisait, en fut dolent. Il advint donc un jour qu'il parla
de cela au comte, qui lui répondit :

« Guillaume, dites à Bertrand que, s'il ne me fait
» pas serment que jamais il ne s'armera contre moi,
» jamais je ne le délivrerai, mais l'enverrai en Angle-
» terre ».

De cela ledit Felton fut très dolent et le conta à
Bertrand.

XIX. — Comment messire Bertrand sortit de prison.

Quand Bertrand sut la volonté du comte de Montfort, il envoya quérir un écuyer en son pays et en
un lieu près de l'hôtel de Guillaume qui demeurait en
Bretagne ; et il appointa tellement avec lui, qu'il lui
amena secrètement des chevaux au jour qu'il lui avait
marqué. A ce jour Bertrand se leva bien matin ; et,
pour s'aller ébattre, prit avec lui le fils de Felton qui
était jeune. Et en manière d'ébattement Bertrand alla
tant, qu'il vint jusqu'au lieu où ses chevaux étaient.
Là il dit à l'enfant de Felton :

« Beau fils, allez en l'hôtel de votre père et me
» recommandez à lui, et dites-lui que je ne suis prison-

» nier ni du comte ni de lui ; mais que trop longue-
» ment ils m'ont tenu sans raison : pour cela je m'en
» pars ».

L'enfant demeura et Bertrand s'en partit. Et l'enfant vint à l'hôtel de son père, qui de l'aventure fut
fort dolent, à cause du mécontentement du comte qui
le lui avait donné en garde.

XX. — Comment messire Bertrand arriva à Guingamp où il fut reçu à grand'joie, et comment il mit
le siège devant Prestan (1).

TANT chevaucha Bertrand, qu'il vint à Guingamp
où il fut reçu à grand'joie. Là il lui fut dit comment Anglais et Navarrais guerroyaient de par le roi
Navarre. Donc il voulut partir de Guingamp pour
de venir en France ; mais ceux de Guingamp firent
fermer les portes et dirent à Bertrand :

« Sire, près d'ici sont Prestan et d'autres châteaux
» que tient David Holegrave, chevalier anglais qui a
» épousé la vicomtesse de Rohan, et qui tient le parti
» du duc de Montfort. Par ces châteaux Guingamp est
» fort grevé ainsi que le pays d'alentour. C'est pour-
» quoi, puisque Dieu vous a amené ici, nous vous
» prions, pour courtoisie et pour notre bien, que vous
» vouliez mettre le siège devant Prestan ; et certes
» vous le devez bien faire. Et nous sommes ici prépa-

______

(1) D'autres disent Pithiviers.

» rés à vous livrer deniers et tous vivres pour mettre
» le siège. »

Il fallut que Bertrand accordât cette chose à ceux
de Guingamp qui autrement ne le voulaient pas laisser
aller de la ville ; ce dont fortement il lui déplaisait. Et
brièvement il sortit de Guingamp à grand arroi, et
alla assiéger Prestan. Le lendemain au matin Bertrand fit assaillir le château. Là était un écuyer châtelain qui contrariait fort ceux de Guingamp et leur faisait de grandes duretés ; car, quand il les prenait, il
leur faisait crever les yeux ou couper un bras, puis les
renvoyait. A cause de cela ceux de Guingamp furent
fort désirants d'avoir le château. Ceux de Guingamp
assaillirent durement ; et l'écuyer, qui avait fort garni
le château, le défendait bien ; mais à la fin la porte fut
prise. Quand la porte fut prise, Bertrand manda à
sûreté le châtelain, qui à la porte avait tant fait de
vaillances que c'était merveille à les voir. Débonnairement il lui dit :

« Châtelain, vous voyez bien que vous ne pouvez
» plus tenir le château ; rendez-le par courtoisie en ma
» merci. »

A ce point accoururent ceux de Guingamp qui haïssaient le châtelain, et qui dirent à Bertrand :

« Pour Dieu, sire, ne veuillez traiter ; car nous
» aurons bientôt le château ; et alors de ce fol châte-
» lain nous ferons tout à notre plaisir. »

XXI. — Comment le château de Prestan fut rendu à messire Bertrand.

BERTRAND, qui avait vu la prouesse du châtelain, lui dit :

« Châtelain, tenez-vous quelque chose du comte » de Montfort ? »

A cela lui répondit le châtelain :

« Sire, à vous je rends Prestan, ma vie sauve ; » et je vous jure que du comte je ne tiens pas un de-» nier vaillant. »

Alors Bertrand lui dit :

« Bel ami, et en vérité vous en tiendrez de moi, » qui ne suis pas tel seigneur. »

Alors s'inclina le châtelain et le remercia et promit de le servir toute sa vie. Ainsi fut pris Prestan. Et dorénavant le châtelain fut servant Bertrand, qui pour sa prouesse l'honora fort et lui fit de très grands biens(1).

---

(1) L'imprimé diffère ici du manuscrit reproduit par Buchon. Voici la version de l'imprimé :

« A ces paroles accoururent ceux de Guingamp qui haïssaient le châtelain. « Pour Dieu, Sire, firent-ils, que ne veuillez traiter : le châtel tôt aurons. Adonc, de ce félon chastellain ferons tout à votre plaisir. » Ainsi le fit Bertrand à la requête d'eux, néanmoins qu'il lui tint depuis bon parti après la prise de Guin-gamp, pour la vaillance dudit châtelain. »

XXII. — Comment messire Bertrand assiégea le château de Tourgoust (1).

AU partir de Prestan, Bertrand alla assiéger le château de Tourgoust. Un écuyer anglais qui avait nom Thomelin tenait ce château. Au trésor de ce château étaient depuis très longtemps les livres des prophéties de Merlin, et souvent ce Thomelin y faisait lire. Quand il se vit assiégé, il lui souvint que dans les livres de Merlin il avait lu : qu'à ce temps sortirait de la petite Bretagne un aigle qui serait de la condition d'un étourneau, et qui, au temps qu'il règnerait, serait par toutes terres redouté.

« Je puis bien dire, dit Thomelin, que Bertrand,
» qui porte l'aigle (2), est le vrai étourneau ; car tout
» ainsi que, quand l'étourneau qui est devant tous ceux
» de sa volée se pose en un champ, les autres s'y posent
» après lui, et, là où qu'il aille, ils vont ; et aussi lors-
» qu'il descend en un colombier pour en faire partir
» les colombes, après lui viennent descendre tous les
» autres étourneaux : ainsi en est-il de Bertrand, qui
» de toutes gens est suivi et qui ne peut arriver devant

(1) Trogoff.

(2) Du Guesclin portait, en effet, un aigle dans ses armes. Les historiens et chroniqueurs du temps y font souvent allusion. Les armes de du Guesclin s'écrivent ainsi : « *D'argent, à l'aigle éployée ou à deux têtes de sable couronnées d'or, à la bande de gueules brochant sur le tout.* »

» une forteresse, sans que brièvement elle lui soit vidée
» et désencombrée de ses ennemis. »

XXIII. — Comment messire Bertrand prit le château de Tourgoust.

QUAND Bertrand eut assiégé Tourgoust, le châtelain le manda à David Holegrave qui fit savoir cette chose et la prise de Prestan au comte de Montfort, qui pensait avoir encore Bertrand prisonnier. En l'hôtel du comte était un chevalier anglais qui haïssait Felton parce qu'autrefois il l'avait tenu prisonnier. Le chevalier anglais, nommé Gautier Hewet, dit au comte : que Felton avait eu de Bertrand grand'finance pour le laisser aller, et qu'autrement il ne s'en serait pas allé. Le comte fut fort dolent de Bertrand qui ainsi s'en était allé. Pour cela il envoya saisir Felton et l'emprisonna, et lui voulut faire couper la tête. Ce fut rapporté à Bertrand qui en fut fort dolent. Et aussitôt il envoya par devers le comte, et lui manda par un écuyer que, s'il lui voulait envoyer un sauf-conduit, il irait par devers lui et jetterait son gage de bataille contre messire Gautier Hewet qui mauvaisement avait accusé Felton, et qu'il prouverait par son corps, sans aide d'aucun homme vivant, qu'il était loyalement parti des prisons du comte et de la maison de Felton, et sans que celui-ci le sût, et sans qu'il en touchât en rien au déshonneur ni de l'un ni de l'autre.

Ces choses furent dénoncées au comte par l'écuyer en faisant son message. Et brièvement Felton, qui pour cette occasion avait été arrêté, fut délivré. Le comte dit à l'écuyer :

« Ami, vous direz à Bertrand que, quelque part
» qu'il soit, je le tiens pour mon prisonnier. »

Alors se leva messire Felton, et il dit à l'écuyer :

« Ami, vous direz à Bertrand qu'envers moi il a
» fort mal fait ; car sur la foi de sa loyauté je le laissais
» aller à son plaisir, et ainsi il s'en est parti. Et de cela
» qu'il ne pense pas que je le combatte ; car par droit
» je le pense faire approcher au parlement de France,
» et bientôt. Et ce n'est pas beau à un hôte de s'en partir
» de son hôte sans son congé, vu que sur sa foi je lui
» laissais si large prison. »

Au congé du comte l'écuyer s'en partit, et retourna au siège où était Bertrand, et fit son message. De ce que Felton lui manda il lui déplut fort, à cause qu'il lui faisait reproche de sa loyauté ; mais à cette fois il n'en tint pas grandes paroles ni langages, mais fit dresser des engins et assaillir le château de telle vertu, que brièvement il fut conquis et pris d'assaut, et tous ceux qui étaient dedans furent faits prisonniers.

Après la prise de ces châteaux (1), Bertrand s'en alla par devers le duc Charles de Blois qui était délivré de

____

(1) Les châteaux de Prestan et de Trogoff furent emportés d'assaut en 1364.

sa prison et qui avait conquis La Roche-Derien sur le comte de Montfort, depuis sa délivrance.

Le duc Charles vint à Dinan, et fit le mariage de Bertrand et de Tiphaine Raguenel, et, en récompense de ses services, lui donna à vie le château de La Roche-Derien. Cette dame fut de haut lignage et de grand sens, et ils s'entr'aimèrent beaucoup. Bertrand laissa un peu de suivre les guerres au commencement de son mariage. Quand la dame vit qu'il les délaissait ainsi, elle le blâma et lui dit :

« Sire, par vous ont été commencés de beaux faits, » et par vous seulement en vos jours France doit être » recouvrée. Or il est ainsi, que, pour mon amour, vous » voulez perdre l'honneur qui en vous est commencé. » Certes, sire, je ne pourrai endurer cette chose ; car » je serais fort abaissée, moi qui par vous dois être » honorée. Ainsi, sachez que si vous ne poursuivez les » guerres, de dame de vaillance vous ne pouvez avoir » l'amour. Et quant à moi, qui suis pauvre dame, mon » cœur ne se pourrait adonner à ce que j'eusse amour » pour vous, si vous êtes ainsi refusant à vaillance(1). »

En ce temps étaient en Normandie plusieurs Anglais, Navarrais et Gascons, qui, de par le roi de Navarre, gâtaient le royaume de France. Pour cela, Bertrand

---

(1) Du Guesclin épousa Tiphaine Raguenel quand il était gouverneur de Pontorson, en 1359, avant les faits rapportés dans le chapitre XVIII et les suivants.

partit de Bretagne et vint en France. Là, il trouva messire Guillaume Felton, qui maintenait que Bertrand avait à tort brisé sa prison, et là-dessus fit ajourner Bertrand en parlement. De cela Bertrand offrait de s'excuser, et qu'il prouverait le contraire en champ par bataille ; mais à la bataille jamais ne se voulut accorder Felton, mais il le poursuivit par procès en la cour du parlement. Et en fin de cause il fut ainsi jugé : que Bertrand bien et loyalement, qui n'avait promis foi ni prison au comte ni à Felton, s'en était duement parti, et que mauvaisement et sans droiture il avait été détenu.

XXIV. — Comment Charles, duc de Normandie, alla mettre le siège devant Melun-sur-Seine.

ALORS était à Melun-sur-Seine la reine Blanche (1), sœur du roi de Navarre, qui livra le château à son frère. Avec le roi de Navarre était le sire de Mareuil, avec grand'chevalerie. Quand Charles, fils aîné de France, duc de Normandie, régent du royaume, sut les nouvelles, il s'en partit de Paris avec grand'foison de gens, et en sa compagnie Bertrand du Gueselin.

Devant Melun vint Charles de France, duc de Normandie, et tantôt prit la première ville (2) ; mais

(1) Blanche de Navarre, sœur de Charles le Mauvais, que le roi Philippe VI avait épousée en secondes noces, après la mort de Jeanne de Bourgogne.

(2) « Voir est que la ville de Melun est assise en trois parties : l'une est une île où le château est assis, l'autre partie est du côté du Gatinais, et entre ces deux

brièvement la reine Blanche lui manda qu'il partît de
là et que l'héritage était à elle et qu'elle le garderait
bien. De cela le duc fut fort dolent, et dit que la reine
Blanche n'y avait rien, fors son douaire. Le lendemain
au matin le duc fit assaillir Saint-Maclou de Melun où
est le plus fort de la ville. Tant fut merveilleux l'assaut,
et tant il dura, qu'il y finit beaucoup de chevaliers et d'é-
cuyers. En cet assaut Bertrand fut jeté de dessus les murs
de Melun dans la douve. Le duc de Normandie aperçut
cette chose, et à force il fit retirer Bertrand de la douve ;
et le duc pensait que Bertrand fut mort, dont il menait
grand deuil ; mais il ne demeura guère que la parole
commença à lui revenir, et il demanda si les Navarrais
avaient rendu le château. En ce point la reine envoya
par devers le duc et lui rendit le château. Alors le duc
retourna à Paris, et donna à Bertrand la garde de Pontorson (1).

XXV. — Comment le roi de Navarre vint à Evreux.

EN ce temps (2) était à Évreux le roi de Navarre
qui guerroyait contre le duc de Normandie; et à
son aide étaient venus le captal de Buch (3), messire

parties court le maître bras de la rivière ; et l'autre partie est du côté de Brie. »
(*Froissart, Liv. I.*)

(1) Pontorson était alors une place de guerre fort importante. — La prise de
Melun eut lieu en 1359, peu de temps après la levée du siège de Dinan.

(2) 1364. Le chroniqueur retrouve l'ordre chronologique.

(3) Jean de Grailly, captal de Buch, de la maison de Foix, un des meilleurs

Jean Jouël, le sire de Mareuil, Pierre de Saquenville et autre grand'chevalerie d'Angleterre, de Normandie et de Picardie, qui tenaient le pays d'environ depuis Évreux jusques à Mantes, et de là à Vernon-sur-Seine. Et d'autre part, en la marche de Beauvoisis, étaient des Anglais qui le long de la rivière d'Oise, à Creil et autres villes et châteaux, guerroyaient de par le roi de Navarre. A Rolleboise (1) près de Mantes étaient en garnison des Navarrais qui gardaient tellement les passages de Seine et les ports, que nulles marchandises ne descendaient à Rouen par la rivière. Pour cela ceux de Rouen s'émurent et entrèrent en la rivière de Seine à grand'flotte ; et ils étaient au nombre de dix mille qui vinrent devant Rolleboise et y mirent le siège. Et souvent ils l'assaillaient, mais les Navarrais se défendirent fort. Pour ces nouvelles Bertrand vint hâtivement au siège ; en sa compagnie était Guillaume de Lannoy (2) et autres chevaliers et écuyers de grand renom, dont ceux de Rouen furent fort joyeux. Et de nuit et jour, sans cesser, Bertrand fit dresser des engins et assaillir le château de Rolleboise.

---

capitaines au service des ennemis de la France. Il fut, quelques années plus tard, connétable d'Aquitaine.

(1) Rolleboise, ou Roboise, à deux lieues au N.-O. de Mantes.

(2) D'autres disent de Launay.

XXVI. — Du siège de Rolleboise et de la prise de Mantes.

LE siège durant, Bertrand et Guillaume de Lannoy furent en conseil pour savoir par quelle voie ils pourraient conquérir Mantes, qui était riche ville, forte et bien située, mais qui fort haïssait les Français. Il advint qu'une nuit, secrètement, Bertrand et Guillaume de Lannoy partirent du siège. Et près de Mantes ils ordonnèrent un aguet ; puis Guillaume de Lannoy se mit, avec d'autres Français, en état de vignerons. Et, environ au soleil levant, ils approchèrent Mantes où il y a de grands vignobles. Ceux de Mantes, qui pensèrent que c'étaient des vignerons qui se vinssent louer en la place, ouvrirent les portes ; et dans la ville entra Guillaume de Lannoy qui sur le pont fit occire les portiers. Aussitôt il corna l'embuscade. Dans l'aguet était Bertrand et le comte d'Auxerre, qui avec grand'foison de gens sautèrent et entrèrent en la ville en criant : « *Auxerre et Guesclin !* » Alors s'éleva le cri parmi la ville (1).

En l'église de Notre-Dame se retirèrent plusieurs bourgeois. Auparavant ceux de Mantes avaient commencé à renforcer l'église. Devant l'église vinrent Guil

---

(1) Dans notre édition de Froissart, nous avons fait remarquer combien diffère du récit de l'historien la chronique de Bertrand du Guesclin. Froissart attribue le succès de cette prise de Mantes à du Guesclin et à Boucicaut qui n'est pas même mentionné ici.

laume de Lannoy et ses compagnons qui commencèrent l'assaut ; mais tous s'accordèrent de se rendre à Bertrand. Là vint Bertrand qui parla aux bourgeois et dit :

« Seigneurs, si au duc de Normandie vous voulez » vous rendre, je suis prêt de vous recevoir, vos vies » sauves. »

Alors les bourgeois, qui avaient la plus grand'part de leurs héritages à Meulan, que tenaient les Navarrais, répondirent :

« Sire, à notre seigneur le duc de Normandie » nous nous rendons, s'il vous plaît, pourvu que vous » vouliez nous promettre de faire assaillir ceux de Meu- » lan, car autrement Mantes ne pourrait être tenue » sans que de jour en jour nous les eussions à nos por- » tes ; et nous qui sommes ici, nous serons au siège et » y exploiterons tant nos corps et nos biens, que notre » seigneur le duc ni vous ne saurez nous en demander » plus. »

Cela, Bertrand le leur accorda, et tous se rendirent. Alors Bertrand mit garnison à Mantes, puis s'en retourna à Rolleboise, et alors fit commencer l'assaut grand et merveilleux. Et brièvement le château fut pris, où il y avait une forte tour, et tous les Navarrais qui étaient dedans furent morts ou pris. La nuit, Bertrand coucha dans Rolleboise, et le lendemain fit raser le château, et puis s'en retourna à Mantes avec le comte d'Auxerre.

Et brièvement ils firent grand appareil pour assiéger Meulan.

XXVII. — De la prise de Meulan.

DEVANT Meulan Bertrand vint en grand arroi et se logea en la prairie sur la Seine, et le lendemain au matin fit assaillir la ville. Là ceux de Meulan furent en grand'défense. Mais les Français les assaillirent si durement de traits et de mines qu'ils ne pouvaient plus souffrir le combat, mais laissèrent la ville ; et plusieurs se retirèrent en la tour, et quelques-uns sur le pont qui était emparé (1).

Bertrand entra dans Meulan et manda au châtelain qu'il rendit la tour, ce dont il fut refusant ; car il y avait forte tour et bien garnie de vivres. Alors Bertrand fit commencer la mine pour avoir la tour ; et elle fut tellement minée, qu'elle ne fut plus soutenue que sur des étais de bois que Bertrand fit oindre de graisse et auxquels il fit bouter le feu. Quand une partie du bois fut brûlée, la tour commença à s'incliner d'un côté. Alors se rendirent le châtelain et ceux qui étaient dedans. Et brièvement Bertrand fit abattre et raser la tour et tous les murs de la ville.

Quand ceux qui s'étaient retirés au pont aperçurent

---

(1) Fortifié, garni de remparts. Nous avons rejeté ce mot, et nous avons conservé son composé et son opposé, *désemparé*.

que la tour était rendue, ils se rendirent. Bertrand fit renforcer le pont et y mit des gardes. Alors ceux de Rouen prirent congé de Bertrand qui les honora fort, et ils s'en retournèrent très joyeux en leurs contrées(1).

XXVIII. — Du trépassement du bon roi Jean de France.

BERTRAND se tint dorénavant sur la Normandie en frontière contre les Anglais et Navarrais qui grevaient le royaume. Et pour le roi de Navarre y étaient le captal, Jean Jouël, Saquenville, le sire de Marcuil et grandement de chevaliers. Mais pendant ce temps vinrent en France des nouvelles qui furent au royaume fort grièves et déplaisantes : ce fut du bon roi Jean de France, qui était trépassé à Londres, en l'an de l'Incarnation de Notre-Seigneur Jésus-Christ mil trois cent soixante-trois (2), ce dont les Français furent fort dolents ; car jamais ne naquit prince de plus grand'vaillance. Ce roi Jean de France fut le plus haut chevalier de tout son royaume, et on n'en peut trouver de plus fort que lui, car il était gros et bien taillé. Sur toute chose il aimait Dieu et droiture. En son vivant il n'y eut chevalier qui fit de sa personne tant de faits

---

(1) Rolleboise, Mantes et Meulan furent enlevés aux Navarrais en 1364.

(2) Mil trois cent soixante-quatre. L'année ne commençait alors qu'à Pâques. Jean II, dit le Bon, mourut à Londres le 8 avril. Il était revenu se constituer prisonnier, lorsque son fils, le duc d'Anjou, qu'il y avait laissé en otage, s'était évadé.

d'armes ; mais Fortune et les traîtres qui mettent à bas maint prud'homme, lui furent durement contraires.

Après le trépassement du roi Jean de France, le royaume de France échut à son fils aîné, Charles, duc de Normandie, qui fut couronné et sacré à Reims en l'an de la Résurrection de Notre-Seigneur mil trois cent soixante-quatre, le jour de la Trinité (1). Et à son couronnement furent les ducs d'Orléans et de Brabant, ses oncles, et les ducs d'Anjou, de Berry et de Bourgogne, ses frères, et grand nombre de comtes et de barons.

Au temps que le roi Charles était en son sacre, s'assemblèrent en la cité d'Évreux grand nombre d'Anglais et de Navarrais que conduisait le captal de Buch, de par le roi de Navarre ; et leur intention était de chevaucher devant Paris. De cela entendit parler Bertrand qui hâtivement s'en alla à Rouen, et là fit sa semonce de gens d'armes. En peu d'heures de temps vinrent à Rouen le comte d'Auxerre, le vicomte de Beaumont, messire Godefroy d'Annequin (2), maître des arbalétriers de France, Le Bègue de Vilaines, messire Guy Le Baveux ; l'Archiprêtre (3), qui était renommé de chevalerie ; Kerlouët, écuyer de grand' vaillance ; monseigneur Jean de Senarpont, monsei-

---

(1) Le 19 mai.

(2) Zonnekin. Il est nommé Baudouin d'Ennekins dans Froissart.

(3) Arnauld ou Regnault de Cervolles.

gneur Thierry de Bournonville, messire Jean de Cayeux, Guillaume Tranchant ; messire Enguerrand d'Eudin, qui sur son coursier armé, le bassinet à son arçon, passa la rivière de Seine à la nage au-dessous de Vernon, pour être à la journée ; car la reine Blanche, la sœur du roi de Navarre, qui se tenait dans Vernon le jour de la bataille, fit fermer les ponts pour que nul ne pût secourir Bertrand. Il y eut encore plusieurs autres chevaliers et écuyers de France, et ils se trouvèrent en nombre six mille combattants.

Alors Bertrand partit de Rouen, et prit son chemin droit au mont de Cocherel, en brûlant et pillant la terre que tenait le roi de Navarre. Le captal, qui conduisait son armée au plus sûrement qu'il pouvait pour surprendre les Français, sut ces nouvelles. Bertrand chevaucha tant qu'il vint à Cocherel et se logea en la prairie sur la rivière d'Eure. Par là devait passer le captal de Buch, qui de la venue de Bertrand ne savait rien. Aussitôt que Bertrand fut arrivé, il lui fut rapporté que droit à Cocherel venait le captal. Alors Bertrand fit armer les Français et les ordonna en bataille, et fit garder le pont de la rivière.

XXIX. — Comment l'Archiprêtre partit, ce dont il fut blâmé.

LA était l'Archiprêtre qui requit à Bertrand qu'il passât outre avec ses gens pour chevaucher et aviser les Anglais ; et cela il le faisait seulement parce qu'il ne se voulait point armer contre le captal, dont il devait être homme de foi pour sa terre. A cela Bertrand fut accordant, et ainsi partit l'Archiprêtre qui depuis en fut dolent (1).

Depuis que l'Archiprêtre se partit des Français, il ne demeura guère que sur le pont vinssent les Anglais qui surent tantôt les nouvelles de Bertrand. Là les Anglais déployèrent la bannière du captal, et se tinrent sur le mont. Du haut de la montagne les Anglais voyaient Bertrand et tout son arroi qui était logé dans la prairie. Pour cela le captal assembla la chevalerie de son armée et dit :

« Seigneurs, les Français sont ici à petit nombre, et » je vois bien qu'ici dessus ils ne nous viendront point » requérir. Je ne vois donc point que nous puissions » avoir bataille, à moins que nous ne descendions en

---

(1) Le fameux Arnauld de Cervolles avait donné trop de preuves de bravoure pour qu'on pût le soupçonner de lâcheté ; néanmoins, dit Froissard, « les chevaliers parlèrent moult vilainement de lui. » D'après une autre chronique, il sortit seul et furtivement des rangs, pour ne pas combatrre le captal, son seigneur, et laissa ses gens prendre part au combat

» bas ; et d'autre part j'aperçois que les Français se
» doutent et qu'ils partiraient volontiers sans bataille.»

Là était Pierre de Saquenville qui répondit au captal :

« Sire, à mon avis, je ne conseille point la descente,
» car la montagne est grande, et à la descente se fati-
» gueraient beaucoup vos gens armés, tellement qu'à
» l'attaque un de ceux de par là en vaudrait trois de vos
» gens ; mais vous pouvez bien garder le mont et
» attendre l'aventure en une autre place. »

A ce conseil se tint le captal pour cette fois.

Tout le jour se tinrent les Français en arroi pour
recevoir les Anglais à la descente du mont de Cocherel.
Quand ce vint sur le soir, que Bertrand aperçut que
les Anglais craignaient la descente, il envoya un héraut
dans l'armée des Anglais, qui dit au captal :

« Sire, à vous m'envoie Bertrand du Guesclin, qui
» demain vous livrera place ci-dessous à votre vouloir,
» à trois traits d'arc outre la rivière, pour livrer bataille.
» Et encore plus, si vous ne le voulez faire ainsi, il vous
» mande que, si l'un de vous, Sire captal, ou vous, Jean
» Jouël ou Saquenville, vous voulez demain jouter ci-
» dessous à trois coups de glaive, il l'accomplira avec
» celui auquel il plaira de vous trois ; à la condition et
» par telle manière que celui qui abattra l'autre de son
» cheval prendra telle place et à son choix comme
» il lui plaira, pour livrer bataille ; ou bien sûrement il

» partira, lui et ses gens, pour retourner en sa con-
» trée. »

« Bel ami, dit le captal, vous direz à Bertrand que,
» quand je verrai le moment, je descendrai et livrerai
» bataille. »

Le héraut rapporta cette réponse à Bertrand, qui ce
soir-là fit bien guetter son armée, et deux jours et deux
nuits il fut en ce point. Et il pensa fort par quelle voie
il pourrait combattre les Anglais, et manda les chevaliers de son armée pour avoir avis avec eux, et dit :

« Seigneurs qui êtes ici, vous savez que nous n'at-
» tendons secours de nulle part, mais que nos vivres
» vont baissant. Vous voyez vos ennemis par-devant
» vous sur la montagne, qui voudraient bien que nous
» les combattissions là, ce que jamais je ne conseillerai.
» Et pourtant pouvons-nous apercevoir qu'ils ne des-
» cendront point, mais qu'ils tendent à nous affamer
» ici en bas en cette vallée ; et d'ici près,leur viennent
» des vivres, de Vernon et d'autres villes et châteaux
» qui nous sont contraires. J'ai regardé que si outre
» la rivière nous faisions passer notre bagage, et
» qu'après nous montions armés sur nos chevaux, et
» si nous passions la rivière en faisant semblant de nous
» enfuir, les Anglais pourraient descendre et alors nous
» pourrions retourner sur eux. »

A cela s'accordèrent les chevaliers, et alors il fut fait
savoir par les logements : que le lendemain,au point du

jour, tout le bagage fût assemblé, et que chacun montât à cheval.

XXX. — Comment messire Bertrand fit semblant de s'enfuir.

AU point du jour les Français furent, armés, sur leurs chevaux, et firent devant eux passer leur bagage outre la rivière en faisant semblant de s'enfuir. Et tantôt après il fut dit au captal de Buch que Bertrand s'enfuyait. Quand le captal vit fuir les Français, habilement il fit descendre les Anglais de la montagne en faisant grand cri. Et Bertrand, qui toujours faisait semblant de s'enfuir, prit garde à ce que les Anglais fussent tous descendus de la montagne. Et quand il aperçut qu'il était temps, il retourna à cheval hâtivement et se mit entre les Anglais et la montagne d'où ils étaient partis ; ce dont les Anglais furent ébahis, et ils aperçurent bien que subtilement Bertrand les avait fait descendre. Aussitôt le captal envoya son héraut à Bertrand et lui manda que, s'il voulait partir sans bataille, il le laisserait aller sûrement. Bertrand donna au héraut un coursier et cent florins, et puis lui dit :

« Héraut, vous direz au captal, de par le comte » d'Auxerre et les autres qui sont ici, que, s'il ne nous » assaille brièvement, nous l'assaillirons. »

Cette réponse, le héraut la dit au captal qui en fut

fort dolent et qui apercevait bien qu'il ne pouvait pas
fuir sans bataille. Et les Anglais étaient trois fois plus
que n'étaient les Français (1), mais ils allaient redou-
tant la bataille. Bertrand ordonna ses batailles, et du
côté de la rivière mit le comte d'Auxerre en ordonnance. Les batailles des gens d'armes se mirent ensemble. Les varlets et les pages des Français qui assaillirent les varlets et les pages des Anglais et Navarrais,
combattirent tant, que les varlets des Anglais et Navarrais furent déconfits : ce dont Bertrand et les chevaliers de France s'enhardirent et plus grand espoir
de bien y eurent.

XXXI. — Comment les batailles s'assemblèrent.

POur livrer la bataille, les deux armées partirent.
Et à l'attaque s'avança devant les autres un chevalier anglais qui d'abord et avant tous voulut attaquer.
Du côté des Français partit Roland du Boys qui d'un
coup de fer de lance occit le chevalier anglais. Aussitôt s'assemblèrent Français contre Anglais. Et là fut
blessé le comte d'Auxerre, et y furent tués le vicomte
de Beaumont, le maître des arbalétriers de France,
messire Robert de Bournonville, messire Jean de
Cayeux, Pierre de l'Épine et plusieurs autres cheva-

(1) D'après Froissart, les troupes anglaises et les françaises étaient à peu près
égales en forces.

liers de France. Quand Bertrand vit la mortalité des Français, il fut fort courroucé, si bien qu'il alla avant et attaqua la bataille du captal. Là était le sire de Mareuil qui cette journée greva fort les Français et fit tant de son corps que c'était merveille à voir.

De la bataille partit messire Eustache de La Houssaye, chevalier breton, qui avec deux cents lances vint contre les Anglais et par derrière la montagne entra dans les batailles des Anglais très-âprement ; car pendant qu'Anglais et Navarrais se défendaient contre les Français qui les combattaient par-devant, monseigneur Eustache et ses gens, qui par derrière étaient entrés en leurs batailles, les enferraient par derrière. Contre le sire de Mareuil vint un écuyer de l'armée de Bertrand, nommé Olivier Féron, qui de grand'prouesse était renommé. Ils se combattirent longuement ; et Olivier fit tant, qu'il tua le sire de Mareuil sur le champ.

En peu d'heures la déconfiture tourna sur les Anglais et Navarrais. Là furent pris le captal, Pierre de Saquenville, et Guillaume de Graville (1) qui fut prisonnier de messire Guy Le Baveux. Mais il était son compère de son enfant (2), et tantôt le délivra par rançon de dix mille francs ; ce dont le roi Charles prit telle malveillance contre ledit messire Guy et ses enfants,

---

(1) Il est nommé Gauville dans Froissart. Buchon pense qu'il s'agit d'un Guillaume de Guérarville.

(2) Il était parrain de son enfant.

qu'il fallut que ledit messire Guy et ses enfants partissent hors de France. Et depuis ledit messire Guy fut rapaisé envers le roi qui lui fit beaucoup de biens. Le roi prit cette déplaisance parce que son intention était de faire trancher la tête à Guillaume de Graville ; car il était né sujet du royaume de France, et il tenait sa terre de lui, comme duc de Normandie (1).

Sur la déconfiture de la bataille arriva le capitaine de Nouvencourt, avec deux cents lances, qui y était venu pour secourir le captal. Ils furent aussitôt entourés des Français qui de toutes parts les firent assaillir, et tellement que ceux de Nouvencourt furent tous morts et déconfits. Et cette bataille fut avant la Trinité, en l'an de l'Incarnation de Notre-Seigneur mil-trois-cent-soixante-quatre (2).

Bertrand écrivit la déconfiture au roi Charles qui était à Reims à son sacre, et qui remercia fort Notre-Seigneur de la victoire qu'il lui avait envoyée par Bertrand à son commencement. Alors se réjouirent les princes et chevaliers de France, et plus haute fête en fut menée au sacre du roi ; et tous furent fort joyeux du captal et des autres qui étaient prisonniers.

Après la bataille, Bertrand se retira au Pont-de-

---

(1) Peut-être était-ce à cause de la part qu'avait prise Guillaume de Graville, quelques années auparavant, dans la remise de la ville d'Évreux au roi de Navarre. (*Froissart, Livre Iᵉʳ, 2ᵉ partie.*)

(2) Le 17 mai 1364, avant-veille du sacre de Charles V, lequel apprit la victoire pendant la cérémonie du couronnement.

l'Arche et là fit mener ses prisonniers. Là trépassa messire Jean Jouël, tant il avait été durement blessé ; et là Bertrand le fit honorablement enterrer, puis alla à Rouen où il fut honorablement reçu des bourgeois.

XXXII. — Comment le roi Charles retourna du sacre de Reims.

DE la cité de Reims partit le roi Charles après son sacre, et vint à Paris où il fut fort honoré. Puis il alla à Rouen et manda à Bertrand qu'il amenât là ses prisonniers. Au mandement du roi, Bertrand alla à Rouen, et en sa compagnie amena toute la chevalerie qui avait été en la bataille, et chacun mena ses prisonniers. Le roi fut très joyeux de la venue de Bertrand et de la chevalerie, et les honora fort en les remerciant de la victoire ; mais après, à Saquenville, qui était prisonnier, le roi fit trancher la tête parce qu'il avait été son traitre. Là le roi donna à Bertrand le comté de Longueville, et le fit maréchal de Normandie. Au château de Longueville étaient des Navarrais qui en refusèrent l'entrée à Bertrand. Mais il ne demeura guère que Bertrand fit assaillir le château ; et il lui fut rendu.

XXXIII. — Comment l'embuscade de Valognes fut déconfite.

EN ce temps étaient en Cotentin Anglais et Navarrais en plusieurs villes et châteaux, et ils endommageaient fort la Normandie. Alors Bertrand prit
congé du roi qui partit de Rouen pour aller à Paris, et
Bertrand alla à Caen et là assembla ses gens. En sa
compagnie était un chevalier de grand honneur et de
grand'vaillance, qui était nommé messire Guillaume
Boitel (1). Et au partir de Caen, il prit son chemin
droit à Valognes. De cela les Anglais surent des nouvelles et firent une embuscade pour surprendre les
Français. Alors messire Guillaume Boitel faisait l'avant-
garde, et sur eux tomba l'embuscade des Anglais, et les
Français les reçurent grandement. Et ils se combattirent
si âprement, que sur le champ furent occis cent quarante
Anglais, et le demeurant s'enfuit dans Valognes.

XXXIV. — Comment messire Bertrand vint devant
Valognes.

TANT chevaucha Bertrand, qu'il vint devant Valognes où il y avait fort château et bien situé.
Dans la ville se logèrent les Français et assiégèrent le

(1) Bouestel.

château. Par plusieurs fois Bertrand fit assaillir le château, et grandement se défendirent Anglais et Navarrais. Alors Bertrand fit dresser des engins qui jetaient de grosses pierres contre la muraille. Et au dedans du château, sur les tours et logements, les Anglais et Navarrais avaient fait mettre du foin qui amortissait les coups des pierres des engins. Et au château il y avait une grosse tour qui était fort haute et forte. Sur la tour, les Anglais mirent une cloche et un guetteur qui voyait tous les traits des engins des Français. Et quand le guetteur voyait mettre les engins en arroi pour jeter des pierres, il sonnait la cloche ; et alors ils se mettaient tous en sûreté jusques à ce que la pierre fût tombée. Et quand la pierre frappait contre la muraille, alors sautaient les Anglais qui, au droit du coup, essuyaient le mur d'une toile (1).

Alors Bertrand ordonna que le château fût miné ; mais, parce qu'il était bâti sur une roche, les Français ne le purent miner. Et pour cela, Bertrand jura de maintenir le siège devant Valognes, et fit fort assaillir le château. Quand Anglais et Navarrais surent que Bertrand avait juré de maintenir le siège, ils prirent jour de traiter. Là ils promirent de livrer le château, et, de ce, prirent jour. Au jour qu'ils avaient convenu de rendre le château, les Français vinrent en arroi pour entrer

---

(1) Pour railler les Français sur le peu d'effet que produisaient leurs projectiles. « Vous avez tort, ajoutaient-ils, de salir ainsi nos belles pierres blanches. »

dans le château, et du château sortirent Anglais et Navarrais. Alors les Français commencèrent la huée sur les Anglais et Navarrais, en les moquant ; et quand les Anglais aperçurent la huée et moquerie que faisaient les Français, ils se repentirent d'avoir fait traité. Et quelques uns se retirèrent dans le château et levèrent le pont. Bertrand fut de cela fort dolent, et fit commencer l'assaut. Ceux qui au château s'étaient retirés se défendirent grandement ; mais à la fin ils ne purent endurer le combat, car ils n'étaient nombrés que huit hommes d'armes. Et à cet assaut le château fut pris, et aussi ceux qui étaient dedans. Là Bertrand séjourna huit jours, et pendant ce temps envoya devant Carentan messire Olivier de Mauny qui fut chevalier de grand renom, et auquel la ville fut rendue.

XXXV. — Comment messire Bertrand vint devant le Pont d'Onne.

AU partir de Valognes, Bertrand chevaucha avec son armée devant le Pont d'Onne où il y avait ville fermée et église remparée. Et là il fit dresser ses engins et assaillir la ville. Dans le Pont d'Onne était messire Hugues de Calverley, chevalier anglais, et grand'chevalerie d'Anglais, de Navarrais et Normands qui défendaient la ville. Souvent les Français l'assaillirent, mais ils y gagnèrent peu. Alors Bertrand fit secrètement commencer une mine, mais les Anglais qui s'en doutèrent firent une contre-mine (1). Et ils travaillèrent tant, jour et nuit, que les mines se rencontrèrent. De cela Bertrand sut bientôt les nouvelles, et il entra dans la mine, lui septième, pour conquérir la ville. D'autre part vinrent les Anglais et Navarrais à la rencontre des Français de la mine. Là les Français combattirent longuement aux Anglais et Navarrais, mais à la fin les Anglais et Navarrais furent déconfits.

Dans le Pont d'Onne entra messire Bertrand, qui prit à sa merci messire Hugues de Calverley et les autres Anglais et Navarrais; mais ceux qui étaient Normands et avaient tenu le parti du roi de Navarre, eurent brièvement les têtes tranchées en la place du marché (2).

XXXVI. — Comment messire Bertrand alla à Auray vers le duc de Bretagne.

APRÈS la prise du Pont d'Onne, Bertrand eut conseil avec la chevalerie de France d'aller assiéger le château de Saint-Sauveur-le-Vicomte que tenaient

---

(1) Un fait singulier, lisons-nous dans une autre chronique, donna l'éveil aux Anglais : un verre d'eau, placé par hasard sur le parapet, fut renversé à diverses reprises, sans cause apparente ; cela surprit les soldats qui, collant l'oreille à terre, sentirent les tressaillements causés par la sape.

(2) Du Guesclin considérait les Normands comme rebelles au roi de France, leur roi, tandis que les Anglais et les Navarrais ne faisaient qu'obéir à leurs souverains, le roi d'Angleterre et le roi de Navarre : de là cette différence de traitement.

les Anglais et Navarrais; mais en ce temps le comte de Montfort était à Auray avec grand'chevalerie d'Angleterre, et par ses forces il avait conquis la ville et assiégé le château. Pour lever le siège, le duc Charles manda secours et écrivit en plusieurs lieux. Et le duc Charles fit sa semonce à Guingamp. Là il manda Bertrand qui délaissa le voyage de Saint-Sauveur pour secourir le bon duc Charles (1). Et en peu de temps vinrent à Guingamp en aide de chevalerie le comte d'Auxerre, Bertrand du Guesclin, le vicomte de Rohan, messire Charles de Dinan, messire Olivier de Mauny, le sire de Beauvoir, messire Eustache de la Houssaye, le Bègue de Vilaines, Guillaume de Lannoy, Kerlouët, messire Guillaume Boitel, Guillaume de Bron ; le chevalier vert, comte de Tonnerre, frère du comte d'Auxerre, nommé Louis de Châlons ; Philippe-Louis de Beaujeu, Garnier de Fontigny, le Moine de Béthune, Henry de Pierrefort, Aymar de Poitiers et plusieurs autres chevaliers et écuyers de Bourgogne et de Bretagne.

Charles partit de Guingamp en grand arroi, puis chevaucha avec ses troupes droit au Château-Josselin qui se tenait de son parti. Là se rafraîchit le duc Charles.

(1) En se rendant à l'appel de Charles de Blois, du Guesclin passa par le manoir de la Motte-Bron où son père était mourant. Le vieillard reconnut Bertrand et lui dit : « Je bénis Dieu du bonheur qu'il me donne de te voir encore une fois. Tu as honoré mes cheveux blancs en suivant la voie que je t'avais tracée. Sois toujours homme de bien: la gloire est périssable, mais la vertu ne l'est pas. »

Le comte de Montfort sut bientôt nouvelles de son assemblée. En l'armée du comte étaient messire Jean Chandos, chevalier anglais de renom, le sire de Clisson, Robert Knowles et grand'chevalerie d'Angleterre qui furent en conseil pour l'assemblée du duc Charles ; et ils ordonnèrent que, de par le comte, seraient envoyés devers le duc Charles des ambassadeurs pour traiter ; et ils offriraient au duc que, s'il voulait laisser la moitié du duché au comte de Montfort, et que chacun d'eux portât le nom de duc, en telle manière que, si le comte n'avait héritier mâle en loyal mariage, ce qui lui serait donné en traité retournerait, après sa mort, aux héritiers du duc Charles ; et s'il refusait ces offres, alors ils auraient plus grand'cause et hardiesse de combattre.

Le comte manda ces offres au duc Charles qui le fit savoir à sa femme la duchesse, à cause que c'était par elle qu'il tenait le duché. La duchesse, qui était de grand courage, contredit ces offres et les refusa de tout au tout. Alors le duc Charles le fit savoir au comte, et, par le conseil de ses barons, lui manda qu'il partît d'Auray qui était son héritage, et qu'il sût bien que, s'il n'en partait brièvement, il le combattrait.

Les nouvelles furent apportées au comte de Montfort qui fit assaillir le château d'Auray et fit faire le guet à son armée. Il tint tellement ceux du château en grand'détresse, que leurs vivres s'abaissaient fort, et qu'ils ne pouvaient pas envoyer par devers le duc Charles. Pour cela ils traitèrent avec le comte, et accordèrent que, si au jour de la Saint-Michel ils n'avaient secours du duc, ils livreraient le château ; et ils lui en donnèrent des otages.

De cela Charles sut des nouvelles et manda au comte jour de bataille, et il partit lui et ses troupes de Josselin. Il chevaucha tant, que le jour d'avant la bataille, il vint en l'abbaye de Lanvaux qui est assise devant Auray. De la venue de Charles se réjouirent ceux du château, et firent sonner les trompettes et ménestrels.

Quand le comte de Montfort et les Anglais surent que Charles était arrivé, ils laissèrent la ville d'Auray et sortirent aux champs et se mirent en ordonnance de bataille. Et d'autre part était Charles, lui et ses troupes, sur la prairie en un parc clos. Et les deux armées étaient si près l'une de l'autre, qu'ils pouvaient s'entrevoir, et entre eux il n'y avait que la prairie et un ruisseau. Le comte était si désirant d'avoir la bataille, que, à la descente de Charles, il voulait faire partir l'armée des Anglais pour aller à la rencontre des Français ; mais à cela le sire de Clisson ne voulut pas consentir, mais il lui dit qu'il devait faire les choses sans chaleur et par mesure, et qu'il pouvait bien voir que les Français étaient enclos dans leur parc, d'où ils ne seraient pas mis hors sans grand'-perte.

« Sire, dit alors Clisson au comte, vous savez que
» Charles n'est ici venu pour rien que pour livrer ba-
» taille qui lui est promise pour demain ; et je tiens
» que, si vous voulez attendre à demain, Charles avec
» toutes ses batailles sortira hors du parc pour s'atta-
» quer à vous. Et je crois que demain nous en vien-
» drons aux mains contre ces gens plus à l'aise et à
» moindre perte. Et d'autre part, si nous attaquions à
» présent, lorsque nous nous sommes accordés à la ba-
» taille pour demain, cela nous pourrait être tourné en
» reproche ; je conseille donc, pour ce qui me regarde,
» que nous attendions à demain. »

Là était Robert Knowles qui dit au comte :

« Sire, loyalement vous conseille le sire de Clisson.
» Et néanmoins si les Français, qui maintenant sont
» travaillés (1), étaient en dehors du parc, je conseil-
» lerais qu'on les assaillît, car ils sont bien deux contre
» un de nous. »

A cela répondit Clisson et dit :

« Selon mon escient, ce nous serait encore vilenie,
» si nous les prenions travaillés, car nous en aurions
» moins d'honneur que de les combattre au jour ac-
» cordé. Et, quant au grand nombre qu'ils sont plus
» que nous, de cela je n'en donne rien, mais je vou-
» drais qu'ils fussent encore autant ; car, en trop grand'
» assemblée de gens en bataille, il y a souvent du dé-

____

(1) Fatigués.

» sarroi. Et mieux vaudrait à un prince, qui se vou-
» drait assembler en bataille, avoir quinze cents
» hommes d'armes de connaissance qui fissent sa vo-
» lonté ; et plus aisément ils se tiendraient en ordon-
» nance que ne feraient trois mille. Mais que, pour
» mes paroles, il n'en soit fait ni plus ni moins ; car,
» tout ce qu'il plaira faire à la chevalerie, je suis prêt à
» m'y employer et à les suivre. »

Au conseil du sire de Clisson se tint le comte de
Montfort. Et, quand ce vint sur le vespre (1), au gué qui
était sur le ruisseau commença une escarmouche pour
gagner les chevaux qu'on abreuvait ; et alors commencèrent les varlets à crier : « Aux armes ! » A cette fois
le duc Charles pensa que le comte et les Anglais le
vinssent combattre. Alors il mit ses gens en ordonnance et sortit du parc avec ses batailles, bannières
déployées ; mais aussitôt vint à Charles un héraut de
par le comte, qui lui dit que, si demain il en faisait
autant, il serait sûr d'avoir la bataille. Alors Charles
fit retirer ses gens.

Quand vint à la nuitée, le duc Charles ordonna de
ses gens pour faire le guet de la nuit, et y fut Guillaume de Lannoy qui passa la rivière, et toute la nuit
il chevaucha le camp du comte avec des falots et des
brandons. Au point du jour le guet se retira à l'armée
du duc. Alors de l'armée du comte s'avancèrent plu-

____

(1) Sur le soir.

sieurs archers pour gagner la rivière. Contre les archers vinrent les Français qui les reculèrent et se retirèrent ensuite dans leur camp. Alors, par le conseil de messire Jean Chandos, le comte fit crier en son armée : que, sous peine de perdre la tête, personne ne partit du camp. En ce point aussi Charles ordonna ses batailles. Et d'autre part s'ordonnèrent les Anglais. Alors Chandos dit au comte :

« Sire, ne veuillez pas assaillir le premier vos enne-
» mis, mais attendons que premièrement ils viennent
» contre nous. »

Et à ce conseil se tint le comte qui sur les champs demeura en batailles ordonnées en attendant l'aventure.

XXXVII. — La bataille d'Auray.

ENVIRON au soleil levant, le duc Charles voulut sortir du parc avec toutes ses batailles. A cela ne s'accordait point Bertrand, mais il lui dit :

« Monseigneur, s'il vous plaisait attendre, en ce parc qui est clos que les Anglais nous vinssent courir sus, et si nous nous tenions en ordonnance, selon mon avis nous aurions avantage sur eux. Et en peu de mots, je ne conseille point que les batailles de votre armée passent outre la rivière. »

A ce conseil furent mandés le comte d'Auxerre, Le

Bègue de Vilaines, messire Olivier de Mauny, le vicomte de Rohan, messire Guy Le Baveux et plusieurs autres chevaliers de France qui désiraient tant la bataille, qu'ils conseillèrent audit Charles qu'il allât assaillir ses ennemis. Par le conseil des chevaliers, le duc partit de son parc, toutes ses batailles bannières et pennons déployés, et passa la rivière. En la première bataille voulut être le duc Charles, outre le gré de toute la chevalerie. Et près de lui furent en sa bataille : Bertand, le comte d'Auxerre, Le Bègue de Vilaines, messire Jehan de Vienne, messire Olivier et plusieurs autres chevaliers de France et d'autres contrées. Et le vicomte de Rohan, et les autres barons de France qui tenaient le parti du duc, conduisirent les autres batailles.

XXXVIII. — Comment les batailles s'assemblèrent.

QUAND le comte de Montfort et les Anglais virent le duc Charles qui était passé outre la rivière, et qu'ils venaient à pied tous ensemble, les lances baissées, pour livrer bataille, le comte vitement partit avec toutes ses batailles, et devant mit ses archers qui commencèrent à tirer ; mais le tir dura peu. Et après les archers, fut la première bataille que conduisait messire Jean Chandos ; et ils vinrent en grand arroi contre la bataille du duc, lances abaissées. Qui alors entendit ménestrels corner et trompettes sonner d'une part et d'autre, cela était merveille à écouter.

XXXIX. — Comment le duc Charles perdit la bataille et y fut prisonnier.

EN la première bataille du comte était un chevalier qui était son cousin. A celui-là le comte donna sa tunique, couverte toute des armes de Bretagne, et la lui fit vêtir. Et cela le comte le fit parce qu'il avait trouvé dans les prophéties de Merlin (1) : que, entre deux seigneurs qui se disputaient Bretagne, serait grième bataille, dans laquelle seraient les armes de Bretagne déconfites.

Le chevalier qui portait les armes de Bretagne s'avança outre la bataille des Anglais, et le premier s'attaqua à la bataille du duc Charles. Et brièvement en vinrent aux mains les batailles. Et Français et Anglais combattirent très-âprement. Le duc Charles désira fort trouver le chevalier qui portait les armes de Bretagne, et il pensait que c'était le comte de Montfort. Et il alla tant cherchant dans les rangs, qu'il trouva le chevalier, et à lui s'attaqua de telle puissance qu'il l'abattit à terre et l'occit, ce dont les Français, qui pensèrent le

(1) Il a déjà été question de ce personnage dans la chronique que nous reproduisons, (chapitre XXII.) Merlin, ou autrement Ambroise l'Enchanteur, était célèbre dans les romans du moyen-âge, et surtout en Grande-Bretagne, où on le représentait comme l'ami et le conseiller du roi Artus, et l'inspirateur de l'Ordre de la Table-Ronde.

comte mort, prirent en eux plus grand'hardiesse, et fièrement entrèrent dans les batailles du comte. Et les
Anglais furent tellement menés, qu'ils étaient en voie
de déconfiture. De la bataille des Anglais partit, avec
quatre cents lances, messire Hugues de Calverley, qui
par derrière, tout à cheval, vint se jeter sur l'armée du
duc ; et d'autre part, sur les ailes, étaient des archers
qui grevèrent fort les Français. Et en ce point s'entr'approchèrent les bannières. Là le comte d'Auxerre,
le chevalier vert son frère, nommé messire Louis de
Châlons, et messire Olivier de Mauny firent tant de
chevalerie, que toute la chevalerie de France se délectait de leur bien-faire. Et en ce point voulut partir
le comte de Montfort qui pensa être en déconfiture,
mais il fut ramené par le sire de Clisson qui renforça
sa bataille, lui et messire Jean Chandos.

Tant alla le comte d'Auxerre, qu'il y eut l'œil gauche
crevé, et fut blessé en plusieurs endroits ; et il fut jeté
à terre par les Anglais et demeura comme mort sur le
champ ; ce dont le duc Charles eut grand deuil, et il se
mit alors au front des batailles. Et âprement se prirent
à combattre Français contre Anglais qui à cette heure
furent fort grevés. Alors Calverley fit retirer la bataille
qui était à cheval et fit descendre des gens pour se reposer et se désarmer de leurs cuissards, pour mieux
combattre à cheval, puis il les fit remonter sur leurs
chevaux et à chacun donna des haches. Alors retour-

nèrent les Anglais à cheval qui à force de haches sépa-
rèrent les batailles du duc : ce à cause de quoi les Anglais contre les Français combattirent plus âprement.
Et en grand'défense se tinrent les Français. Alors le
chevalier vert s'avança tant, qu'il abattit à terre la
bannière du comte de Montfort ; mais par l'aide de
Gautier Hewett, de Calverley et de Knowles, elle fut
tôt redressée. Contre la bataille du comte s'assemblèrent
messire Bertrand, Le Bègue de Vilaines, messire Eustache de La Houssaye, messire Charles de Dinan,
Kerlouët, Guillaume Boitel, messire Guy Le Baveux
et d'autres, qui se mirent sous la bannière du duc ;
et ils attaquèrent les Anglais très-âprement ; mais les
autres batailles ne se pouvaient joindre à eux, car elles
étaient rompues et dispersées et déjà tournaient en
désarroi et ne se pouvaient rassembler. A cette heure
fut tué messire Thomas de Canterbury, chevalier anglais. Et tantôt s'approchèrent les batailles du comte
et des Anglais, qui attaquèrent les batailles du duc. Et
en peu d'heures commença la déconfiture sur les Français.

Quand Charles aperçut que sur lui se tournait la déconfiture, il frappa très-âprement dans les batailles du
comte, et, d'une hache qu'il tenait, abattait tout ce qu'il
atteignait, en telle manière que les Anglais redoutaient
fortement de le rencontrer ; mais ils s'assemblèrent
tant et un tel nombre de lances contre lui, que par

force il fut porté à terre, et blessé en plusieurs endroits, et fut laissé comme mort sur le champ.

Quand Bertrand sut que le duc Charles était jeté à terre, que nul ne demande le grand deuil qu'il eut en son cœur. A cette heure les Français furent entourés par les batailles du comte. Là se défendit grandement Bertrand ; mais par force il fut pris et blessé en plusieurs endroits. Et brièvement y moururent grand nombre de barons de France et de Bretagne du parti du duc Charles, qui fut mis à déconfiture au jour de la Saint-Michel, l'an de l'Incarnation de Notre-Seigneur mil-trois-cent-soixante et quatre.

XI. — Comment le duc Charles fut trouvé et mené au comte de Montfort.

Après la bataille, vint sur le champ un écuyer, qui, en cherchant les morts, trouva le duc Charles en vie (1) et le retint prisonnier. Et le duc lui fit serment,

---

(1) Froissart dit, au contraire, que Charles de Blois fut tué dans la mêlée, « le visage sur ses ennemis. » Il ajoute même qu'il avait été convenu du côté des Anglais de ne point prendre Charles de Blois à rançon, mais de le tuer si on le pouvait trouver. Les Français avaient décidé de faire de même du comte de Montfort, s'ils pouvaient parvenir à s'en emparer.

Les autres témoignages contemporains confirment le récit de Froissart; on y voit que trois fois le duc de Bretagne fut entouré et trois fois arraché par les siens aux Anglais; enfin, la visière de son casque ayant été brisée dans la lutte, un soldat lui plongea son épée dans la bouche. « Geoffroy Robbin, cordelier, confesseur du duc, qui l'avait suivi au fort de la mêlée, le vit tomber de cheval et put l'exhorter à mourir. Charles expira en se frappant la poitrine comme un pénitent. » (Lobineau, t. 1er, p. 374.)

et l'écuyer lui promit sa vie sauve ; mais en ce point le
duc fut rencontré par le sire de Clisson, qui, de par le
comte, allait cherchant le duc Charles par les champs.
Le sire de Clisson enleva le duc à l'écuyer et le mena
au comte de Montfort. qui en cette manière lui dit :

« Charles de Blois, tu as bien su et tu sais encore
» qu'au duché de Bretagne tu n'as aucun droit ; et tu
» n'es extrait aucunement ni des armes ni du lignage
» de Bretagne. C'est pourquoi je te requiers que tu
» renonces entièrement au duché, et que les villes et
» châteaux qui sont en ton obéissance, tu me les veuil-
» les rendre et délivrer sans jamais rien y demander ;
» et sache bien que par un autre moyen tu ne peux
» échapper en vie ; mais tu mourras ici bien prochai-
» nement, car tu peux voir et connaitre que tu as le
» dessous. »

XLI. — Comment le comte de Montfort fit mettre à mort le duc Charles (1).

QUAND le duc Charles eut ouï parler le comte,
bien appertement il répondit ces paroles (2) :

(1) Le *Rommant de Sire Bertrand* prend ici, à l'égard de l'histoire, les libertés
grandes que se permet le roman moderne. C'est une observation que le lecteur
aura plus d'une fois l'occasion de faire dans la suite: il convient donc de rappeler
que cette chronique, presque contemporaine des faits, est moins un document
historique qu'un écho fidèle des bruits, des préjugés, des passions qui agitaient alors
le pays.

(2) Si étrange que soit le discours prêté à Charles de Blois, on y verra, du moins,
qu'à cette époque on n'attribuait pas à la puissance civile le droit de juger les causes

« Comte de Montfort, je sais bien que du duc Arthur
» naquirent en son premier mariage le bon duc Jean
» et messire Guy de Bretagne, son frère, père de ma
» femme; et, après le trépas de la duchesse, ledit Arthur
» épousa la reine d'Écosse, femme du roi qui était allé
» outre-mer visiter le Saint-Sépulcre ; et elle fit publier
» par tout le royaume d'Écosse que son seigneur était
» mort en la terre d'outre-mer. Mais il ne demeura guère
» que le roi d'Écosse repassa la mer et brièvement sut
» les nouvelles comment sa femme était mariée au duc
» de Bretagne (1). Le roi alors parla sur ce fait à ses con-

matrimoniales. C'est, dit le chroniqueur, « comme Vicaire du Saint-Siège » et en
vertu « de bulles du Pape » que le roi, entouré d'ailleurs de prélats, appelle cette
cause à son tribunal. Ce témoignage n'est point sans importance, tout imaginaire
que soit le fait.

(1) Le mariage du duc de Bretagne avec la reine d'Ecosse, du vivant de son
premier mari, est une fable inventée par l'esprit de parti. Arthur II épousa
Yolande de Dreux en 1294, c'est-à-dire longtemps après la mort d'Alexandre III
roi d'Ecosse. Ce récit, du reste, fourmille d'erreurs ; comment Alexandre III
qui mourut le 12 mai 1285 selon les uns, 1290 selon les autres, aurait-il pu être
reçu par le pape à Avignon, où Clément V transporta le siège apostolique seulement en 1309? Bertrand d'Argentré, dans son *Histoire de Bretagne* l. V ch. *XXXVIII*
fait la lumière sur ce point : « Artus, dit-il, épousa en seconde noces Yolande de
Dreux ; d'aucuns la disent avoir été veuve du roy Alexandre d'Ecosse, les autres
ne l'accordent pas, mais disent qu'elle fut fiancée à ce roy, mais que le pape
Boniface, pour certaines raisons de droit, dissolut les promesses, et il fut permis
à ladite dame de prendre parti. »... « Je sais, continue le jurisconsulte historien,
que celui qui a escrit la vie de messire Bertrand — qui estoit ouvertement du
parti de Charles de Blois — met sous le nom dudit Charles quelque chose en
reproche audit Montfort, de cette alliance comme illicite. Mais cela a fort peu
d'apparence vu que toutes les histoires parlent autrement, et que jamais, au
procès desdits de Blois et de Montfort (par devant le roy de France et son
conseil) il n'en fut rien déduit ni allégué : ce qui n'eût pu être oublié. » Il
ajoute que «des lettres passées entre Jean de Brosse et dame Nicole de Bretagne
(petite-fille de Charles de Blois), et un grand cahier des plaidoiries de Olivier,
comte de Penthièvre (petit-fils du même Charles de Blois), contre les habitants de

» seillers privés qui lui conseillèrent qu'il procédât en
» cette affaire par la justice de l'Église, sans, pour oc-
» casion de femme, avoir la guerre ni mettre son pays
» en danger. A cela s'accorda le roi d'Écosse. Et pour
» voir le pape, il prit son chemin à Avignon où il fut
» fort honorablement reçu du pape et du collège, par
» devant lesquels il montra comment sa femme lui avait
» été prise pendant son voyage et pèlerinage. Et tant
» alla la chose, que, par la cour de Rome il fut ordonné,
» et par bulles, que par devant le roi de France seraient
» mandés à certain jour le roi et la reine d'Écosse, et
» qu'y serait le roi d'Écosse qui ferait proposer ses
» faits ; et que le roi de France Philippe le Bel, comme
» vicaire du Saint-Siège, connaîtrait de toute la cause.
» Par devers le roi de France le Saint-Père envoya
» ses bulles, lequel roi à certain jour manda le duc
» Arthur et la reine d'Écosse. Et pour se conseiller, le
» roi manda les princes et les prélats de son royaume ;
» et, ce pendant, le roi d'Écosse vint à la cour où il fut
» fort honoré du roi et de la chevalerie. Au jour assi-
» gné, vinrent le duc de Bretagne et la reine d'Écosse.
» Et par devant le roi fut débattue la cause en plusieurs
» manières et pendant plusieurs journées ; et finale-

Limoges, prirent le mariage d'Artas et d'Yolande comme véritable, et leur filiation
légitime. » Il ne peut donc rester aucun doute à cet égard. — Ce qui a pu servir
de prétexte à cette fable, c'est une remontrance dont parle d'Argentré, adressée
à Boniface VIII sur ce que le duc Artus et Yolande de Dreux s'étaient mariés
« combien qu'ils fussent parents en degré prohibé. » Mais cette remontrance
n'eut pas d'effet

» ment le duc Arthur fut condamné à rendre la reine
» au roi d'Écosse, son mari ; lequel duc, par devant
» tous, la prit par la main et la conduisit au roi d'Écosse.
» Alors le roi d'Écosse la reçut en la présence du roi
» et dit :

« Seigneurs, je veux bien que chacun sache que je
» n'ai pas fait faire ce procès pour avoir cette dame,
» car par voie de guerre j'eusse bien mis le duc à des-
» truction. Mais, pour occasion de femme, je ne tiens
» pas à mettre ma chevalerie ni mes sujets en danger.
» Et d'autre part, ce me serait grand déplaisir si, au
» temps à venir, il était reproché à la couronne d'Écosse
» que, par quelque moyen, le duc de Bretagne eût en-
» levé au roi d'Écosse sa femme ni sa terre. Et de la
» dame, j'ai à présent ce que je veux. »

« Puis il appela le duc Arthur, qui vint à lui ; et il
» le prit par la main droite ; et d'autre part il tenait la
» reine d'Écosse, puis il dit :

« Sire duc de Bretagne, ce serait grand'pitié si vous
» n'aviez femme ; vous aurez donc la reine d'Écosse,
» ce qui vous sera plus convenable que ce ne serait au
» roi d'Écosse d'avoir la femme du duc de Breta-
» gne. »

« En disant ces paroles le roi d'Écosse les laissa en-
» semble. Puis le conseil se partit ; et le roi d'Écosse
» fut fort loué de sa manière (1). De la cour partit le

―――――

(1) Le roi d'Écosse, s'il eût tenu ce langage, n'eût pas mérité d'être loué

» duc qui emmena la reine d'Écosse en Bretagne. Et
» tôt après le roi d'Écosse prit congé du roi de France,
» qui l'honora beaucoup, puis rentra en son pays qui
» très honorablement le reçut, et à grand'joie. Il ne
» demeura guère que la dame eut un fils, qui fut ton
» père. Tu peux donc voir par quelle raison tu as
» droit au duché (1). Et au dessus de tout, tu me re-
» quiers outrage, toi qui me requiers de quitter ce qui
» n'est pas le mien : car tu sais bien que c'est à ma
» femme et à mes enfants qu'appartient le duché, et non
» à moi qui dois défendre et maintenir leurs droits ; et
» de ce qui est à autrui, je ne puis rien donner. »

A ces paroles le comte de Montfort appela Bertrand
Lazenac, auquel il commanda qu'il tuât le duc ; lequel,
en accomplissant la volonté du comte, frappa le duc
Charles d'une dague par la gorge, et l'occit.

Et brièvement le duc fut dépouillé par les varlets,
et il fut trouvé que sous sa chemise il avait vêtu une
haire. Là vint un frère mineur nommé Frère Raoul de

« pour sa manière, » parce qu'en parlant ainsi il eût été à l'encontre d'un jugement
rendu conformément aux lois de l'Église, et que sa renonciation n'eût pas légitimé
le second mariage de la reine d'Écosse.

(1) Charles de Blois aurait invoqué d'autres titres en faveur de son bon droit.
L'hérédité des femmes existait en Bretagne, comme dans la plupart des grands
fiefs de la couronne de France, bien qu'elle n'existât pas pour la couronne ; et les
Anglais qui revendiquaient le royaume de France au nom de l'hérédité féminine,
étaient mal venus à la contester là où elle conférait réellement des droits.

En outre, si l'on en croit Froissart, l'acte du mariage de Charles de Blois et de
Jeanne de Penthièvre établissait formellement en faveur de celle-ci la succession
au duché, et prouvait que le comte de Montfort y avait souscrit moyennant certains
dédommagements.

Carquignolles qui était un des hommes les plus forts que l'on pût trouver ; et il saisit le corps du duc et sur son épaule l'emporta plus d'une lieue ; puis il trouva une charrette, et le fit porter à Guingamp et enterrer en l'église des frères mineurs.

Le duc Charles en son vivant fut en dix-huit batailles, dont dans seize il obtint la victoire. A la dix-septième, il fut pris à La Roche-Derien par la déloyauté de messire Thomas d'Agsworth, anglais ; et à la dix-huitième, il fut tué. Ce duc Charles fut le plus beau chevalier de France et le mieux entiché de vaillance et de chevalerie, faisant ce qui n'appartient pas aux princes de faire ; car il n'y eut jamais combat, qu'il ne voulût être dans la première bataille ; et souvent il attaquait le premier ses ennemis. Il fut gai plus que nul autre, toute sa vie, et souvent s'ébattait à faire des chansons et lais ; mais il menait sainte vie secrètement, et l'on maintient qu'il fit en sa vie d'évidents miracles ; et il est vrai que depuis son trépassement il en a fait plusieurs (1).

---

(1) Dom Plaine a publié, en 1872, dans la *Revue de Bretagne et de Vendée*, une intéressante étude sur le culte rendu à Charles de Blois. Il rappelle les prodiges auxquels le chroniqueur fait allusion, restitue à Urbain V l'initiative du procès de canonisation, expose avec quel zèle et quelle maturité l'enquête a été faite par les délégués apostoliques, fait connaître pour quel motif ce procès n'a pas abouti et montre que le culte rendu à Charles de Blois s'est perpétué malgré le défaut de sanction. Nous y remarquons entre autres choses ce fait curieux. En 1377, les compagnies bretonnes qui, comme devaient le faire plus tard les Zouaves Pontificaux, se mirent au service de l'Eglise pour rétablir en Italie l'autorité pontificale ébran-

XLII. — Comment le roi Charles fut courroucé de la mort du duc.

Quand messire Bertrand sut la mort du duc, en lui il n'y eut que courroux. Et de cette déconfiture allèrent brièvement les nouvelles au roi Charles, qui en mena si grand deuil, pour l'amour du duc qui était son cousin germain, qu'il n'y avait rien qui le pût réconforter ; et après les regrets qu'il faisait de son cousin, il regrettait messire Bertrand et la chevalerie de France.

Après la bataille, ceux de la ville et du château d'Auray se rendirent au comte qui entra dedans. Et là il festoya la chevalerie anglaise qui, après un peu, prit congé de lui ; et ces chevaliers anglais allèrent en Guyenne par devers le prince de Galles, et ils emmenèrent avec eux leurs prisonniers français et bretons.

lée par des révoltes intestines, marchaient au combat en invoquant les saints protecteurs de leur nation :

> Les Bretons crioient Vive l'Eglise
> En appelant tous à voix vive
> Voustre mercy Charles et Yve.
> Ce sont deux saints du Paradis
> Qu'aux dits Bretons furent amis.

Ces paroles d'un poète contemporain qui prit part à cette expédition montrent, dit Dom Plaine, combien était grande la réputation de sainteté du feu duc de Bretagne, puisqu'il était mis sur le même pied que le glorieux saint Yves, dont la canonisation récente avait jeté un si vif éclat dans toute l'Eglise, et que la Bretagne avait pris à juste titre pour son patron particulier.

XLIII. — Comment le comte de Montfort envoya des messagers devers le roi de France, et comment ils parlèrent au roi.

DEPUIS que les Anglais eurent laissé le comte de Montfort dedans Auray, après la bataille, le comte envoya devers le roi six chevaliers de ses gens, qui tant allèrent, que par leurs journées ils vinrent au roi, et parlèrent en cette manière :

« Sire, à vous nous envoie le comte Jean de Mont-
» fort, qui s'attend à avoir l'honneur du duché de Bre-
» tagne, et de par son père qui contre Charles de Blois
» l'a disputé toute sa vie. Le comte sait bien et recon-
» nait que le duché de Bretagne doit être tenu de vous.
» Or, il est ainsi que, par les guerres qui ont été entre
» Charles de Blois et le père du comte en son vivant,
» et depuis, la chevalerie et le pays ont été fort grevés.
» Il en est advenu que, en plusieurs batailles qui ont
» été entre eux, sont morts de grands seigneurs et d'au-
» tres chevaliers de grand'vaillance, de qui sont fort
» diminués les lignages : ce dont il est grand dommage.
» Et de la journée d'Auray, Sire, savez-vous bien
» comme il en va ? Le comte a grand désir, s'il vous
» plait, d'avoir votre grâce, et de faire envers vous ce
» à quoi il est tenu. Et, si en votre grâce et en son
» hommage du duché de Bretagne il vous plait de le

» recevoir, il est prêt de venir par devers vous. Pour cela,
» Sire, le pays vous requiert que vous le veuillez rece-
» voir à faire ainsi ; et nous aussi, de par le comte, que
» par votre conseil il soit avisé un moyen par lequel,
» sous votre obéissance, le peuple du duché puisse vi-
» vre en paix et esquiver les guerres qui trop longue-
» ment ont duré. »

XLIV. — Comment le roi rendit réponse aux messagers.

A LA parole des chevaliers le roi Charles de France pensa fort et puis leur dit :

« Amis, tout le cours de notre vie nous avons désiré
» et désirons de parfait cœur mettre nos sujets en paix ;
» et nous avons bien entendu votre message. Vous
» retournerez auprès du comte en Bretagne ; vous le
» saluerez de par nous, et lui direz : que de nous-même
» nous ne voulons rien faire sans conseil ; mais pour
» aviser sur ce qu'il offre nous manderons bien prochai-
» nement tous nos privés conseillers ; et ce qu'en leur
» conseil nous trouverons qu'il est bon de faire, nous
» le manderons au comte. »

Et alors s'en retournèrent les messagers.

XLV. — Comment le roi Charles envoya ses ambassadeurs devers le duc de Bretagne.

POUR avoir conseil sur les offres du comte de Montfort, le roi manda les ducs d'Anjou, de Berry et de Bourgogne, ses frères, et plusieurs autres princes, barons et prélats de son royaume qui vinrent à son mandement. Et tant fut menée la chose, que, par l'avis des princes, des barons et prélats de son royaume, le roi envoya en Bretagne messire Jehan de Craon, archevêque de Reims, qui était noble homme et le mieux et le plus bellement emparlé (1) qui fut et qui était alors en France, et avec lui Pierre Le Meingre, dit Boucicaut (2), maréchal de France, qui de grand sens et chevalerie fut renommé ; et par spécial, qui eut renommée en ses jours de trouver moyen de traiter mieux que nul autre ; ce dont en commun langage on disait parmi France en son vivant :

> Assez plus vaut en un assaut
> Saintré que ne fait Boucicaut ;
> Mais trop vaut mieux en un traité
> Boucicaut que ne fait Saintré.

---

(1) *Emparlé*, éloquent ; on disait aussi *enlangagé*. « Homme sage, dit de lui d'Argentré, qui savait bien porter une parole et la fournir de raisons en bon langage. »

(2) Père du Boucicaut, maréchal de France également, et gouverneur de Gênes, dont nous avons la chronique.

A ceux-là le roi donna pleine puissance de recevoir le comte en traité d'accord.

XLVI. — Du traité premier du duché de Bretagne.

AU congé du roi, partirent de Paris l'archevêque et Boucicaut. Et tant allèrent par leurs journées, qu'ils arrivèrent en Bretagne. Et d'abord ils allèrent par devers la duchesse de Bretagne, femme de feu le duc Charles. Et à elle et son conseil ils exposèrent les affaires que le roi avait à supporter, par les Anglais qui faisaient en France grand'guerre et se préparaient à en faire davantage, en lui montrant qu'elle pouvait avoir du roi peu de secours contre le comte, et qu'il avait assez à faire en son fait et à garder son pays. Et finalement ils parlèrent tant, que leurs paroles tombèrent sur les débats du duché. Et alors la duchesse leur donna pleine puissance de traiter avec le comte de Montfort, son oncle. Et en ce faisant, l'archevêque de Reims et le maréchal jurèrent par devant la duchesse, sur les saints Évangiles, que, en quelque accord qu'ils fissent, ils ne se délaisseraient jamais pour elle du duché de Bretagne, mais qu'il demeurerait perpétuellement à elle et à ses enfants (1). Sur la conscience de la

---

(1) Ce serment, qui eût été en contradiction avec les instructions royales, est à tout le moins hypothétique. Il faut se défier de la partialité et des rancunes du chroniqueur.

loyauté de l'archevêque et du maréchal, la duchesse donna des lettres du pouvoir qu'elle leur en donnait. Et brièvement ils s'en allèrent par devers le comte de Montfort qui était en Bretagne en compagnie de grand nombre d'Anglais.

XLVII. — Comment le comte de Montfort fut reçu en l'obéissance du roi de France.

LEs ambassadeurs montrèrent au comte de Montfort, en la présence de son conseil, les affaires du roi et après les faits de la duchesse. Et, d'autre part, contre les droits de la duchesse, le comte de Montfort montra ses raisons. Et sur ces débats s'assemblèrent plusieurs journées les ambassadeurs et le comte qui les honora fort et leur fit de très grands dons. Tant fut la question menée que, finalement, les ambassadeurs reçurent le comte en l'obéissance du roi : et ils s'accordèrent sur les débats de la duchesse en cette manière : c'est à savoir que, au nom de la duchesse, et par vertu du pouvoir par elle donné aux ambassadeurs, ils laissèrent au comte de Montfort le duché de Bretagne et y renoncèrent entièrement, nonobstant le serment qu'ils avaient fait, sauf toutefois que, si le comte n'avait pas d'héritier en loyal mariage, le duché retournerait au fils aîné de la duchesse Jeanne ou à son prochain héritier mâle, sans que jamais ledit duché descendit en branche féminine ; et qu'elle porterait le nom de duchesse toute sa vie ; et qu'appartiendraient et demeureraient moyennant cela à la duchesse Jeanne les comtés et les terres de Penthièvre et de Grebbo avec le vicomté de Limoges ; et, qu'en outre ces terres, le comte de Montfort serait tenu de donner et de délivrer à la duchesse douze mille livres de rente dans le duché de Bretagne, au jugement de chevaliers prud'hommes et loyaux, dans l'intervalle de trois mois après que le duché lui serait rendu; et qu'il ferait, à ses frais, coûts et dépenses de voyages, délivrer des mains des Anglais Jean et Guy de Bretagne, enfants du feu duc Charles de Blois et de ladite duchesse sa femme, lesquels étaient en otage en Angleterre, pour la rançon que devait le feu duc Charles leur père de sa prise à La Roche-Derien. Et de ces accords l'archevêque et le maréchal donnèrent bonnes lettres, tant pour le roi que pour la duchesse, au comte qui promit de tenir les accords et qui en donna aussi ses lettres.

XLVIII. — Comment les accords furent envoyés à la duchesse.

Les accords furent envoyés à la duchesse qui en mena grand deuil. Et en peu de temps vinrent en France l'archevêque et le maréchal qui racontèrent au roi les traités qu'ils avaient faits, ce dont il lui déplut fort. Et dorénavant il eut en eux moins de confiance (1). Toutefois, à cause que par ses lettres le roi avait promis de tenir ce qu'ils accorderaient, il voulut tenir les accords. Et de Bretagne partit le comte qui, en grand arroi, vint à Paris par devers le roi, et lui présenta l'hommage du duché et du comté de Montfort ; auquel hommage le roi le reçut, et, à la prière de ses amis, lui pardonna toutes offenses. Et dorénavant il fut nommé duc de Bretagne et jura et promit d'être bon et loyal Français ; mais il ne demeura guère qu'il se parjura, et à cette fois il tint peu le duché : car pour ses méfaits il en fut mis hors et chassé par ses barons, ainsi que l'histoire le raconte plus loin.

XLIX. — Comment le duc d'Anjou voulut guerroyer la Bretagne.

QUAND le duc d'Anjou, frère aîné du roi de France, sut le traité, il n'y eut en lui que courroux : car il avait épousé la fille du duc Charles et de la duchesse. Le duc d'Anjou voulait mener la guerre en Bretagne pour réclamer les droits de sa jeune femme et de la duchesse ; mais cela lui fut défendu par le roi son frère qui voulait tenir sa loyauté. (2) La chose demeura

(1) C'est du consentement exprès de Charles V, et non contre ses intentions, que les clauses dudit traité furent arrêtées.

(2) D'Argentré prouve que, avant d'être ratifié, le traité fut soumis au duc d'Anjou qui l'agréa.

ainsi pour cette fois. Et le duc de Bretagne redouta beaucoup le duc d'Anjou, parce qu'il savait bien et connaissait que parmi les princes de France il n'y en avait aucun qui pût autant le grever, ni qui fût plein de telle chevalerie ni de telle hardiesse ; et notamment que la chevalerie de France lui était plus obéissante qu'à nul autre, et qu'il était plus redouté en France et en toutes autres terres que n'était le roi son frère. Mais depuis cela, dorénavant, l'archevêque ni le maréchal Boucicaut ne s'osèrent trouver en sa présence.

L. — De la délivrance des prisonniers d'Auray.

APRÈS le traité de Bretagne, furent délivrés par ledit traité le comte d'Auxerre, Bertrand et la chevalerie qui avait été prise dans la bataille d'Auray (1) ; et ils s'en vinrent par devers le roi qui les honora fort. Pendant ce temps le roi délivra de ses prisons le captal de Buch qui avait été pris en la bataille de Cocherel par messire Bertrand ; et le roi le tint quitte de sa rançon et lui donna une terre (2) ; et il le retint encore de son conseil : car il était fort sage chevalier.

---

(1) Charles V paya 100.000 francs pour la rançon de du Guesclin ; c'était la rançon la plus forte qu'on eût vue encore, celles du roi Jean et de Charles de Blois exceptées.

(2) La Seigneurie de Nemours. Le captal ne demeura pas longtemps en la dépendance du roi de France. Peu après, sur les reproches du prince de Galles, il redevint Anglais et rétracta son hommage à Charles V.

LI. — De la paix du roi de France et du roi de Navarre.

AU temps que le captal fut délivré et Bertrand retourné des prisons des Anglais qui l'avaient pris dans la bataille d'Auray, le roi Charles tint un parlement à Vernon-sur-Seine, pour avoir avis sur la guerre que lui faisait le roi de Navarre. Mais ledit roi de Navarre vint à Vernon par devers le roi Charles se rendre à sa merci entièrement ; et il se soumit tant en la volonté du roi, qu'il le reçut en lui pardonnant toutes offenses.

LII. — Comment le Prince de Galles tenait la Guyenne.

EN Guyenne, durant ces faits, se trouvait le prince de Galles, qui tenait ce duché par le traité fait entre le roi Jean de France et le roi Édouard d'Angleterre. Et bien que, par le dit traité, la paix eût été criée entre les rois, et que le roi Édouard eût juré sur les corps saints (1) de délivrer à ses propres frais, dans les quarante jours après ledit traité, tous les châteaux, villes et forteresses qui avaient été et étaient par lui tenues en France, en dehors de la Guyenne, du pays de Guines et du Ponthieu, néanmoins ledit roi Edouard n'en faisait en rien son devoir ; mais il y avait en France

_____

(1) L'imprimé porte « sur le Sacre, » c'est-à-dire sur le Saint-Sacrement.

des gens de plusieurs pays, qui, durant les guerres,
avaient tenu le parti des Anglais, et qui tenaient encore
la plupart des villes et châteaux de France et mettaient
le royaume à destruction. Ces gens se faisaient appeler
les Grandes Compagnies ; et ceux-là, le roi Édouard
et le prince son fils les faisaient secrètement tenir ; et de
jour en jour ils ne faisaient que chercher occasion de
prendre la Normandie et de mettre le roi Charles en
sujétion (1).

LIII. — Des grandes Compagnies qui grevaient la France.

A CAUSE des grièves peines et plaintes qui de jour
en jour venaient au roi Charles des grandes destructions que faisaient au peuple les Grandes Compagnies, lesquelles par le royaume de France mettaient
le feu et coupaient les bras et crevaient les yeux aux

---

(1) La paix conclue successivement avec Édouard III, le comte de Montfort
le roi de Navarre, avait amené le licenciement des bandes que Charles V et ces
trois princes avaient enrôlées pour soutenir leurs querelles. «Oubliant, dit Mazas,
qu'ils venaient de se combattre, ces hommes se groupèrent en une association
épouvantable dont la règle unique fut le droit de la force. On comptait dans ce
rassemblement des Français, des Anglais, des Bretons, des Allemands, des Ita-
liens, présentant un total de 50.000 hommes, les deux tiers à cheval. Ils avaient
pour chefs des aventuriers de tous pays et même deux princes du sang royal, Jean
d'Évreux et le comte de Châlons. Ces bandes vivaient sur le pays et prélevaient
des impôts, défiant dans leurs forteresses la justice du roi.» Le chroniqueur se fait
ici encore l'écho des rancunes populaires quand il attribue aux intrigues du roi
d'Angleterre et à sa protection voilée « les grandes destructions que faisaient les
compagnies. » Édouard III avait au contraire sommé les chefs anglais de rompre
pour leur part tout lien avec cette association, mais il ne put se faire obéir et il aurait passé le détroit pour les châtier si Charles V n'avait redouté le remède plus
que le mal.

pauvres gens, le roi manda messire Bertrand et ses autres princes, pour avoir avis sur la manière de faire partir ces gens. Là messire Bertrand répondit :

« Sire, il est vrai que le prince de Galles, qui main-
» tenant règne en plus grand orgueil que ne fit jamais
» Nabuchodonosor, ne fait qu'imaginer nuit et jour de
» trouver un moyen par lequel il vous puisse enlever
» la Normandie et tant faire que vous releviez votre
» terre de lui ; ce qui jamais n'adviendra, s'il plaît à
» Dieu ! Vous savez bien, Sire, que des promesses que
» le roi Édouard son père et lui firent au bon roi Jean
» votre père (que Dieu pardonne), ils ne lui en ont rien
» tenu ; mais ils s'en sont parjurés faussement, ce que
» les Anglais ont bien accoutumé de faire. Tenez-vous
» sûr que ces gens sont par deçà par leur volonté, et
» qu'ils en seraient bien partis déjà depuis longtemps
» si le roi Édouard et son fils l'eussent voulu. Et
» vous, qui de les faire partir demandez conseil, vous
» savez aussi qu'ils sont forts et en grand nombre. Et
» en peu de mots, Sire, je ne vous conseille pas, à mon
» avis, de les guerroyer, car par là plus grand'guerre
» pourrait intervenir, ce dont vous pourriez être par
» trop empêché ; mais, Sire, si, pour relever notre foi,
» il vous plaisait de faire une armée pour aller contre
» les Sarrasins qui tiennent les royaumes de Gre-
» nade et de Belle-Marine (1), lesquels sont bien

(1) *Bellemare* ou *Belle-Marine*, Benamari, en Maroc. Les chroniqueurs dési-
gnent de ce nom le royaume de Fez.

» près de nous, il me semble qu'en donnant à ces gens
» de votre argent et en les faisant absoudre par le pape
» qui sur eux a jeté sentence, ils pourraient bien alors
» laisser leurs forteresses. Et, si une fois ils étaient hors
» du royaume, jamais ils ne pourraient par leur puis-
» sance, ni celle du roi Édouard ni de son fils, se ras-
» sembler ni reprendre les châteaux qu'ils tiennent. »

A ce conseil se tint le roi ; et il fut ordonné que, pour
traiter avec les Grandes Compagnies, messire Bertrand
irait leur parler, et que pour aller contre les Sarrasins
se ferait une très grand'armée que le roi mettrait sur
pied, dont au nom du roi messire Bertrand serait chef
et conduiseur, lequel Bertrand en fut fort joyeux ; et
tantôt il le fit savoir à toutes gens d'armes parmi le
royaume de France. Et en peu de temps vinrent par
devers lui plusieurs chevaliers et écuyers qui désiraient
le voyage ; mais il fut retardé, ainsi que vous le pourrez
entendre.

LIV. — Comment Bertrand alla contre les Sarrasins (1).

IL est vrai que, au temps où messire Bertrand faisait
son armée pour aller en Grenade contre les Sarrasins, régnait en Espagne le roi Pierre, fils d'Alphonse
roi d'Espagne, qui puissamment régna en son temps.

(1) L'imprimé du quinzième siècle ne contient que très peu de titres de chapitres. Celui-ci est le premier.

Ce Pierre avait épousé Blanche, sœur du duc de Bourbon et de la reine de France (1). Cette reine Blanche d'Espagne était fort vaillante dame et de sainte vie ; mais le roi Pierre n'en tint compte ; et de mauvaise croyance il fut en la foi, et se gouverna entièrement par les Juifs et Sarrasins, tant dans son palais que dans ses villes et châteaux ; ce à cause de quoi les princes et barons de son pays se prirent à le haïr, et notamment le blâmèrent bien de ses faits. Et ils prirent Henri, son frère, comte de Transtamare, qui fut chevalier de grand'entreprise, prud'homme et plein de grand'vaillance, et qui était l'aîné ; mais la couronne fut donnée à Pierre, comme vous entendrez ci-après.

LV. — Comment le roi Alphonse épousa la Riche-Donne dont est issu le roi Henri d'Espagne.

ALPHONSE (2), le puissant roi d'Espagne, qui tant valut en son temps et qui mit le roi de Grenade en servage et lui fit payer tribut chaque année, par le traité qui fut fait entre lui et les Grenadins, après la bataille d'Algésiras où il déconfit et prit le roi de Belle-Marine et où le roi de Grenade fut tué (à propos de laquelle bataille, le pape qui alors régnait (3), et qui à

---

(1) Louis II de Bourbon, Jeanne de Bourbon, reine de France, la comtesse de Savoie et Blanche de Bourbon, reine de Castille, descendaient de Pierre Ier de Bourbon, tué à la bataille de Poitiers.

(2) Alphonse XI, dit le Vengeur.

(3) Clément VI.

l'heure de cette déconfiture était en Avignon où il chantait sa messe, dit, après sa messe, aux cardinaux, par révélation divine, la manière de la déconfiture; et bientôt après le roi Alphonse écrivit audit pape et aux princes de la chrétienté sa joyeuse victoire) ; — ledit roi Alphonse, au temps de sa jeunesse, fiança une dame de haut lignage qui était extraite de France, pleine de grand'beauté, et nommée la Riche-Donne (1). Et depuis le roi l'épousa et en eut Henri et trois filles. Mais quelques uns de ses princes ne s'accordèrent pas à ce mariage, et firent tant, qu'il se maria autre part à une dame de laquelle Pierre fut issu (2). Et à cause de cela, Henri fut écarté de la couronne. Toutefois fort s'entr'aimèrent les frères longuement, jusques à ce que Pierre se prit à se mal gouverner. Il advint un jour que le roi Pierre et Henri étaient en leur palais de Burgos. Et Pierre dit audit Henri mauvaises paroles sur une jeune damoiselle, fille d'un prince d'Espagne qui

---

(1) La Riche-Donne, c'est-à-dire la Riche-Dame, du mot espagnol *dona* : Éléonore de Guzman.

(2) Marie de Portugal. — Le chroniqueur était trop bon Français pour ne pas partager l'indignation de tout le peuple contre Pierre le Cruel, assassin de la reine Blanche ; mais il était, comme Bertrand, trop bon royaliste pour épouser la querelle d'un usurpateur, fût-ce contre un tyran. Aussi s'empresse-t-il d'admettre et de persuader aux autres cette histoire mensongère, inventée par les partisans de Henri de Transtamare pour faire taire les scrupules de ses alliés. Nous retrouverons plus loin le même argument allégué au profit de ce prince par le roi d'Aragon et par l'évêque de Burgos. Malheureusement ce premier mariage d'Alphonse XI avec Éléonore de Gusman est encore une fable, et Pierre le Cruel était bien l'héritier légitime du roi de Castille.

était son parent. De cette chose Henri fut fort courroucé, et il dit à Pierre :

« Monseigneur, vous savez que, après ceux qui sont
» descendus de monseigneur mon père Alphonse, dont
» Dieu ait l'âme ! cette damoiselle est votre plus pro-
» chaine de lignage et qui le plus tôt devrait hériter
» à la couronne. »

Pierre prit cette réponse en grand dédain, et orgueilleusement dit à Henri :

« Fils de chienne, si tu me contredis, sache que je te
» courroucerai du corps. »

Alors Henri plein de grand'détresse vint au père de
la damoiselle conter son affaire, lequel en son cœur
pensa bientôt à la mauvaiseté de Pierre, et humblement
dit à Henri :

« Sire, je suis votre pauvre parent, et je vois bien
» qu'à la puissance de Pierre je ne puis résister ; mais
» s'il vous plaisait de m'aider, sachez que vous seriez
» roi d'Espagne, car vous y avez plus raison et droit
» que Pierre le déloyal. »

Alors Henri lui demanda ce qu'il lui plaisait qu'il
fît ; et il lui dit :

« Sire, je vous prie que vous vouliez prendre pour
» femme ma fille, qui est la plus gentille femme de
» toute l'Espagne, et contre tous les hommes vivants
» et les autres barons de la terre nous nous allierons
» avec vous. Et sachez que, si Pierre vous est contraire,

» nous serons en votre aide. Et si d'aventure à pré-
» sent Pierre vous voulait courir sus, retirez-vous sûre-
» ment en Aragon, et de là au pays de France. Et de
» plus je vous dis pour vrai que, au temps de mon en-
» fance, j'étais demeurant à Tolède, et souvent me
» trouvais avec un maître de nécromancie (1) qui racon-
» tait sur les choses à venir plus véritablement que
» personne qui fût en vie, et qui jamais ne fut trouvé
» mensonger. Sachez, Sire, que par maintes fois j'ai
» entendu au maître raconter que vous mourriez roi
» d'Espagne, et qu'après vous régnerait votre lignée. »

De ces nouvelles se prit Henri à se réjouir. Et il
ne demeura guère qu'il épousa la damoiselle, puis s'en
retourna à Burgos par devers le roi Pierre, son frère,
et il lui dit qu'il avait épousé la damoiselle. Alors le
roi Pierre fut très courroucé et voulut occire Henri,
mais brièvement il s'enfuit en Aragon. Alors Pierre
fit saisir sa terre et le bannit de son royaume. Et Henri
demeura longtemps en Aragon avec le roi (2) qui lui
donna le Blanc-Château (3) ; puis il vint en France, et
pour le roi Charles s'arma en ses guerres.

---

(1) L'imprimé porte seulement « avec un maître qui racontait… » etc. On donnait le nom de maître à tous ceux qui professaient alors la fausse ou vraie science,
charlatans, astrologues ou médecins.

(2) Pierre IV, dit *le Cérémonieux*.

(3) Blamont, en Aragon.

LVI. — Comment Pierre manda le roi d'Aragon pour qu'il lui fit hommage de son royaume.

APRÈS que Pierre eut banni son frère, il régna en grand orgueil. Et en l'an de l'Incarnation mil trois cent soixante quatre, il envoya des ambassadeurs par devers le roi d'Aragon lui signifier que les royaumes d'Aragon et de Majorque (1) étaient tenus et dépendants de la couronne d'Espagne, en lui faisant commandement que, au quarantième jour suivant, il fût au palais royal de Burgos pour faire audit roi Pierre les hommages de ces royaumes d'Aragon et de Majorque ; et qu'il sût bien que, s'il y manquait, il entrerait brièvement en sa terre.

Pour ces nouvelles le roi d'Aragon fut en grand émoi ; mais il n'en fit pas semblant, mais débonnairement reçut les ambassadeurs et leur dit que, si Pierre guerroyait contre nul prince vivant, il était prêt d'aller à son secours ; mais que, quant à l'hommage, il ne trouvait point en son conseil que ses prédécesseurs eussent jamais fait hommage de son royaume aux rois d'Espagne ; et que, en ce qui le regardait, il était prêt de faire toute autre chose pour le roi Pierre, son honneur sauf, et sans abaisser la seigneurie de sa couronne.

---

(1) Pierre IV, roi d'Aragon, avait enlevé à Jayme II le royaume de Majorque.

LVII. — Comment Pierre alla en Aragon.

LEs ambassadeurs partirent d'auprès du roi d'Aragon, et retournèrent à Burgos par devers le roi Pierre, leur seigneur, auquel ils racontèrent la réponse ; laquelle Pierre prit en grand dédain ; et brièvement il envoya son défi au roi d'Aragon qui était en la cité de Barcelone.

Pierre assembla grand'foison de gens, et entra en Aragon à grand effort, en brûlant et pillant le pays ; et il fit tant que plusieurs villes et châteaux se rendirent à lui, jusques aux monts de Catalogne.

Quand Pierre approcha les montagnes qui enclosent l'Aragon, qui jamais n'avaient été habitées, il fit si grand'assemblée de peuple, qu'il fit trancher au ciseau les montagnes et les rochers pour avoir passage.

LVIII. — Comment Pierre envoya étrangler la reine sa femme.

EN l'armée de Pierre était un juif auquel il croyait plus qu'en aucun homme du monde qui fût en vie, et qui était chef de son conseil. Ce juif avait une fille qui était fort belle ; et de jour en jour il imaginait de trouver un moyen pour que Pierre la prît pour femme. Il advint donc qu'un jour le juif dit au roi :

« Sire, c'est merveille de vous, qui avez une femme

» et n'en avez point ; car votre femme n'a pas d'enfant
» et jamais n'en aura aucun. Et il est vrai que, si vous
» trépassez de ce siècle, le royaume descendra aux mains
» de Henri qui est votre ennemi mortel. Pour cela,
» Sire roi Pierre, je vous conseille que vous fassiez
» mourir votre femme, et qu'en votre royaume vous
» en preniez une autre qui puisse avoir lignée. »

A cela s'accorda le roi et hâtivement il envoya un
de ses sergents d'armes au château où était la reine,
qui, aussitôt qu'elle vit le sergent, changea de couleur,
comme celle qui savait sa mort, et bien humblement
lui dit :

« Bel ami, je sais bien qu'au commandement de
» Monseigneur tu es venu ici pour me délivrer de ce
» monde ; mais je te prie qu'avant ma mort tu me laisses
» en la chapelle de céans adorer mon créateur pour lui
» demander pardon de mes péchés ; et je prierai Dieu
» pour toi. Puis tu peux ordonner de ma vie à ton
» plaisir, puisque Monseigneur m'a voulu mettre en tes
» mains. »

Rudement lui répondit le sergent :

« Dame, il me plaît bien d'accomplir votre requête ;
» mais vous pouvez bien abréger votre oraison, s'il
» vous plaît : car ici ne puis-je longuement séjourner. »

LIX. — Comment la reine fit ses oraisons à Dieu
avant sa mort en sa chapelle.

HAtivement la reine Blanche entra en sa chapelle pour faire ses oraisons, et se mit dévotement à nu-genoux, disant :

« Mon Créateur, très-humblement je te crie merci
» de tous les méfaits que je te fis jamais. »

Et à haute voix la dame dit beaucoup d'autres paroles piteuses que le dit sergent entendit, et depuis il
les relata. Et si longuement elle y demeura, qu'il en
ennuya au dit sergent, qui tantôt alla prendre la reine
par le bras et lui dit :

« Dame, vous ne pouvez être ici davantage, mais il
» vous faut mourir. »

Puis il emmena la reine en sa chambre, et, pleine de
grand'douleur, elle se laissa choir sur son coussin.

LX. — Comment fut éteinte la reine d'Espagne qui fut
la sœur de la reine de France.

APrement vint le sergent d'armes qui prit un
coussin et l'assit sur le visage de la dame, et
tant fit qu'en peu d'heures il éteignit (1) la dame ; et
elle finit de ce siècle. Pour laquelle Notre-Seigneur
fit et fait de jour en jour beaucoup de miracles ; et au

(1) Étouffa.

pays d'Espagne ils la réputent pour sainte ; et dévotement y va le commun peuple, et aussi de grands seigneurs, pour requérir et prier la sainte reine Blanche(1).

LXI. — Comment Pierre se repentit et desmanda (2) la mort de sa femme.

LE second jour après que le roi Pierre eut envoyé son sergent d'armes tuer la reine, il manda le juif qui lui avait donné ce conseil et lui dit :

« J'ai mal agi d'envoyer meurtrir (3) ma femme, qui
» est extraite de la plus noble lignée de tout le monde ;
» et toute ma vie je l'ai vue de bonne vie, et je suis
» fort en doute que mal ne m'en vienne. Une fois j'é-
» tais en Grenade, et devant moi je fis amener une
» femme de grand âge qui savait parler très-certai-
» nement des choses à venir. Je m'enquis à elle de
» mon affaire ; et après qu'elle m'eut bien avisé, elle
» me dit qu'elle ne me découvrirait rien. Mais moi, qui
» désirais fort savoir de mon être, je la priai tant, qu'à
» la fin elle me dit :

(1) *L'Histoire de Bertrand du Guesclin*, dit le P. d'Orléans dans ses *Révolutions d'Espagne*, fait de la mort de Blanche un détail romanesque qui ne paraît être fondé, non plus que beaucoup d'autres choses qu'elle rapporte des affaires d'Espagne, que sur les bruits populaires du temps. *Mariana* dit que la reine mourut du poison que lui donna un médecin sur le commandement du roi. C'est ce qui paraît plus vraisemblable. — Blanche de Bourbon mourut en 1361.

(2) *Démander*, l'opposé de mander, envoyer un ordre contraire, décommander.

(3) Mettre à mort, commettre un meurtre. Le vieux mot est *maurdrir*.

« Sire roi d'Espagne, encore sera un temps que du
» lignage royal de France vous aurez pour femme une
» dame de sainte vie, laquelle vous ferez meurtrir sans
» occasion ; et il en adviendra que vous en perdrez le
» royaume, et qu'à la fin vous finirez piteusement : car
» vous en aurez la tête tranchée. »

« De ces paroles il me souvient souvent ; et en ma
» pensée de temps à autre je me trouve fort triste et
» dolent. Pour cela je veux que hâtivement mes lettres
» soient envoyées à mon sergent, par lesquelles je lui
» écris qu'il ne tue point la reine. »

De l'armée du roi Pierre s'en partit un chevaucheur
qui alla tant par ses journées, que, à deux lieues près
du château où la reine fut tuée, il rencontra le sergent
d'armes qui avait fait le meurtre, et lui donna les lettres
du roi Pierre. Quand le sergent vit ce que le roi Pierre
lui mandait, il fut ébahi, parce qu'il avait déjà tué la
dame ; et par devers le roi il n'osa pas s'en aller, mais
s'enfuit en Séville-la-Grande dont il était né.

Le chevaucheur qui devait délivrer la reine de mort,
alla jusques au château. Là il trouva des damoiselles
de grand âge qui avaient servi la reine ; et de sa mort
elles pleuraient si tendrement, et tout le peuple d'alentour, que c'était piteuse chose à voir. Ainsi fut tuée la
bonne reine et en pauvre état enterrée.

**LXII. — Comment la reine fut pleurée du peuple d'Es-
pagne, et des miracles qu'elle fit.**

ET il advint que, en portant enterrer la reine, accouraient les pauvres que pendant sa vie elle
soutenait, qui menaient grand deuil, disant :

« Las ! maintenant le soutien de nos pauvres vies
» nous est ôté. »

Et ils lui baisaient les pieds. Là il y avait un aveugle
et deux ladres (1) qui, aussitôt qu'ils eurent baisé les
pieds de la reine, furent guéris par la volonté de Notre-
Seigneur. De ces miracles la renommée courut bientôt
par la terre d'Espagne. Et de toutes parts, malades se
faisaient apporter à la sépulture, et de là retournaient
en santé (2).

**LXIII.— Comment le roi Pierre sut la mort de sa femme,
et comment il en fit un merveilleux deuil.**

DU château partit le chevaucheur qui alla tant,
qu'il retourna en l'armée de Pierre, auquel il
raconta le meurtre de la reine et comment son sergent
d'armes s'était enfui à Séville, et comment elle avait été
enterrée pauvrement, et aussi le grand deuil que le peu-

---

(1) Lépreux.

(2) Nous n'avons rien trouvé qui confirmât ce qui est dit ici des miracles de
Blanche de Bourbon et du culte qu'on lui aurait rendu.

ple en menait. Après, il lui raconta les grands miracles des trois hommes qui lui vinrent baiser les pieds quand on la portait en terre, et comment tous trois recouvrèrent santé, et comment plusieurs gens accouraient à sa sépulture pour recouvrer santé, et la grand'plainte que l'on faisait d'elle. Quand Pierre le roi entendit ces nouvelles, il tomba pâmé ; et, en se relevant, commença à mener tel deuil, que nul ne le pouvait réconforter. Et en son grand deuil il disait :

« Ah ! Blanche, reine sainte et extraite de la sainte
» et plus haute lignée qui soit au monde, et par qui
» j'étais tant honoré, que je n'étais pas digne d'avoir
» telle femme ! Las ! quel malheur ! comme mauvai-
» sement je t'ai fait mourir si vilement ! Eh Dieu ! si
» ce qui me fut dit en Grenade m'advenait, comme
» personne ne me devrait plaindre ! »

Parmi l'armée chacun commença aussitôt à faire grand deuil pour la reine, qui des petits et des grands était aimée. En ce grand deuil, Pierre fit saisir le Juif qui lui avait donné le conseil de faire occire la reine.

LXIV. — Comment messire Bertrand assemblait grand' foison de gens pour conquérir Belle-Marine et Grenade.

AU temps que le roi Pierre guerroyait Aragon et conquérait de jour en jour plusieurs villes et châteaux et détruisait le pays, messire Bertrand en plu-

sieurs lieux assemblait grand'chevalerie pour conquérir
Grenade et Belle-Marine sur les Sarrasins et il voulait s'en faire couronner roi. Et c'était son intention que,
de Grenade, il entrerait en Chypre pour secourir le
bon roi (1) qui avait conquis Satalie et avait occis le
Soudan ; et qui de nouveau avait pris et conquis la
cité d'Alexandrie, et de jour en jour conquérait terre
sur les Sarrasins, en tenant son chemin vers Jérusalem :
car il s'en faisait appeler roi, et là, sur le Saint-Sépulcre de Notre-Seigneur, il pensait se faire couronner.
Mais Fortune lui fut extrêmement dure et contraire ;
car de nuit et préméditément il fut en son lit occis par
son frère : dont grand deuil fut mené par tous les royaumes chrétiens ; car il était renommé de si grand'chevalerie et avait tant grevé les Sarrasins, qu'en son vivant
il fut tenu pour le plus vaillant roi chrétien qui pour
lors fût en vie.

Pendant ce temps, nouvelles vinrent en France du
meurtre de la reine Blanche d'Espagne, laquelle était
sœur du duc de Bourbon et de la reine de France qui
en menèrent grand deuil. Et notamment le noble roi
Charles en fut fort dolent.

---

(1) Pierre Ier de Lusignan, roi de Chypre et de Jérusalem, fils de Hugues IV.
Il fut assassiné le 18 janvier 1368, non par son frère, comme le dit plus bas le
chroniqueur, mais par des seigneurs de sa cour.

LXV. — Comment messire Bertrand traita avec les Grandes Compagnies près de Châlons.

Pour mettre les Grandes Compagnies hors de France, messire Bertrand se partit de Paris, et avec un sauf-conduit alla par devers les capitaines qui près de Châlons-sur-Saône se tenaient. Parmi ces capitaines étaient messire Hugues de Calverley, messire Jean d'Évreux, messire Mathieu de Gournay, le chevalier vert, Robert Scott, et d'autres, jusques au nombre de vingt-cinq capitaines, qui de la venue de messire Bertrand furent fort joyeux et l'honorèrent grandement. Et après qu'ils se furent longuement ébattus ensemble, messire Bertrand voulut traiter avec eux du fait pour lequel il était venu à eux, et il leur conta son affaire en cette manière :

« Seigneurs, à vous m'envoie le roi de France, qui,
» pour relever notre foi, veut faire une armée contre
» les Sarrasins. Et il voulait diriger son armée en
» Chypre, pour aider le bon roi ; mais le bon roi est
» mort piteusement, par son frère qui l'a occis : ce qui
» est grand'perte à la chrétienté, et ce dont le roi de
» France est fort dolent. Et d'autre part, sont venues
» de par deçà des nouvelles qui sont fort déplaisantes :
» c'est de madame Blanche de Bourbon, sœur de la
» reine de France et de monseigneur de Bourbon, la-

» quelle avait pour femme Pierre le roi d'Espagne qui
» l'a fait occire sans occasion. Pour cette chose le roi
» est conseillé de diriger son armée droit à Grenade
» contre les Sarrasins ; et de là pourra-t-on descen-
» dre en Chypre ; et peut-être bien que l'armée pas-
» sera parmi l'Espagne pour grever le roi Pierre qui
» est de mauvaise croyance. Par les Juifs et les Sar-
» rasins, lui, sa finance et tout son royaume sont gou-
» vernés. Il a plu au roi de me donner la charge de
» cette armée, à moi qui de tel honneur ne suis pas
» digne ; et c'est à vous, qui de chevalerie êtes tant
» renommés, comme chacun sait, que je m'adresse, en
» vous suppliant que pour relever et maintenir notre
» foi, il vous plaise d'être mes frères et mes com-
» pagnons d'armée. Et certes, à mon avis, nous devons
» bien à présent faire service à Dieu, et considérer
» combien mauvaisement nous avons usé nos vies jus-
» ques ici : car vous savez qu'en France sont finies les
» guerres, où nous avons fait tant de maux, que nous
» sommes pires que des larrons : car, les guerres du-
» rant, avec ce que nous avons pu enlever au peuple,
» nous avons occis les hommes, mis le feu aux villes
» et aux églises, et violé les dites églises. Je le puis
» savoir par moi-même, qui ai tant fait et fait faire de
» maux. Et vous pouvez bien vous en nommer mes
» compagnons et vous vanter de me dépasser encore
» en pis faisant. Vous savez aussi, Seigneurs, que vous

» n'avez ni permission ni aveu d'aucun prince, pour
» ainsi grever le peuple et le pays de France que de
» jour en jour vous mettez à destruction sans loyal
» titre de guerre ; et nous ne pouvons trouver plus loyal
» titre pour sauver nos âmes qu'en guerroyant les enne-
» mis de la foi. Sachez, Seigneurs, que, si vous voulez
» me prendre pour compagnon, et si vous me voulez
» croire, je vous ferai tous riches et vous acquerrez hon-
» neur, et je vous en dirai bien le moyen (1). »

Sur les paroles de messire Bertrand, les capitaines
se mirent en conseil à part ; puis ils appelèrent messire
Bertrand, et au nom des capitaines parla messire Hugues de Calverley, et dit :

« Bertrand, beau sire et frère et compagnon, pour
» la loyauté et vaillance de vous, qui aujourd'hui êtes
» le miroir de la chevalerie, nous sommes prêts de
» vous suivre et d'être avec vous en tous cas. Et cela
» je vous le réponds au nom de tous les capitaines, et
» en outre, pour moi, je vous requiers que vous me
» vouliez retenir pour votre compagnon d'armes. »

De cette réponse Bertrand remercia bien humblement les capitaines et s'humilia fort envers eux qui
l'honorèrent fort, et sur tous Calverley se mit en effort

---

(1) Cuvelier, dans son poème, résume ainsi ce discours :

Seigneurs, ce dit Bertrand, savez ce que ferons ?
Faisons à Dieu honneur, et le diable laissons.
Je vous ferai tous riches, si mon conseil créons,
Et aurons paradis aussy quand nous mourrons.

de l'honorer davantage. Et là se mirent de la compagnie de messire Bertrand humblement Calverley et tous les autres capitaines anglais qui promirent de le servir contre tous, excepté contre le roi Édouard et son fils, le prince de Galles. Et messire Bertrand fit tant, que les capitaines, sur la confiance de sa loyauté seulement, sans sauf-conduit, vinrent à Paris devers le roi, qui, pour l'amour de messire Bertrand, les reçut à grand'joie.

Au château du Temple le roi fit loger les capitaines, et par sa chevalerie il les fit festoyer. Là messire Bertrand traita, si bien qu'à ces capitaines le roi donna deux mille francs (1) ; et ils délivrèrent les châteaux qu'ils tenaient, et se mirent avec messire Bertrand qui bientôt se trouva avec grand'foison de gens assemblés. En l'assemblée furent le comte de la Marche, messire Bertrand du Guesclin, chef de la compagnie ; le sire de Beaujeu, le Bègue de Vilaines, messire Olivier de Mauny, chevalier de renom, et ses deux frères ; messire Hugues de Calverley, messire Jean d'Évreux, messire Robert Scott, chevalier anglais, messire Guillaume Boîtel, et plusieurs autres chevaliers et écuyers français et anglais et autres, de plusieurs nations et contrées. Et ils prirent leur chemin droit à Avignon.

Les capitaines chevauchèrent tant, qu'ils vinrent

---

(1) Il y a ici manifestement une erreur. On doit lire deux cent mille francs. C'était, en effet, la somme offerte par le roi.

devant Avignon ; et ils se logèrent à Villeneuve, et à
eux le pape Urbain, le cinquième, envoya un cardinal
pour savoir ce qu'ils voulaient faire. Le cardinal vint
à Villeneuve ; et le cardinal parla aux capitaines ; et
par leur ordonnance répondit le maréchal d'Audeneham, qui était prud'homme, sage et bien parlant, et dit :

« Sire, à notre Saint Père s'adressent messire Hu-
» gues de Calverley, le chevalier vert, Robert Scott,
» Jean d'Evreux, Guillaume Hewett et autres de cette
» gent, qui ont en France guerroyé et qui ont violé
» les églises, mis le feu et fait meurtres et pillages ; ce
» à cause de quoi, il n'y a pas longtemps, le Pape jeta
» sur eux sentence d'excommunication. Et par la vo-
» lonté du roi de France qui leur a pardonné toutes
» offenses, ils sont ici venus en la compagnie de mes-
» sire Bertrand du Guesclin et du comte de la Marche,
» qui conduisent cette armée en Grenade contre les
» Sarrasins pour relever la chrétienté. Et par ici ils
» ont pris leur passage, pour obtenir leur absolution.
» Pour cela, Sire, en leur nom, je vous dis leur con-
» fession et leur requête : vous pourrez donc dire au
» Pape ces choses. Et en outre, de par toute l'armée,
» vous lui direz que, comme pour servir Notre-Sei-
» gneur et relever sa foi, le trésor de l'Église a été an-
» ciennement employé en tels usages que cette armée
» (d'où, au plaisir de Notre-Seigneur, grand bien s'en
» suivra), notre Saint Père le Pape avec son absolu-

» tion de peine et de faute, envoie ici, du trésor de
» l'Église, deux cent mille francs. »

Le cardinal rapporta cette réponse au Saint Père,
qui, des fenêtres de son palais regardait les varlets courir sur leurs chevaux, lesquels varlets, en fourrageant
sur le pays d'Avignon, couraient çà et là et pillaient
tout en courant et recourant sur leurs chevaux.

« Dieu ! dit le Pape, cette pauvre gent se donne bien
» du mal pour acquérir l'enfer. »

Puis il dit au cardinal, quand il eut ouï la réponse :

« C'est merveille de cette gent qui demande absolution et argent ; tandis qu'on a accoutumé, quand on
reçoit absolution, de donner aumônes. »

Alors le Pape manda ceux d'Avignon, qui promirent de payer la moitié de la composition et en établi-
rent l'impôt sur eux ; puis l'argent fut apporté avec
l'absolution à messire Bertrand, auquel il fut rapporté
que de cet impôt se plaignait le peuple d'Avignon. Ce
dont il lui déplut ; et il manda le prévôt, et puis lui dit :

« Ami, vous direz au Pape que cet argent doit
» venir de l'Église et non du peuple ; et restituez au
» peuple les deniers qui sont venus du peuple et ont
» été reçus de lui. Et vous lui direz bien que nous ne
» partirons pas d'ici jusqu'à ce que nous soyons payés
» de l'Église (1). »

---

(1) Le procédé sentait assez son *malandrin*, et, de fait, ce n'est pas à du Guesclin
qu'en revient la responsabilité. Son autorité sur ces bandes de féroces pillards

Quand le Pape vit que cela ne pouvait être autrement, il envoya l'argent du sien ; et leur argent fut rendu à ceux d'Avignon ; ce à cause de quoi ils prièrent beaucoup pour messire Bertrand.

LXVI. — Comment le duc d'Anjou conseilla à messire Bertrand de guerroyer le roi Pierre.

L A était le duc d'Anjou qui, de par le roi Charles son frère, gouvernait le pays de Languedoc ; et il en parla à part à messire Bertrand en cette manière :

« Bertrand, bel ami, vous savez la déloyauté du roi
» Pierre d'Espagne, qui a fait meurtrir sa femme et
» bannir son frère hors de son royaume par sa cruauté ;
» et par raison Henri doit être roi. Il est vrai que
» Pierre est en Aragon qui guerroie le royaume, et au
» secours du roi d'Aragon est Henri. Adressez votre
» chemin en Aragon, et votre armée contre Pierre qui

n'était pas assez établie pour qu'il les pût astreindre à la discipline. C'est malgré lui qu'ils marchèrent sur Avignon. Son intervention auprès du légat d'Urbain V n'eut pas le caractère d'une sommation ; il lui persuada qu'il était opportun de faire un sacrifice pour détourner vers les ennemis de la chrétienté ce torrent dévastateur, et de consacrer à cet objet une partie des deniers qui avaient été rassemblés, en 1363, pour la croisade. Bien loin de prendre ce ton avec le Pape, Bertrand du Guesclin alla se prosterner à ses pieds, baiser sa mule et demander sa bénédiction. L'évêque de Capoue, légat du Pape, vit par lui-même combien il était urgent de satisfaire les *tard-venus* « dont les avides regards convoitaient les dorures de ses vêtements, » tandis qu'au retour il passait au milieu d'eux. — D'après le récit de d'Argentré, Bertrand aurait dit au légat : « Ces gens attendraient bien l'absolution jusqu'à Pâques ; mais de l'argent il leur en faut comptant. Sachez que nous les faisons gens de bien malgré eux ; et que nous nous bannissons de notre pays pour le débarrasser d'eux et les mener où ils pourront sans crainte commettre leurs rapines au détriment des Sarrasins. »

« a voulu conquérir terre sur nous, et qui a vilainement
» fait mourir notre cousine Blanche de Bourbon. »

Le duc honora fort la chevalerie ; puis ils prirent
congé et entrèrent en leur chemin.

LXVII. — Comment le roi d'Aragon reçut Bertrand à Perpignan et sa compagnie.

Tant chevaucha Bertrand avec ses troupes, qu'il
approcha le roi d'Aragon. Le roi d'Aragon était
à Perpignan qui demandait secours de toutes parts
pour aller contre Pierre, lequel chevauchait par le
royaume, en brûlant et pillant le pays, et prenait villes
et châteaux. De la venue de messire Bertrand le roi
d'Aragon fut fort réjoui, et envoya au devant de lui
pour le hâter. Au Château-Blanc était alors le comte
Henri d'Espagne, sa femme et ses enfants et grand'-
compagnie d'Espagnols. Aussitôt qu'il sut la venue de
Bertrand, il partit de son château et vint devers lui et
l'honora fort ; et il lui montra les déloyautés de son
frère le roi Pierre, qui régnait si mal et qui s'était saisi
de sa terre et l'avait banni. Henri remontra doucement ses faits à Bertrand et à la chevalerie qui en prit
grand'pitié. Et ils lui dirent bien que c'était à lui qu'appartenait le royaume d'Espagne, et ils le réconfortèrent fort (1).

---

(1) Du Guesclin ne s'était pas montré disposé tout d'abord à seconder Henri

Henri et la chevalerie parlèrent tant ensemble qu'entre eux fut faite une alliance ; et ils entreprirent de guerroyer le roi Pierre et de conquérir le royaume au nom de Henri, qui fort humblement les remercia et les mena en son château où fort honorablement et à grand'joie ils furent reçus de la dame.

Au partir du Château-Blanc, ils chevauchèrent au château de Perpignan où était le roi d'Aragon qui, pour leur venue, tint la cour plenière et les honora fort. Puis il fit assembler son conseil avec la chevalerie, et le roi d'Aragon, qui de tous fut volontiers ouï et écouté, parla en cette manière :

« Seigneurs, dit le roi, j'ai appris que vous êtes ici
» venus pour aller en Grenade, afin de grever les Sar-
» rasins ; je vous jure que, près de vous, vous avez les
» ennemis de la foi et belle terre à conquérir, si vous
» le voulez faire ; et il n'y a en ce monde plus mauvais
» croyant en Dieu que Pierre, qui si vilainement a
» meurtri sa femme, laquelle était descendue du saint
» et haut lignage de France et qui était de si sainte
» vie. Vous voyez aussi comme il a chassé et banni

---

de Transtamare. Pierre le Cruel, malgré ses horribles excès, lui paraissait être le souverain légitime ; il déclara donc que les *compagnies blanches* allaient en Espagne pour combattre les ennemis de la foi, et non pour subjuguer les états d'un prince chrétien. — C'est afin de vaincre sa répugnance sans doute qu'on inventa l'histoire d'un premier mariage d'Alphonse XI avec Éléonore de Guzman d'où serait né Henri de Transtamare, avant qu'Alphonse épousât Marie de Portugal, mère de Pierre le Cruel. Un ordre formel de Charles V et la sentence d'excommunication lancée contre Pierre achevèrent de décider du Guesclin à embrasser le parti de Henri.

» Henri de son pays et pris sa terre, lequel par raison
» devrait être roi, comme premier fils du roi Al-
» phonse(1); et ses trois sœurs il les fit mettre devant les
» lions pour qu'elles fussent dévorées, mais doucement
» ils se couchèrent contre elles et les léchèrent. Pierre
» se gouverne entièrement par les Juifs et les Sarra-
» sins, et il veut mettre tous les princes en son servage.
» Et certes, contre un si déloyal prince et mécréant,
» vous devriez bien mener guerre. Je veux bien main-
» tenant que vous sachiez que, si vous voulez contre
» lui mener et maintenir guerre, de tout mon pouvoir
» je vous ferai secours de gens d'armes et de chevaux. »

Appertement répondit Bertrand :

« Sire, nous avons ouï raconter toute l'histoire des
» enfants d'Alphonse ; et nous savons bien certaine-
» ment que Henri doit être vrai roi d'Espagne. Et
» sachez, Sire roi, que jamais nous ne retournerons en
» nos contrées jusques à tant que Henri soit couronné,
» et qu'il soit pris vengeance du meurtrier déloyal qui
» a fait ce meurtre si vilainement. Et en peu de jours
» nous entrerons au pays d'Espagne pour conquérir le
» pays. »

Le comte de la Marche (2), neveu de la reine Blanche d'Espagne, le maréchal d'Audencham, le sire de
Beaujeu et toute la chevalerie qui était avec messire

---

(1) Voir la note 2, chapitre LV, page 109.

(2) Jacques de Bourbon, comte de la Marche, descendait du frère de Pierre de
Bourbon, père de la reine Blanche.

Bertrand jurèrent cette entreprise ; ce dont fut fort réjoui le roi d'Aragon, et plus qu'auparavant les honora. Et il ne demeura guère que Bertrand prit congé de lui et dirigea son chemin parmi Aragon, en allant droit en Espagne.

A cause de la venue de Bertrand, Pierre partit bien hâtivement d'Aragon, et se retira lui et ses armées en Espagne dans la cité de Burgos, et brièvement fit garnir ses châteaux. Aussitôt que Pierre fut à Burgos, il manda devant lui le Juif qui lui avait conseillé la mort de la reine sa femme, et lui dit qu'il lui fallait rançonner chacune de ses dents de cent mille royaux d'argent, ou que, sinon, il les ferait toutes arracher. Le Juif qui était très riche accorda la rançon, mais à cause de cela il tomba en grand'pauvreté. Quand Pierre sut qu'il avait toute la fortune du Juif, il lui fit arracher les yeux, et lui fit couper la langue avec des tenailles de fer ardent, et puis il le fit écarteler et puis pendre. Après l'exécution du Juif, Pierre vint visiter la sépulture de la reine fort piteusement, et la fit apporter fort noblement et richement en la sépulture des rois.

LXVIII. — Comment Bertrand entra en Espagne droit à Marguillon.

PENDANT ce temps, Bertrand chevaucha tant avec ses armées qu'il approcha d'Espagne. Et par le conseil de Henri, Bertrand amena ses troupes devant

Marguillon (1) où il y a une ville et un château fort bien assis, sur l'entrée du royaume ; et là, en réclamant la terre, Henri prit le nom de roi et assiégea la ville.

Le lendemain il fit de tel effort assaillir la ville qu'elle fut prise en peu d'heures. Bertrand fit emprisonner plusieurs riches Juifs, pour avoir leurs richesses, et il séjourna dans Marguillon pendant deux journées. Au troisième jour ils vinrent devant Navarrette où il y avait forte ville et château bien assis. Il fit âprement assaillir le château ; et ceux qui étaient dedans se défendirent courageusement ; mais à la fin ils se rendirent à Henri et à Bertrand. Et là furent occis tous les Juifs et Sarrasins qui étaient dedans. A Navarrette séjournèrent le roi Henri et Bertrand du Guesclin, et Henri donna à Bertrand la ville et le comté. Le roi Henri et Bertrand partirent de Navarrette et tinrent leur chemin droit à Briviesca, où il y a ville forte et bien close de double muraille bien sûre, et à l'un des bouts un fort château.

Pour assaillir la ville, messire Bertrand ordonna que Hugues de Calverley et la chevalerie anglaise d'un côté donneraient l'assaut, et le roi Henri et les Espagnols d'autre part. Là commença l'assaut fort et merveilleux ; et, d'autre part, grandement se défendirent ceux de Briviesca. Et il advint que, durant l'as-

____

(1) Magalon.

saut, Bertrand dit aux Français que dans Briviesca étaient entrés les Anglais, qui n'étaient pas encore descendus aux fossés. Quand les Français entendirent ces mots, en eux il n'y eut que courroux, car ils croyaient bien sire Bertrand. Alors ils renforcèrent l'assaut, et de telle vertu, qu'ils entrèrent dans Briviesca jusques au milieu de la ville, avant que les Anglais fussent au pied des murs. Ainsi fut prise Briviesca, où il y avait beaucoup de richesses. Et Bertrand fit occire tous les Juifs et Sarrasins qui étaient dedans ; mais les chrétiens furent reçus à merci.

Quand ceux du château virent que la ville était prise, ils rendirent le château à Bertrand, et leurs corps et biens à sa merci ; lesquels il reçut fort débonnairement, et il fit bien garnir le château (1).

Pierre qui était dans Burgos sut bien les nouvelles de la prise de Briviesca. Et devant lui il manda les bourgeois de la ville ; et il leur dit que parmi les bourgeois de Tolède étaient advenues de bien grandes discordes, et que pour les apaiser il lui fallait y aller, et qu'ils l'en avaient requis par leurs lettres. Ceux de Burgos s'aperçurent bien que, par crainte des Français, Pierre se voulait retirer. Là un bourgeois parla à Pierre fort hautement, lequel fut bien ouï de tous, et dit en cette manière :

« Sire roi, vous mettez votre royaume et vos sujets

______

(1) La prise de Briviesca eut lieu le 28 mars 1366.

« à voie de perdition et en grand'douleur, vous qui
« savez la puissance des Français qu'Henri et Bertrand
« doivent brièvement amener ici, pour assiéger la
« ville. Et, Sire, vous plaît-il de laisser en ce chemin
« votre ville royale et le chef-lieu de votre royaume
« sans pasteur ? On sait bien que depuis Charlemagne,
« le grand roi puissant qui valut tant, et qui, après la
« mort de Roland et des autres pairs de France qui
« furent occis en la déconfiture de Roncevaux, cou-
« ronna le roi d'Espagne dans Burgos, jamais les rois
« d'Espagne ne furent couronnés autre part qu'à Bur-
« gos. Pour Dieu ! Sire, ne nous laissez pas ainsi ! Car
« seulement à cause de votre présence, un de nous
« vaudra plutôt dix, que si vous alliez autre part. »

Sur ces paroles le roi Pierre songea, puis dit aux
bourgeois :

« Amis, il est besoin que nous soyons brièvement à
« Tolède ; et nous sommes bien assurés de notre ville
« de Burgos qui est bien garnie de bonnes gens pour
« résister aux Français ; et d'autre part nous ferons
« telle assemblée à Tolède, que, si dans notre royaume
« Henri et Bertrand font long séjour, nous les combat-
« trons. »

Ainsi Pierre partit de Burgos et s'en alla à Tolède,
où il fut bien reçu. Bertrand sut le départ de Pierre et
vint par devers le roi Henri et le comte de la Marche,
et leur dit qu'il n'y avait plus à s'arrêter, si ce n'est

que d'aller vitement devant Burgos d'où Pierre s'était enfui.

Le lendemain, bien matin, partirent de Briviesca : Henri, le comte de la Marche et Bertrand, le maréchal d'Audeneham et tous les autres capitaines français et anglais. Et ils chevauchèrent tant avec leurs troupes qu'ils approchèrent Burgos. Ceux de Burgos furent en grand émoi à cause de l'arrivée des Français. Pour cela, les bourgeois s'assemblèrent et s'en allèrent par devant l'évêque requérir conseil, lequel évêque parla aux bourgeois en cette manière :

« Mes enfants, il est vrai que je suis votre père spi-
« rituel, et, quant à vous conseiller selon mon avis, je
« suis tenu à le faire loyalement. Je sais bien que, de
« la Riche-Donne, qui fut dame de grand'vaillance, le
« roi Alphonse qui l'avait épousée eut Henri qui vient
« ici nous assiéger ; puis, par la cruauté de quelques
« barons, il la laissa et en prit une autre. Et vraiment,
« puisque le roi avait donné sa foi à la dame, rien ne
« pouvait défaire le mariage (1). Et ainsi Henri est
« né en loyal mariage ; et l'on sait bien que de l'autre
« dame le roi eut Pierre qui règne maintenant, à la
« place de Henri qui de droit devrait régner.

« Vous savez, mes enfants, comme Pierre est mé-
« créant envers Dieu, et comme mauvaisement il a fait
« meurtrir sa femme qui était du haut et saint lignage

(1) Voir chapitre LVI, page 109, note 2.

« de France, et la meilleure et plus sainte dame qui
« fût en vie. Et cela est bien évident : car, par elle,
« Notre-Seigneur fait, de jour en jour, très évidents
« miracles. En peu de mots, je conseillerais que nous
« reçussions Henri, qui doit être notre droit seigneur.
« Et même vous voyez comment Pierre vous a ici
« laissés. Et au dessus de tout, vous savez assez comme
« il est haï de tous par le royaume : car jamais il ne
« maintint justice, ni de lui nous ne pouvons avoir
« secours ; et vous pouvez bien savoir que, pour l'amour
« de la bonne reine, secours de guerre ne nous man-
« quera pas de son haut lignage, tant que Pierre sera
« vivant. Et par son lignage cette guerre nous est
« survenue. Vous en pouvez donc faire ce que vous en
« donnera Dieu en volonté et conseil. »

LXIX. — Comment ceux de Burgos apportèrent les clefs à messire Bertrand du Guesclin.

TOus les bourgeois se tinrent au conseil de l'évêque,
mais les Juifs le contredirent. Alors la ville s'arma
et ils occirent les Juifs et Sarrasins. Après le meurtre des
Juifs, l'évêque et les bourgeois de Burgos, tous vêtus
de livrées, et qui devant eux faisaient porter huit lances (à chacune desquelles lances était pendue une des
clefs des huit portes de Burgos), rencontrèrent sur le
chemin de Briviesca, à deux lieues de Burgos, Henri,

le comte de la Marche et messire Bertrand et la chevalerie qui tantôt descendirent devant la croix (1). Et
ceux de Burgos apportèrent révéremment les clefs de
la ville à Henri, qui les reçut débonnairement. Et à
l'entrée de la cité, il jura de les maintenir en leurs
franchises et libertés, tout ainsi que fit en son temps le
bon roi Olivier, fils du roi Léon d'Espagne. Ainsi entrèrent dans Burgos Henri le roi d'Espagne, le comte
de la Marche, messire Bertrand du Guesclin et la chevalerie, qui honorablement y furent reçus.

LXX. — Comment le roi Henri fut couronné roi d'Espagne.

EN ce temps la femme d'Henri était en un château
sur la sortie d'Aragon, près de l'entrée d'Espagne, pour toujours apprendre nouvelles de son seigneur. Un soir Bertrand dit à Henri, en la présence
du comte de la Marche, du sire de Beaujeu, du maréchal d'Audeneham et de toute la chevalerie :

« Sire, vous êtes dans Burgos, grâce à Notre-Sei-
» gneur et à la chevalerie qui est ici. Toujours je vous
» avais promis que je vous ferais couronner roi d'Espagne.
» Et vous en avez bien l'occasion à présent, s'il vous
» plaît ; car dans Burgos où vous êtes, ont été et sont
» toujours couronnés les rois d'Espagne ; et d'autre

(1) La croix que l'on portait processionnellement.

» part, de jour en jour se rendent à vous villes et châ-
» teaux, tellement que, Dieu merci, la plus grand'par-
» tie est aujourd'hui à votre commandement et obéis-
» sance. Et au plaisir de Notre-Seigneur, vous aurez
» bientôt le surplus à votre commandement. Pour cela
» et pour acquitter ma promesse, je vous veux requérir
» que vous vous fassiez couronner, vous et madame
» votre femme qui doit bien y avoir sa part. »

Avant tous parla le comte de la Marche qui était le
plus noble homme, et qui de soi était chevalier habile
et plein de grand'hardiesse, et il dit à Henri :

« Sire, loyalement vous conseille Bertrand ; je con-
» seillerais donc que vous fissiez mander la dame. »

À cela s'accorda Henri qui manda sa femme ; et elle
vint à grand arroi. Et de Burgos sortirent pour aller à
sa rencontre le comte de la Marche, messire Bertrand,
le sire de Beaujeu, le maréchal d'Audeneham, le
Bègue de Vilaines, Hugues de Calverley, Eustache
de la Houssaye, Sylvestre Bude, Thibault du Pont,
Onfroy de Cambrian, et plusieurs autres, qui étaient
bien nombrés à mille chevaliers de renom. Et à deux
lieues de là ils rencontrèrent la reine qui, aussitôt
qu'elle les vit, fut fort réjouie. Et à l'approche elle
s'inclina fort devant eux, et fort les honora et remercia
humblement. Et devant tous elle dit à Bertrand :

« Ami et seigneur, je puis bien dire que par vous
» la couronne d'Espagne est obtenue. »

A l'entrée de Burgos la reine descendit pour aller à
pied jusques en l'église Notre-Dame qui est la maî-
tresse église. Là descendirent le comte de la Marche
et le maréchal d'Audencham qui par la main menèrent
la reine à l'église, et de là en son palais où grand'fête
fut tenue. Le lendemain toute la ville fut tendue ; et le
dimanche suivant, l'an mil trois cent soixante-cinq,
furent sacrés et couronnés Henri roi d'Espagne et sa
femme qui était dame de grand'vaillance. Là il y eut
fête grande et merveilleuse, et de nobles joutes y furent
faites.

Après le sacre, Henri donna à Bertrand le duché de
Molina et lui abandonna son royaume, et au Bègue de
Vilaines il donna le comté de Ribadea.

Le roi depuis son couronnement alla devant Tolède ;
et avant son départ tint un étroit conseil où furent le
comte de la Marche, Bertrand, le Bègue de Vilaines,
messire Olivier de Mauny, le maréchal d'Audencham,
le sire de Beaujeu et quelques autres de France, sans que
jamais les Anglais y fussent appelés ; car on ne se fiait
point trop à eux, à cause de la déloyauté qui toujours
est trouvée chez les Anglais. Là le roi Henri requit
conseil pour achever et finir ses guerres et conquérir
le reste du royaume.

Par la volonté du roi Henri, Bertrand parla le premier et dit :

« Seigneurs, il est vrai que Pierre est à Tolède, où il

» y a cité très grande, forte, puissante et riche, et il y
» a là beaucoup de sages hommes qui voudraient bien
» être délivrés de Pierre ; et Pierre n'a de secours de
» nulle part. Je conseillerais donc que tôt et brièvement
» la cité fût assiégée, dans l'espérance qu'elle fût ren-
» due au roi Henri ; et que, si Pierre ne part de là, il
» fût pris : car les bourgeois verront bien brièvement
» qu'ils ne pourraient longuement endurer le siège, ni
» lutter contre votre chevalerie. »

A cela tous s'accordèrent. Et le lendemain le roi
partit avec toute sa chevalerie pour aller devant Tolède.

Pierre sut tantôt nouvelles de cela par ses espions.
Alors, en regrettant la reine sa femme, il dit :

« Mauvaisement me conseilla ce juif si déloyal, à
» cause de qui je fis si vilainement meurtrir la bonne
» reine de sainte vie ; car pour mon méfait je suis bien
» en voie d'être détruit par son grand lignage. Et
» certes, il n'y a nul qui m'en doive plaindre. »

En la présence du roi Pierre il y avait à cette heure
plusieurs juifs. Et Pierre, qui fut alors pris de grand'-
douleur, ôta à un de ses sergents sa masse d'armes, et
en frappa un juif tellement, qu'il lui broya la cervelle
et l'occit. Et hâtivement s'enfuirent les autres juifs. Et
depuis cette heure, Pierre ne voulut plus garder nuls
juifs autour de lui, mais il en fit mourir plusieurs.

Pour avoir conseil sur la venue de Henri et de Bertrand, Pierre manda ses princes et barons à Tolède. Là il y avait un clerc qui savait parler si intelligemment des choses à venir, que nul ne le pouvait mieux, et il dit à Pierre :

« Sire, il est vrai que vous devez être entièrement » déshérité par l'aigle aux deux têtes qui vole de France » en Espagne. J'ai ouï raconter que Bertrand, qui con- » duit Henri, porte de telles armes ; c'est pourquoi je » tiens que c'est cet aigle aux deux têtes (1). Mais il est » vrai, Sire, que par le premier faon des trois léo- » pards (2), votre terre sera recouvrée et l'aigle empri- » sonné; et votre frère Henri, qui sera sans terre, s'en ira » fuyant par devers le grand lion de France (3), second » fils du champion au chef d'or (4), qui au temps de sa » vie fut prisonnier dudit faon ; et alors Henri sera » fugitif sans terre. Mais quand le premier faon sera » parti d'auprès de vous, si vous ne corrigez votre vie » envers Dieu, l'aigle qui sera mis hors de prison revien- » dra et volera en votre terre, accompagné de plusieurs » oiseaux de son parti, à cause de quoi vous perdrez » terre et vie. »

Quand Pierre entendit qu'il devait encore recouvrer

---

(1) Voir la note 2, ch. XXII.

(2) Le roi d'Angleterre portant dans ses armes *trois léopards passants, d'or, sur champ de gueules*, le premier faon des trois léopards n'est autre qu'Édouard, prince de Galles, fils aîné d'Édouard III.

(3) Le duc d'Anjou.

(4) Le roi Jean le Bon, prisonnier du prince de Galles à Poitiers.

sa terre, il se réconforta, et dit que, si une fois il recouvrait sa terre, jamais il ne la perdrait. Là Pierre prit conclusion qu'il ne se laisserait point assiéger, et le lendemain il partit de Tolède et se retira à Cardona.

La nouvelle fut tantôt sue au plat pays de la venue de Henri et de Bertrand, et par spécial aux environs de Toléde. Et de six lieues environ ils se retirèrent tous à Tolède, ce à cause de quoi l'armée des Français eut grand'souffrance de vivres. Quand Bertrand sut que les vivres baissaient, il fit hâter les troupes pour assiéger la ville. Alors s'assemblèrent les bourgeois avec leur évêque pour se conseiller. Et leur conclusion et conseil fut qu'ils se rendraient à Henri et à Bertrand. Et, par l'ordonnance de l'évêque et des bourgeois, partit de Tolède un bourgeois, qui vint devant le roi, et le salua humblement, de par l'évêque et les bourgeois de Tolède, et dit, de par eux :

« Sire, à vous se rend la cité de Tolède et le pays » d'alentour, qui humblement vous requiert que vous y » vouliez entrer demain, et de votre grâce leur jurer de » maintenir et garder leurs libertés. »

Cela, Henri le leur octroya. Par le conseil de Bertrand, Henri entra le lendemain à Tolède, lui et toute sa chevalerie. Là il fut reçu noblement, et reçut les fois et hommages des nobles et des bourgeois.

LXXI. — Comment Cardona fut rendue au roi Henri et à Bertrand.

DE la prise de Tolède Pierre sut brièvement les nouvelles ; ce dont en lui il n'y avait que courroux. Alors il partit de Cardona et s'en alla à Séville-la-Grande qui est la meilleure ville d'Espagne ; et là il fut bien reçu des bourgeois.

Et le roi Henri savait bien que Pierre était retiré à Cardona ; mais il lui fut rapporté dans Tolède qu'il s'en allait à Séville ; et bientôt il vint conter à Bertrand ces nouvelles. Pour cela, Bertrand conseilla à Henri que tantôt ses troupes fussent menées de Tolède à Cardona. Et pour cela le roi Henri, Bertrand, le comte de la Marche, le Bègue de Vilaines, Olivier de Mauny, Hugues de Calverley et la chevalerie qui était là tinrent leur chemin droit à Cardona.

Entre Cardona et Tolède il y a une forêt qui a bien quinze lieues de large et bien cent de long, et en tout le chemin il n'y a ville ni auberge, mais elle est habitée d'ours, de léopards, de lions et de fort mauvais serpents très divers ; et il y a beaucoup d'autres bêtes sauvages. De cela s'émerveillèrent beaucoup les gens de l'armée, et ils se tinrent ensemble le plus qu'ils pouvaient. Et des vivres y furent portés pour sept jours. Dans la forêt entrèrent Français et Anglais, et le plus fort qu'ils pouvaient ils se guettaient des bêtes sauvages ; mais ils ne se surent jamais tellement guetter, qu'ils ne perdissent là plus de trois cents hommes, dont les uns furent dévorés, et les autres moururent par le venin des serpents.

Ils chevauchèrent tant, qu'ils sortirent de la forêt et approchèrent Cardona. Au-devant du roi Henri vinrent à la sortie de la forêt : l'évêque de Cardona, le clergé et les bourgeois en procession ; et ils rendirent la ville au roi Henri, dans laquelle il entra, et il promit de les tenir en leurs libertés ; et lui et la chevalerie y furent honorés. A Cardona vinrent devers le roi Henri plusieurs chevaliers et bourgeois des cités et villes d'Espagne, qui se mirent en son obéissance, eux et leurs cités, leurs villes et châteaux, desquels il reçut les fois et hommages en la présence de Bertrand et de plusieurs autres.

LXXII. — Comment Pierre envoya ses messagers à Henri.

IL fut rapporté à Pierre, qui était dans Séville, comment Cardona et les villes et châteaux d'alentour étaient aux mains du roi Henri qui en avait reçu les hommages ; et il commença à en mener fort merveilleux deuil, et, en son grand deuil disait :

« Ah ! ah ! Bertrand, par ta grand'prouesse à laquelle

» nul ne se compare aujourd'hui, je vois bien que je
» serai déshérité de mon royaume. »

Et après son deuil, il manda ses princes pour se
conseiller. Par l'avis de son conseil, Pierre envoya à
Henri deux chevaliers et un clerc en lois comme ambassadeurs à Cardona. Et, de par le roi Pierre, ils
saluèrent le roi Henri, Bertrand et toute la chevalerie,
et parlèrent en cette manière :

« A vous, Seigneurs, nous envoie Pierre le roi d'Es-
» pagne, qui par mauvais conseil a mal agi au temps
» passé, ce dont vous avez pris grand'vengeance. Il
» voudrait bien amender sa vie et mettre le peuple de
» son royaume en tranquillité de paix, lequel par son
» méfait a souffert maintes duretés. S'il vous plaisait
» à vous et à Monseigneur Henri que le royaume fût
» partagé, et que Pierre ne perdit point le nom de roi
» et qu'il cessât dorénavant la guerre, volontiers il s'y
» accorderait ; et, pour satisfaire Bertrand et la cheva-
» lerie, il payerait un million de doubles d'or, pourvu
» qu'il leur plût de laisser le pays et de jurer que jamais
» ils ne le guerroyeraient. »

Sur ces offres se mirent en conseil le roi Henri, Bertrand, le comte de la Marche et les autres ci-dessus
nommés. Là il fut ordonné, par la volonté du comte
de la Marche, que d'abord parleraient les Anglais, qui
pour eux firent parler Hugues de Calverley, lequel en
la présence de tous les chevaliers parla et dit :

« Sire, Pierre vous fait de grandes offres, en vous
» offrant de prendre la moitié de son royaume : et en
» outre, d'autre part, pour payer les étrangers, il vous
» offre grand'finance, ce dont il vous doit bien suffire.
» Et en tant qu'il en touche aux Anglais, en me don-
» nant la moitié du million qu'offre Pierre pour eux, je
» me chargerais de les mettre hors de ce royaume sans
» jamais lui mener guerre, si le roi Édouard ou le prince
» son fils aîné ne le guerroient en leur nom. »

Aux paroles des Anglais s'accordèrent Robert
Knowles, Gautier Hewett, Robert Scott et les capitaines anglais qui auraient bien voulu avoir l'argent et
être en leur pays.

Après parla messire Jean de Bourbon, comte de la
Marche, et dit au roi Henri :

« Sire, pour venger la reine Blanche, ma belle tante,
» qui par Pierre le déloyal a été meurtrie sans occasion,
» je suis venu en ces contrées, par l'ordonnance et
» volonté de Monseigneur le roi Charles de France, et
» non pas pour conquérir le royaume : car je n'y prétends
» nul droit. Sachez bien, Sire, que, si vous voulez traiter
» avec lui, je n'y mets nul contredit ; mais jusques à ce
» que le haut lignage de France ait eu vengeance de
» lui, je ne partirai pas d'Espagne. Et que Pierre sache
» bien que, si je le puis tenir, je le ferai mourir, comme
» très faux meurtrier, déloyal et mécréant envers Dieu.
» Au dessus de tout, je me suis émerveillé de vous qui

» lui tenez paroles de traiter sur ces offres, vous qui
» auriez dû bien considérer que sa pensée n'est que de
» trouver envers vous traité par lequel nous puissions
» sortir de sa terre ; mais Dieu sait ce qu'en sa pensée
» il vous garde ; car je veux bien que vous sachiez que,
» si du royaume nous étions partis, jamais il ne cesse-
» rait de vous guerroyer et vous mettrait à destruction.
» Et toutefois, faites-en ce que bon vous semblera. »

Là était le sire de Beaujeu, qui dit hautement devant
tous que, si tous partaient, le comte de la Marche et
lui demeureraient pour guerroyer Pierre et le détruire
tout à fait.

Et après, Bertrand parla au roi et dit :

« Sire, au départ de France, le roi me commanda que
» vengeance fût prise avant mon retour sur Pierre le
» déloyal, de la mort de madame la reine Blanche, et
» notamment pour avoir juste titre de faire cette guerre,
» il a par deçà envoyé monseigneur le comte de la
» Marche qui est neveu de la dame, et moi en sa com-
» pagnie. Il peut bien être que, si vengeance était faite
» de Pierre, le roi m'ait chargé de diriger son armée
» contre les Sarrasins ; mais je veux bien que vous
» sachiez que je ne serai nulle part où Pierre sera reçu
» en accord, et que je ne partirai pas d'Espagne jus-
» qu'à ce qu'il soit entièrement déshérité, et un jour je
» le ferai mourir, quoi qu'il arrive. »

Le comte de la Marche, Bertrand, le sire de Beaujeu, le maréchal d'Audeneham, Le Bègue de Vilaines, Olivier de Mauny et tous les chevaliers de France qui furent là jurèrent la destruction de Pierre, tous d'un accord ; ce dont les Anglais furent ébahis à cause de la réponse qu'ils avaient faite, et ils furent dolents aussi de la finance qu'ils apercevaient bien qu'ils n'auraient point, mais ils n'en firent pas semblant.

Alors le roi Henri adressa ses paroles au comte de la Marche, et dit :

« Sire, si en mon obéissance était toute l'Espa-
» gne (1), je voudrais vous servir partout ; et par spécial
» je vous jure que toute ma vie je vous servirai dans
» la poursuite de cette vengeance. »

Alors furent les paroles finies ; puis le roi Henri manda un de ses conseillers qui dit aux ambassadeurs de Pierre ce qui s'ensuit :

« Seigneurs, vous direz à Pierre : qu'il n'aura jamais
» la paix envers le roi Henri, le comte de la Marche,
» le sire de Beaujeu et la chevalerie de France, et
» qu'ils ne partiront pas d'Espagne, tant qu'il ne sera
» pas entièrement déshérité ; et qu'il y perdra la vie, ce
» qu'il a bien mérité, comme traitre et déloyal meur-
» trier et mécréant envers Dieu, lui qui a fait meurtrir
» sans occasion la noble dame Blanche de Bourbon. »

Les ambassadeurs rapportèrent à Pierre cette ré-

---

(1) Il y a ici une erreur de l'imprimé qui place ces paroles dans la bouche du comte de la Marche.

ponse en son palais à Séville, et il en eut fort grand
deuil en son cœur. Pour cela, il manda les bourgeois de
Séville, et, en leur montrant grand signe d'amour, leur
dit :

« Seigneurs, pour livrer bataille à Henri de Trans-
» tamare qui, par la puissance des Français me con-
» trarie très fort, je veux aller au roi Ferdinand de
» Portugal (1), qui est mon parent, chercher secours ;
» et si Henri et les Français viennent ici, je vous prie
» que vous me vouliez être loyaux. »

Les bourgeois le lui accordèrent. Et après il leur
requit qu'ils voulussent l'accompagner hors de Séville,
jusques au nombre de vingt qu'il leur nomma. Débonnairement ils le lui accordèrent, et le roi Pierre se partit de Séville.

Pierre navigua tant qu'il arriva par mer à Lisbonne,
où était le roi de Portugal, parce que c'était sa mai-
tresse cité. Et, à la venue de Pierre, le roi de Portugal
fit grand appareil et l'honora fort (2). Pierre requit
secours au roi de Portugal, mais le roi du Portugal, qui
est un petit royaume, s'en excusa, et débonnairement il
offrit à Pierre de lui donner terre et état en son pays,
mais il ne se voulut pas entremettre de mener guerre.

---

(1) Ferdinand de Portugal, fils de Pierre-le-Justicier. Il est appelé dans les
manuscrits et dans l'imprimé « le roi Fagon. » Pierre-le-Cruel était fils d'une
infante de Portugal.

(2) Le roi de Portugal, non content de refuser tout secours à son indigne neveu,
lui interdit même le séjour dans ses États.

Quand Pierre s'aperçut que tout lui était failli, brièvement il partit de Lisbonne, et tout désespéré prit son chemin droit en Navarre. Mais ici l'histoire cesse de parler de Pierre et de son départ (qui sera bien raconté quand il sera temps), pour raconter ce que fit la chevalerie de France.

LXXIII. — Comment la cité de Séville-la-Grande fut rendue au roi Henri et à messire Bertrand.

L'HISTOIRE dit qu'au départ de Pierre, qui partit de Séville, le roi Henri, qui conduisait les troupes et la chevalerie de ce côté pour assiéger la ville, sut bientôt les nouvelles. Le roi Henri, Bertrand du Guesclin, le comte de la Marche et la chevalerie de France et d'Angleterre, furent longuement au siège et tinrent la cité si à l'étroit, que, environ trois mois après leur venue, elle leur fut rendue.

Et il advint que, durant le siège, ceux de Séville firent une sortie sur le camp. Là il y eut un fier assaut et merveilleux, et en cette sortie fut pris le sergent d'armes qui avait meurtri la reine Blanche ; il fut amené au roi Henri, lequel autrefois l'avait vu et aussitôt le reconnut. A l'heure que le sergent fut amené au roi, était présent le comte de la Marche, qui était venu voir le roi Henri ; et le comte sut bientôt que c'était le sergent d'armes qui avait meurtri la reine. A cause de cela, il fut si désirant d'avoir le sergent, qu'il le demanda au roi Henri qui aussitôt le lui fit donner. Quant le comte tint le sergent meurtrier, tantôt et diligemment il s'enquit à lui du meurtre de la reine Blanche, lequel incontinent confessa le fait. Et en dehors du camp le comte le fit pendre : ce dont il fut blâmé par quelques chevaliers d'honneur qui maintinrent qu'il n'avait pas mérité la mort pour avoir obéi à son prince qui le lui avait commandé, sans qu'il eût osé le refuser.

LXXIV. — Comment messire Bertrand voulut quitter le roi Henri.

APRÈS que Séville fut rendue au roi (et toutes les richesses qui étaient au palais ; richesses telles que neuf mois durant Henri en satisfit sa chevalerie, et les paya de tout le temps qu'ils l'avaient servi auparavant ; lequel trésor fut trouvé en l'épargne parmi les trésors des rois d'Espagne), là aux environs villes et châteaux se rendirent au roi Henri, et en peu de temps fut tout le royaume en son obéissance. Et en telle manière le roi Pierre fut chassé de son pays et entièrement déshérité.

Après la prise de Séville, où les chevaliers de France furent honorés du roi Henri, parla Bertrand qui voulut aller en Grenade. Et il requit secours au roi Henri et à la chevalerie ; mais le comte de la Marche et le sire de Beaujeu furent si désirants de s'en aller et de retourner en leur contrée, qu'ils ne voulurent pas entendre parler du voyage, ni s'accorder à y aller, mais ils prirent congé du roi et retournèrent en France. Mais à cause que Henri redoutait encore que Pierre fût allé chercher secours quelque part, il pria tant Bertrand et tant requit la chevalerie, qu'ils demeurèrent encore avec lui. Et le roi Henri leur fit partage de villes et châteaux pour maintenir leur état.

LXXV. — Comment Pierre vint demander conseil au roi de Navarre.

PIERRE le roi se tint une saison avec le roi de Navarre (1) ; et personne n'était qui en Espagne en sût les nouvelles. Et tant fit le roi de Navarre, que le roi Pierre lui donna par lettres scellées la ville et le château de Logrono qui est situé à l'entrée d'Espagne et qui anciennement avait coutume d'être du royaume de Navarre; et par le conseil du roi de Navarre, Pierre partit pour aller en Guyenne par devers le prince (2) chercher du secours. Et avec soi il mena sa fille et tout son trésor qui était fort grand. Et tant alla par ses journées qu'il vint à Angoulême où se tenait le prince de Galles en grand état, et avec lui la princesse sa femme.

(1) Charles le Mauvais.
(2) Le prince Édouard de Galles, dit le *Prince-Noir*.

LXXVI. — Comment le roi Pierre vint demander secours au prince de Galles.

PIERRE vint dans le château d'Angoulême pour
honorer le prince de Galles ; lequel, à la venue
de Pierre, sortit de sa chambre et mit son chaperon sur
son épaule, pour qu'il ne fût pas dit que devant le roi
d'Espagne il avait ôté son chaperon. Au sortir de la
chambre du prince, chez qui il y eut tant d'orgueil, lui
et le roi Pierre se rencontrèrent, et celui-ci ôta son
chaperon devant le prince et s'humilia très fort. Le
prince prit Pierre par une main et le mena en sa chambre. Là Pierre montra au prince comment il était chassé
de son royaume, et humblement lui demanda secours,
en lui promettant de payer tous ceux qui viendraient
en son aide, et qu'il tiendrait son royaume en hommage
de lui et de ses hoirs. En ces paroles Pierre fit apporter
une table d'or et un tréteau qui étaient en ses trésors ;
et la table était garnie d'ornements de grand'richesse,
tant d'or que de pierres précieuses. Il présenta sa table
au prince qui la prisa beaucoup.

Pour avoir conseil sur la requête de Pierre, le prince
se retira à Bordeaux. Là il traita tant avec Pierre, que
celui-ci accorda, après son trépassement, son royaume
et la couronne à messire Jean d'Angleterre, son frère,
duc de Lancastre, en telle manière que sa fille qu'il

avait amenée deviendrait femme du duc de Lancastre ; et avec Pierre et à ses frais, le duc et sa femme devaient demeurer ; et le royaume serait tenu par le prince et ses hoirs ; et le roi Pierre en devait faire hommage au prince.

Par ces alliances le prince jura au roi Pierre de lui donner secours, et dans Bordeaux il fit épouser à son frère la fille du roi Pierre. A cette fête le roi tint grand' cour plénière ; et l'on maintient qu'au temps d'alors on ne vit fête si plantureuse, et à cette fête étaient tous les grands seigneurs de Guyenne. Et un jour après la fête le prince manda tous les seigneurs et grands barons de Guyenne, qui en une salle vinrent par devers lui. Et aux seigneurs, barons et chevaliers de Guyenne, le prince parla en telle manière.

LXXVII. — Comment le prince de Galles tint grand'-cour à Bordeaux, et comment il prêcha à tous les nobles de la cour.

SEIGNEURS, qui tous êtes nobles et issus de noble lignée, et qui êtes tenus de soutenir tous les nobles » dans leurs droits, je veux, pour le grand désir que j'ai » d'aider et de garder les droits des nobles, faire un » secours qui est fort raisonnable, lequel sans votre » aide, vous qui êtes mes hommes, bonnement je ne » pourrais faire. Il est vrai que, par la puissance du

» roi de France et l'entreprise de Bertrand du Guesclin,
» Pierre le roi d'Espagne est déshérité et chassé hors
» par Henri de Transtamare, qui en a été couronné
» roi nouvellement. On sait bien que Pierre est l'un des
» vaillants rois de la chrétienté ; mais il n'a pu résis-
» ter contre la puissance de France. Et si la chose de-
» meurait ainsi, tous les autres y pourraient prendre
» exemple et déshériter les droits hoirs. Et moi qui ai
» promis à Pierre de lui porter secours, je veux savoir
» de vous s'il vous plait de m'aider et à quel nombre
» de gens. »

Là fut le comte d'Armagnac, qui était le plus grand
seigneur, et pour tous il répondit et dit :

« Sire, là-dessus nous nous conseillerons, s'il vous
» plait, et demain nous vous en répondrons. »

Les barons de Guyenne se retirèrent en conseil pour
faire réponse au prince ; et ils allèrent en l'hôtel du
comte d'Armagnac pour tenir leur conseil. Et le comte
d'Armagnac parla premièrement et dit :

« Seigneurs, avant que nous parlions en conseil,
» s'il vous plait, jurez-vous que rien ne sera rapporté
» de ce qui sera dit au conseil. »

A cela s'accordèrent tous les barons et le jurèrent.
Et après les serments, le comte d'Armagnac commença
et dit :

« Vous avez bien entendu, Seigneurs, ce que vous
» demande le prince. Et je m'accorde bien que nous

» soyons avec lui en cette guerre avec tel nombre de
» gens que nous pourrons assembler ; car, comme duc
» de Guyenne il est notre Sire ; et depuis qu'il fut duc
» il ne nous requit de rien, si ce n'est à présent. Et je
» suis toutefois fort émerveillé de lui qui connait la
» déloyauté de Pierre, et qui sait le meurtre qu'il a fait
» de madame Blanche de Bourbon sa femme (laquelle
» fut sœur de la reine d'Angleterre, sa mère) ; pour la-
» quelle raison il aurait dû être en volonté (si en ce
» monde il n'y en eût pas eu d'autres de son lignage
» que lui seulement) d'en bien chercher vengeance sur
» Pierre ; mais il fait bien le contraire, quand il veut lui
» donner du secours. Et par dessus tout, le prince sait
» bien qu'à Henri appartient la couronne d'Espagne.
» Et moi-même je sais bien qu'il est le premier fils du
» roi Alphonse d'Espagne, issu de son mariage avec
» la Riche-Donne (1). Mais il n'appartient point à un
» homme lige de discuter les droits ni le titre que son
» seigneur doit avoir quand il veut guerroyer ; mais il
» le doit servir quand il le requiert, et doit penser que
» son seigneur s'est loyalement conseillé. Pour cela,
» quant à moi, je conseille que nous allions avec lui.
» Et en cette armée nous le pourrons éprouver d'autre
» chose, et nous apercevrons s'il prend en gré notre
» service. Je le dis parce qu'il a déjà montré qu'il nous

---

(1) Toujours cette histoire inventée pour les besoins de la cause de Henri, et
que le chroniqueur met avec la meilleure bonne foi dans la bouche d'un allié de
Pierre le Cruel. Voir page 109, note 2.

» aime peu ; et il tient plus grand compte d'un varlet
» anglais, qu'il ne fait du plus grand baron de Guyenne.»

Au conseil du prince s'accordèrent les barons, qui retournèrent au prince et lui dirent, par la bouche du comte d'Armagnac :

« Sire, pour ma part, je vous servirai, votre
» voyage durant, avec cinq cents hommes d'armes ; le
» comte de Périgord avec trois cents que conduira
» Talleyrand son frère; le sire d'Albret avec trois cents;
» le comte de Montlezun, le comte d'Astarac, le sire de
» Parthenay, le sire de Pons et le sire de Mucidan
» chacun avec cent combattants. »

Avec les barons n'était point le captal, parce qu'il était de l'étroit conseil du prince.

Le prince remercia les barons de ces offres, et il envoya en Angleterre demander secours au roi son père, qui lui envoya le comte de Pembroke avec mille hommes d'armes et mille archers, tous payés pour une demi-année. Pour avoir passage parmi la Navarre, le prince envoya ses ambassadeurs par devers le roi de Navarre, lequel s'allia à lui pour guerroyer le roi Henri.

LXXVIII. — Comment le prince défia le roi Henri.

LE prince envoya devers le roi Henri deux cheva-liers pour le défier ; et il écrivit à messire Hugues de Calverley qu'il vint à lui, ainsi que tous les Anglais et

Guyennois, lesquels prirent congé du roi. Et il les satisfit entièrement. Et il dit à Calverley et aux autres capitaines qui étaient là :

« Seigneurs, vous m'avez servi, ce dont je vous
» remercie fort, et vous allez par devers le prince de
» Galles qui veut me mener guerre. Vous pouvez bien,
» à mon avis, vous excuser devers lui d'être avec lui
» pour me guerroyer, bien que de foi et hommage
» vous soyez ses hommes ; car un homme lige n'est
» point tenu de s'armer pour son seigneur en pays
» étranger, si cela ne lui plaît, à moins que ce ne soit
» contre celui qui aurait enlevé ou voudrait enlever
» l'héritage : ce en quoi je ne méfis jamais en rien au
» prince. Il est bien vrai que, si un seigneur mène
» guerre en pays étranger contre un autre qui ait
» employé dans d'autres guerres des gens du même
» pays que celui qui alors le guerroie, ces gens, quand
» leur seigneur commence la guerre contre celui qu'ils
» ont servi, le doivent quitter ; mais pourtant ils ne se
» doivent point armer pour leur seigneur contre celui
» qu'ils ont servi. »

Calverley répondit au roi Henri et dit :

« Sire, nous ferons pour vous, notre honneur sauf,
» ce que nous pourrons faire. »

Après ces paroles, le roi Henri dit aux Anglais :

« Seigneurs, vous êtes mes hommes liges, par les

» châteaux que je vous ai donnés (1). Pour cela je vous
» prie que, en sortant de mon pays, vous ne me dom-
» magiez aucunement, car vous savez que je vous ai
» payés loyalement. Et d'autre part, si d'aventure vous
» avez intention de vous armer contre moi, en acquit-
» tant vos loyautés, rendez-moi si à temps mes villes
» et châteaux que je vous ai donnés, que je n'en puisse
» être endommagé, ni vous blâmés. »

Les Anglais assurèrent cette chose et la jurèrent, et
brièvement s'en parjurèrent : car, quand ils furent sur
la sortie d'Espagne, ils pillèrent, volèrent, rançonnèrent
et brûlèrent le pays, et firent beaucoup de duretés au
peuple. Ce dont bientôt Henri entendit les nouvelles,
et il dit à Bertrand :

« Ah ! bel ami, Calverley et ses compagnons m'ont
» donné un tour d'Anglais, eux qui jamais loyauté ne
» tinrent. »

Ainsi partirent d'Espagne les Anglais qui jamais ne
rendirent villes et châteaux au roi Henri, mais les gar-
nirent de gens qui grevèrent fort le royaume. Et quand
Calverley et les autres furent retirés en Navarre, ils
mandèrent au roi Henri qu'ils lui laissaient ses châteaux et villes. Alors le roi envoya ses gens pour
saisir villes et châteaux ; mais dedans étaient des Anglais qu'ils y avaient mis, comme traîtres et déloyaux :

(1) Calverley notamment avait été fait comte de Carion par Henri de Transtamare.

car, lorsqu'un homme reçoit en don ville ou château d'un seigneur, et qu'il devient l'homme lige de ce seigneur, et qu'après, il le veut guerroyer, il lui doit rendre tout son fief et être quitte de sa foi quarante jours avant qu'il se puisse armer contre lui, afin que le seigneur puisse garnir sa ville ou son château.

Le prince de Galles chevaucha tant avec ses troupes, et le roi Pierre avec lui, qu'ils arrivèrent dedans la Navarre ; ce dont Henri et Bertrand surent bientôt les nouvelles. Et pour garder l'entrée d'Espagne du côté de Navarre, le roi Henri envoya messire Olivier de Mauny avec trois cents lances.

LXXIX. — Comment le roi de Navarre défia le roi Henri et prit Logroño.

PENDANT ce temps le roi Charles de Navarre envoya défier le roi Henri. Et devant Logroño que le roi Pierre lui avait donné par ses lettres, il mit le siège. Et durant le siège, le roi de Navarre manda les bourgeois de Logroño, lesquels eurent conseil qu'ils se rendraient au roi de Navarre ; et le lendemain ils lui ouvrirent les portes. Ainsi le roi de Navarre prit Logroño, où il y a ville fermée et château très-fort et bien situé sur une grosse rivière (1).

Après la prise de Logroño, le roi de Navarre partit

(1) Logroño est situé sur l'Èbre.

avec cinq cents lances pour prendre un château qui tenait pour le roi Henri. Et messire Olivier de Mauny sut des nouvelles de sa venue, et vint contre lui et livra bataille. En cette bataille, le roi de Navarre fut pris et déconfit par messire Olivier de Mauny ; mais ledit roi s'humilia tant envers Olivier de Mauny, que c'était merveille à voir ; et fort humblement il le requit qu'il le laissât aller sur sa foi, ou autrement son pays serait détruit par le prince et le roi Pierre qui étaient en armes en son royaume. Le roi de Navarre traita tant avec messire Olivier de Mauny par belles paroles, que sur sa foi il le laissa aller, moyennant qu'il lui donnât en otage Charles son fils aîné.

LXXX. — De la déloyauté que fit le roi de Navarre à messire Olivier de Mauny, et comment son frère fut tué dans Logroño.

A Logroño se retira le roi de Navarre, et un jour manda à messire Olivier de Mauny par sauf-conduit qu'il allât vers lui, lui douzième, pour traiter de sa rançon. Par devers lui alla messire Olivier, et ses frères avec lui, ce en quoi il fut mal conseillé : car, aussitot qu'il fut au château, on l'arrêta, et il vint un Navarrais qui sur lui mit la main. Quand messire Eustache de Mauny vit son frère arrêté, incontinent il vint frapper celui qui avait mis la main sur lui. Alors s'élancèrent les Navarrais qui occirent messire Eustache, ce qui fut dommage, car il était bon chevalier.

Ainsi messire Olivier de Mauny fut retenu par le roi de Navarre, qui lui fit dire que, si de là au lendemain matin il ne lui rendait son fils, il lui ferait trancher la tête à lui et à ses frères. Messire Olivier de Mauny accorda la délivrance de son fils au roi de Navarre, moyennant que le roi lui promît et fît serment que, sans fraude et sans mensonge, en lui rendant son fils, il le ferait mener en lieu de sûreté, lui et ses compagnons et frères. Alors messire Olivier de Mauny envoya quérir le fils du roi, et le lui délivra et présenta. Et en ce faisant, le roi mit à délivrance lui et ses frères et ses compagnons , mais auparavant messire Eustache fut enterré honorablement , et à son service fut le roi de Navarre qui fit semblant d'en être courroucé. Et après le service partirent messire Olivier et ses frères et compagnons. Et il ne demeura guère que messire Olivier entra au royaume de Navarre et le guerroya, et partout y mettait le feu et le détruisait beaucoup ; mais le roi de Navarre traita tant, que messire Olivier sortit de son royaume , et à cause de cela il fonda une chapelle à Logroño sur la sépulture de messire Eustache, dans laquelle il fonda quatre messes perpétuelles.

En cette manière sortit de Navarre messire Olivier de Mauny qui entra en Espagne, et par le pays où devait passer l'armée du prince il fit brûler les vivres qui n'étaient pas retirés dans les forteresses.

LXXXI. — Comment le prince de Galles et le roi Pierre passèrent par Roncevaux dans la Navarre.

TANT chevauchèrent le prince et Pierre avec leurs troupes, qu'ils passèrent le pays de Roncevaux et de Navarre, par le consentement du roi de Navarre qui leur livra passage. Et en Navarre le prince rencontra Hugues de Calverley, ce qui lui fit grand'joie. En Espagne entrèrent le prince et Pierre, qui commencèrent à guerroyer le royaume fort âprement.

LXXXII. — Comment le roi Henri et messire Bertrand envoyèrent quérir secours en Aragon.

POUR combattre le prince, le roi Henri manda sa chevalerie, et envoya au roi d'Aragon pour requérir du secours, lequel roi lui envoya le comte Denia avec cinq cents lances. Henri fit tant qu'en peu de temps il assembla grand'foison de gens. Pour cela, il manda son conseil pour avoir avis sur la manière de défendre son pays. A ce conseil furent messire Bertrand (1), Olivier de Mauny, Le Bègue de Vilaines,

(1) En apprenant que Pierre sollicitait l'appui du Prince Noir, du Guesclin était allé demander du secours à Charles V, qui lui donna 8.000 archers. Il recruta autant de Bretons et rentra en Espagne en passant sur le corps des Anglais com-

le maréchal d'Audeneham, Thibault du Pont, le comte
Denia, l'amiral d'Espagne, chevalier de renom, et plusieurs autres chevaliers, par devant lesquels parla messire Bertrand qui fut ouï volontiers, et il dit ainsi au roi
Henri :

« Sire, le prince a en sa compagnie grand'chevalerie ;
» et ce serait forte chose que si grand'compagnie pût
» être longuement ensemble à tant de gens. Je sais
» bien que vous pouvez avoir plus grand nombre de
» gens ; mais le prince a des gens qui ont toujours suivi
» les guerres, plus que n'ont fait ceux de cette contrée.
» Je ne vous conseillerais nullement de combattre
» en bataille rangée le prince à présent ; mais on peut
» bien garder contre lui les passages des rivières ; et
» les tenir si à l'étroit de vivres, qu'il leur faudra s'écar-
» ter pour aller au fourrage et pour recouvrer des vi-
» vres. Et nous qui avons déjà appris à connaître le
» pays, nous trouverons bien sur eux notre avantage,
» et, de fois à autre, nous pourrons gagner sur eux.Ce
» par quoi vous pourrez diminuer leur armée, et décon-
» fire le prince sans livrer journée de combat ni bataille,
» bien que vous les puissiez combattre lorsque vous
» les verrez affaiblis de chevalerie. »

mandés par ce Felton dont il avait été le prisonnier ; l'escarmouche rapportée au
chapitre qui suit rappelle, en l'amoindrissant, ce combat, qui eut lieu dans les défi-
lés de la Navarre, et où du Guesclin tailla en pièces 2.000 Anglais avant de rejoin-
dre l'armée de Transtamare.

A ce conseil s'accorda la chevalerie, et il vinrent à Najara (1) pour garder le passage.

LXXXIII. — Comment messire Bertrand déconfit messire Guillaume Felton avec cinq cents Anglais, près de Najara.

UN jour le prince envoya au fourrage messire Guillaume Felton avec cinq cents lances, à Najara. De cela Bertrand sut bientôt des nouvelles, et de l'armée du roi Henri il partit secrètement et avec lui mena le comte Denia. Bertrand et le comte Denia chevauchèrent tant qu'ils rencontrèrent les Anglais qui emmenaient vivres et prisonniers chargés sur des mulets, et qui avaient pillé tout le pays. Bertrand et le comte Denia assemblèrent contre les Anglais et en portèrent à terre plusieurs. Quand Felton vit cette chose, vitement il descendit à pied, lui et sa compagnie, en s'ordonnant pour recevoir bataille. Alors Bertrand et le comte Denia se mirent à pied ; et ils s'assemblèrent contre les Anglais qui fièrement se défendirent ; mais à la fin les Anglais furent déconfits, et les prisonniers et fourrages tous repris. Et en cette rencontre fut occis messire Guillaume Felton, qui autrefois avait plaidoyé contre Bertrand au parlement du roi de France (2).

(1) Najara ou Najera, dans la Vieille-Castille, à huit lieues au S.-O. de Logroño.
(2) Voir ch. XXIII, page 57.

Les nouvelles de cette déconfiture vinrent au prince qui en fut fort dolent. Et il fit tant chevaucher ses troupes, qu'elles vinrent près du pont de Najara ; et, en la prairie (1) qui est sur la rivière, il fit tendre ses tentes et pavillons, et manda bataille au roi Henri.

Pour se conseiller avant de livrer bataille, Henri manda la chevalerie. Et premièrement parla Bertrand, qui, à son pouvoir, déconseilla la bataille. Là était le comte Denia, qui était jeune chevalier et désirant d'armes ; et, en la présence du roi Henri, il dit :

« Sire Bertrand, en la compagnie du roi vous n'êtes
» que douze cents chevaliers et écuyers de France, et
» vous pensez valoir plus que toute l'armée du roi
» Henri qui a plus de gens que le prince. Mais je veux
» bien que vous sachiez, si bataille est faite contre le
» prince, que les Espagnols et les Aragonais vaudront
» bien les Français. Et il semblerait à la chevalerie
» d'Espagne, si vous mainteniez longuement ces paro-
» les, que vous eussiez peur (2). »

Sur ses pieds se leva Bertrand, qui de peur s'entendit accuser, et dit :

« Comte Denia, je veux bien que vous sachiez que,
» s'il y a bataille contre le prince, il sera entendu au-

---

(1) Les manuscrits portent « dans la champagne » ; on donne ce nom à un pays de plaines incultes.

(2) La chronique publiée par Menard, qui date de 1387, attribue ces paroles au comte de Tello, frère de Henri, sur lequel Bertrand, plein de courroux, s'élança l'épée à la main. Le roi le retint et contraignit son frère à faire des excuses à du Guesclin.

» tant ou plus de nouvelles des Français que de vous
» et des Espagnols. »

Le roi Henri défendit les paroles ; et il fut tant prié
par le comte Denia et la chevalerie d'Espagne, qui lui
conseillèrent la bataille, qu'il accorda bataille au prince,
et lui fit savoir le jour : ce dont le prince et les Anglais
eurent grand'joie.

LXXXIV. — La bataille de Nadres (2), en Espagne·

DE toutes parts vinrent des Espagnols au roi
Henri, qui ordonna ses batailles. Les Espagnols
étaient bien nombrés à soixante mille hommes, desquels Henri fit deux batailles à cheval, chacune de dix
mille, montés sur des destriers armés, pour rompre les
batailles du prince, et il ordonna les autres dix mille
avec les batailles de pied. Les Français se tinrent ensemble ; avec eux se tint le comte Denia d'Aragon.

D'autre part était le prince de Galles qui ordonna
ses batailles. En sa compagnie était le roi Pierre, puis
le comte de Salisbury, le duc de Lancastre, le comte
de Pembroke, le comte d'Armagnac, messire Bernard
et messire Perdiccas d'Albret, messire Talleyrand de
Périgord, le captal de Buch, le comte de Montlezun, le
sire de Parthenay, le comte d'Astarac, le sire de Muci-

____

(2) Najara. La bataille est plus connue sous le nom de Navarette, qui se trouve
à mi-chemin de Najara à Logroño. Elle eut lieu le 3 avril 1367.

dan, le vicomte de Châtillon, le sire de Lesparre, messire Jean Chandos et plusieurs grands seigneurs d'Angleterre et du duché de Guyenne. Et l'armée du prince fut bien nombrée à dix-sept mille hommes d'armes, six mille archers, et vingt mille varlets armés, qui étaient plus exercés à la guerre que les Espagnols.

Le samedi, veille de Pâques fleuries, en l'an de la Résurrection de Notre-Seigneur mil trois cent soixante-sept, partit de la cité de Najara le roi Henri d'Espagne, avec lui Bertrand du Guesclin, le comte Denia, Olivier de Mauny, le maréchal Arnould d'Audencham, Le Bègue de Vilaines, l'amiral d'Espagne, et plusieurs chevaliers de renom. Les Espagnols et Aragonais furent bien nombrés à plus de soixante mille hommes, avec les Français qui étaient douze cents hommes d'armes.

Les gens du roi Henri passèrent outre la rivière (1). Et tantôt ils approchèrent les gens du prince qui mit devant ses archers. Dans les batailles du prince entrèrent fièrement les batailles de cheval du roi Henri. Là les Anglais se défendirent âprement ; mais les Espagnols les grevèrent fort avec leurs destriers. Quand les Anglais aperçurent le mal que leur faisaient ces destriers, les archers commencèrent âprement à tirer ; et sous le ventre des destriers se mettaient plusieurs Anglais qui à coups d'épées et de dagues les tuaient.

______

(1) La Najerilla, affluent de l'Èbre.

Et à l'attaque les Espagnols perdirent environ douze cents chevaux ; et par le trait il y en eut plusieurs frappés qui commencèrent à sortir des rangs, tellement qu'ils emportèrent leurs cavaliers à travers champs. Les batailles de cheval tinrent peu la place, mais s'enfuirent. Quand Bertrand vit le désarroi des Espagnols de cheval, vitement il entra avec les Français et les Aragonais, et avec lui le comte de Denia, dans les batailles du prince où était le duc de Lancastre, lequel fut pris par les Français, et sa bataille mise à déconfiture. Et les Anglais tournèrent en fuite.

Quand le captal, qui conduisait la seconde bataille, vit fuir les Anglais, il cria hautement et les rallia à lui ; et il se partit de l'armée avec sa bataille, et assembla aux Français et en son attaque les endommagea fort. Devant tous le comte Denia voulut avec ses Aragonais entrer en bataille ; et il fit tant qu'il perça celle du captal et assembla celle du prince. Le comte Denia greva fort les Anglais, et contre lui le prince fit assembler ses batailles. Là se défendit le comte Denia, qui était plein de grand'hardiesse ; mais à la fin il fut occis et tous ceux qui étaient avec lui.

Sur les ailes des batailles du prince se tint messire Jean Chandos qui attaqua la bataille de l'amiral d'Espagne (1). L'amiral était prud'homme, et chevalier de grand'hardiesse ; et contre les Anglais il combattit

---

(1) Don Gil Bocanegra, que les chroniqueurs du temps appellent Bouquenègre.

vigoureusement ; mais les Espagnols qui étaient avec lui supportèrent peu le combat, mais ils s'enfuirent, et l'amiral fut pris. Quand Henri et Bertrand aperçurent la fuite des Espagnols, en eux il n'y eut que courroux. Et avec sa bataille Henri entra dans celle de Chandos, et fit retirer les Anglais jusqu'à la bataille du prince. Alors Henri se jeta âprement sur les batailles du prince, et abattait les Anglais en son attaque. Et il fit tant de faits d'armes de lui-même, que c'était merveille de voir son bien-faire ; mais les Espagnols supportèrent peu le combat et s'enfuirent tous. Et au milieu de la bataille du prince se trouva Henri, lui dixième seulement. Alors il se retira sur les batailles des Français, qui maintenaient le combat contre le comte de Pembroke, le captal et le comte de Salisbury.

Quand Bertrand aperçut le roi Henri, il vint à lui et lui dit :

« Sire, la journée est contre vous, ce qui finira cette
» guerre ; et vous perdrez le royaume, et vous serez
» mort si vous êtes pris. Pour cela je vous requiers que
» vous partiez d'ici, et que vous alliez vous réfugier
» auprès de Monseigneur le duc d'Anjou, car je sais
» bien certainement que par lui vous serez secouru et
» que vous recouvrerez votre terre. »

Henri ne se voulut point accorder à cela, mais se jeta au milieu des Anglais plus fort qu'auparavant ; alors Bertrand accourut à lui et lui dit :

« Ah ! Sire, par votre folle hardiesse, vous voulez
» détruire vous et votre chevalerie, que vous pouvez
» bien encore sauver s'il vous plaît. Hé ! Sire, si vous
» êtes prisonnier comme nous qui brièvement serons
» tous pris, où est celui qui se mettra en peine de nous
» délivrer ? Certes, vous vous méprenez fort, vous qui
» ainsi voulez vous détruire. »

Bertrand parla tant à Henri qu'il partit de la bataille,
lui septième seulement, en menant grand deuil.

Sur une place bien peu haute, près d'un mur, s'étaient
retirés Bertrand, le maréchal d'Audeneham, le Bègue
de Vilaines, Olivier de Mauny, Alain de Beaumont et
la chevalerie de France, qui se défendirent si âprement
que les Anglais ne pouvaient entrer en leur bataille ;
et pour assembler à eux, les Anglais ne pouvaient
venir qu'environ soixante hommes de front. Et sur le
front de la bataille se tinrent toujours messire Bertrand,
le maréchal, Le Bègue, Olivier de Mauny, Alain de
Beaumont, qui combattirent tant que les Anglais furent
une demi-journée sans jamais pouvoir entrer en leur
bataille ; et ils en tuèrent tant, que ce fut merveille.
Ce que sut le prince, qui assembla toutes ses batailles
et déploya sa bannière. Et il vint contre Bertrand et
de grand'vertu fit assaillir les Français. Les Français
furent de grand'défense, et ils tuèrent beaucoup d'Anglais ; mais à la fin les Français furent déconfits.

Quand Bertrand aperçut la déconfiture, il se retira

contre le mur ; et il tenait une hache, dont il combattit tellement, que devant lui il avait jeté plusieurs Anglais par terre, et que devant lui il n'y avait personne qui osât encore approcher de lui ; mais ils ne faisaient que jeter dagues et épées contre lui.

Ces nouvelles furent rapportées au prince, qui désira fort voir Bertrand. Alors il dirigea sa bannière là où était Bertrand, qui tantôt le reconnut et devant lui s'inclina à un genou, et dit :

« A vous, Monseigneur le prince de Galles, je me
» rends prisonnier et non à un autre, car je ne serai
» point le prisonnier de Pierre ; mais je mourrai plutôt
» en me défendant (1). »

Le prince reçut débonnairement la foi de Bertrand et le donna à garder au captal de Buch, lequel sur sa parole lui fit jurer prison, et qu'il ne le quitterait pas sans la volonté du prince. Et la nuit après la bataille finie, le prince et Pierre se tinrent sur le champ en signe de victoire, et furent fort dolents d'Henri qui leur était échappé.

Pour poursuivre et prendre le roi Henri, furent en conseil le prince et Pierre avec les seigneurs anglais et gascons de l'armée. Et il fut rapporté que, par l'Aragon, Henri s'était enfui vers le duc d'Anjou, qui gouvernait le Languedoc au nom du roi Charles de France,

---

(1) Pierre, d'après la chronique publiée par Menard, criait aux soldats : « Tuez-le ! » Bertrand l'entend, bondit sur lui, le frappe de sa lance qui vole en éclats et du coup le jette à terre. C'est à ce moment qu'arriva le prince de Galles.

son frère. A ce conseil fut Le Bourg de Comminges. Ce seigneur était hardi chevalier, et il avait grandes accointances en Languedoc, et notamment en Toulousain, dont il était né. Et tant traitèrent avec lui le prince et le roi Pierre, qu'il promit de poursuivre Henri, et jura que, s'il séjournait quinze jours en Languedoc, il le prendrait et le rendrait à Pierre. Pour cette chose, Pierre promit de payer au Bourg de Comminges cent mille doubles d'or. Et en furent cautions : le comte d'Armagnac, le sire d'Albret, le captal et plusieurs barons, et ils promirent de tenir et de donner des otages, dans les quinze jours après sa requête, où il voudrait ; et, s'il accomplissait son projet, et qu'il ne fût pas payé, Henri lui demeurerait. Et à cette heure, il partit de l'armée en prenant son chemin par l'Aragon.

Après la bataille, ceux de Najara se rendirent au prince et au roi Pierre, et, le lendemain, ils entrèrent dans la ville. Là furent apportées au prince les clefs de plusieurs villes et châteaux, plus par crainte que par amour.

Mais maintenant l'histoire cesse de parler du prince et de Pierre, que l'on saura bien rappeler quand il en sera temps et lieu ; et l'histoire parle de Henri qui, par l'ordonnance de Bertrand, était parti.

LXXXV. — Comment le roi Henri fit retirer sa femme
au Château-Blanc, et vint à Toulouse en passant secrètement par la Navarre.

EN cette partie l'histoire dit que, après que le roi
Henri fut parti contre son gré de la bataille, en
menant grand deuil de Bertrand et de la chevalerie de
France, il lui souvint de la reine sa femme et de ses
enfants qui étaient en Espagne, et il pensa bien que,
par le pouvoir du prince, la reine se rendrait bientôt.
A cause de cela, Henri envoya à sa femme un de ses
chevaliers et lui fit savoir la déconfiture, dont la reine
mena grand deuil. Avec elle était l'archevêque de Tolède qui était prud'homme et fort sage, et, par son
conseil, la reine se retira avec ses enfants en Aragon,
au Château-Blanc.

Le roi Henri passa par le royaume de Navarre et
y prit couvertement son chemin, parce qu'il pensait
bien qu'il serait plutôt poursuivi du côté d'Aragon que
de Navarre qui lui était contraire. Et il alla tant par
ses journées, et sans être connu ni troublé, qu'il arriva
à Toulouse. Et les deniers lui manquaient, et ses chevaux étaient las et fatigués. Le roi Henri descendit
en l'hôtel des *Balances*. Et là le Bourg de Comminges avait envoyé un espion qui reconnut bien le roi
Henri, mais il n'en fit pas semblant.

LXXXVI. — Comment le roi Henri fut connu à Toulouse.

Dans Toulouse demeurait un chevalier nommé
messire Guillaume Gaillart, qui avait été en
Espagne avec le comte de la Marche et qui avait servi
le roi Henri, lequel lui avait fait de grands biens. Et
le roi Henri se fit mener par son hôte en l'hôtel du
chevalier. A cette heure messire Guillaume Gaillart
était assis avec sa femme au dîner. Quand le roi fut
entré céans, le chevalier aussitôt le reconnut et se leva
de la table et près de lui vint s'agenouiller. Le roi
releva messire Gaillart et lui dit à l'oreille qu'il ne fît
pas semblant de le reconnaître, afin qu'il ne fût connu
de personne. Messire Gaillart aussitôt mena le roi en
une chambre ; et l'hôte demeura dehors, tout émerveillé
de ce que Henri pouvait être. Bientôt retourna messire Gaillart qui dit à l'hôte :

« Ami, allez en votre hôtel et amenez ici les gens
» de ce gentilhomme qui dîneront céans avec leur mai-
» tre. »

Après, messire Gaillart s'en retourna au roi Henri
qui lui conta la déconfiture et la bataille de Najara ;
ce dont il fut fort dolent, mais il réconforta beaucoup
le roi Henri.

Pour accompagner le roi, messire Gaillart vint

quérir sa femme, qui était émerveillée du grand
honneur qu'il portait à Henri, car il ne lui avait point
dit qui il était; et parce qu'elle ne savait ce qu'elle devait faire, elle était encore demeurée à table. Messire
Gaillart fit lever sa femme de la table et en secret lui
dit :

« Dame, allez-vous-en à la chambre et honorez le
» chevalier de tout ce que vous pourrez, car il en est
» bien digne. Et sachez que c'est un des grands sei-
» gneurs de ce monde, et qu'il est roi couronné ; mais
» gardez-vous que vous ne soyez si hardie que de le
» révéler. »

La dame était sage, et elle cacha bien la chose et
entra dans la chambre ; et puis, quand elle aperçut le
roi Henri, elle mit le genou à terre devant lui et s'inclina humblement. Et céans vinrent les chevaliers qui
étaient au roi, et qui bientôt reconnurent messire Gaillart, lequel les honora à son pouvoir. Et après dîner, le
roi et ses chevaliers parlèrent à messire Gaillart, pour
se conseiller de ce qu'ils pourraient faire. Messire Gaillart répondit au roi :

« Sire, vous vous en irez au duc d'Anjou, qui est à
» Villeneuve, et moi en votre compagnie. Ne craignez
» pas que vous manquiez jamais de chevaux ni d'argent,
» car j'ai pour vous des biens assez, qui sont venus de
» Dieu et de vous, et qui sont les vôtres. Et, en ce qui
» me regarde, j'ai confiance que vous trouverez moyen,

» par Monseigneur le duc, de recouvrer votre royaume.»

Le lendemain, au point du jour, partirent le roi Henri, messire Gaillart et les autres chevaliers qui prirent leur chemin droit à Carcassonne. Et ils n'étaient que six en tout, sans mener de pages. Et le roi Henri raconta du fait de la journée, et comment les Espagnols n'avaient point voulu croire messire Bertrand.

LXXXVII. — Comment Le Bourg de Comminges poursuivit le roi Henri.

PARMI l'Aragon avait chevauché hâtivement Le Bourg de Comminges, et du roi Henri il n'avait pas pu avoir de nouvelles. A cause de cela, il se douta qu'il était passé par la Navarre, et il se retira dans le pays de Comminges ; mais il envoya son espion à Toulouse dans l'hôtel des *Balances*, lequel, à la venue du roi Henri, le reconnut et le fit savoir au Bourg par des lettres qu'il envoya en Comminges ; et l'espion ne partit pas de Toulouse jusqu'à ce qu'il eût vu le roi partir.

Aussitôt que le Bourg sut les nouvelles du roi Henri, hâtivement il s'en vint à Montguiscard qui est situé à trois lieues de Toulouse. Là il assembla cent hommes d'armes, et ne leur découvrit rien de son affaire et manda à son espion qu'il vint vers lui. Et le jour que le roi Henri partit de Toulouse, l'espion du

Bourg partit et vint vers son maître à Montguiscard et lui dit le départ du roi Henri, et qu'il allait à Carcassonne, et cela il le lui dit en secret. Alors Le Bourg vint aux chevaliers et écuyers qu'il avait assemblés, et leur dit que hâtivement il leur fallait aller à Carcassonne, en les priant qu'ils ne fissent faute d'y être le soir devers lui, car il allait devant. Le Bourg partit ainsi de Montguiscard. Mais le roi Henri chevaucha tant, qu'il vint, sans prendre un repas, dans la ville de Carcassonne, en l'hôtel de la *Pomme d'Or*.

LXXXVIII. — Comment la duchesse d'Anjou honora le roi Henri qui arriva à Carcassonne.

DANS la cité de Carcassonne était alors madame Marie de Bretagne, femme du bon duc d'Anjou, et fille de monseigneur Charles de Blois. Et le roi Henri y était allé pour la voir ; mais dans ce temps il était coutume qu'aucune princesse ne vit un seigneur étranger, sans lettres et sans mandement de son seigneur et mari. Pour se recommander à la duchesse, le roi Henri envoya devers elle messire Gaillart et deux de ses chevaliers qui lui racontèrent la déconfiture de Najara ; ce dont elle se prit à mener grand deuil. Puis ils lui contèrent comment le roi Henri s'en allait par devers son seigneur le duc à refuge.

Pour honorer le roi Henri, la duchesse envoya messire Henri de Bretagne, son frère, accompagné de deux fils du comte de Grandpré et de plusieurs chevaliers d'honneur, qui réconfortèrent fort le roi Henri et mangèrent avec lui. La duchesse lui fit faire de grands dons. Et après diner messire Gaillart accompagna le frère de la duchesse dans la cité.

LXXXIX. — Comment Le Bourg de Comminges fut aperçu par un chevalier du roi Henri.

AU retour que fit messire Gaillart d'accompagner le frère de la duchesse, il aperçut le Bourg de Comminges qui était arrivé et secrètement s'enquérait par les hôtelleries du roi Henri. Messire Gaillart le vit sortir de la *Pomme d'or*, et il savait bien qu'il avait été à la déconfiture de Najara avec le prince. Pour cela il fut en crainte au sujet du roi Henri ; et s'avança tant qu'il rencontra Le Bourg, et courtoisement lui demanda ce qui l'avait amené là. Le Bourg répondit alors à messire Gaillart que de nouveau son père, le comte de Comminges, lui avait donné des terres dont on lui empêchait la possession, et qu'il lui en fallait plaider par devant le sénéchal de Carcassonne ; et que, pour garder ses droits, il lui devait venir de Toulouse des conseillers, et que pour cela il s'enquérait par les hôtelleries s'ils n'étaient pas encore venus.

LC. — Comment le chevalier sut que Le Bourg avait mis dans Carcassonne environ cent hommes de cheval.

MEssire Gaillart fut en doute que Le Bourg n'assemblât des gens pour prendre le roi Henri. Pour cela, il vint à la porte de Carcassonne, du côté de par devers Toulouse, savoir si à la ville étaient de nouveau entrés des gens de cheval. Les portiers répondirent à messire Gaillart : qu'il n'y avait guère de temps étaient entrés bien cent hommes de cheval qui se logeaient dans les hôtelleries.

Messire Gaillart fit tant, qu'il en trouva quelquesuns, et leur demanda de quel côté ils allaient. Ils lui répondirent qu'ils étaient venus là à la prière du Bourg de Comminges, et qu'ils ne savaient ce qu'ils avaient à faire.

Alors messire Gaillart réfléchit sur la méchanceté du Bourg ; et vint au roi Henri et lui dit :

« Sire, retirez-vous en votre chambre et tenez- » vous clos, car je me doute que vous êtes poursuivi. » La vérité est que, en cette ville de Carcassonne sont » entrés des gens que je connais bien, et Le Bourg de » Comminges qui les a assemblés est avec eux ; et à » cause de cela, je veux aller parler de cette chose à » la duchesse. »

LCI. — Comment la duchesse fit prendre Le Bourg de Comminges.

MESSIRE Gaillart alla par devers la duchesse d'Anjou, et lui conta l'affaire et l'entrée du Bourg de Comminges et de ses gens, et lui dit bien qu'il poursuivait le roi Henri. Pour le prendre, la duchesse envoya hâtivement quérir messire Arnould d'Espagne, sénéchal de Carcassonne, et lui commanda que Le Bourg fût retenu, ainsi que tous ceux qui étaient à lui.

Dans la ville de Carcassonne entra le sénéchal qui fit fermer les portes ; puis il assembla les bourgeois en armes, et fit tant que Le Bourg de Comminges et tous ceux qui étaient venus pour lui furent pris et arrêtés ; et il les mena à la duchesse qui les fit bien garder et étroitement enfermer. Parce que ceux qui étaient venus avec lui ne savaient rien de l'entreprise, ils furent délivrés ; mais Le Bourg fut soigneusement gardé ; et la duchesse le voulait faire pendre, si ce n'eût été pour l'amour de son père, le comte de Comminges, qui lui en fit requérir fort humblement.

LCII. — Comment le roi Henri alla vers le duc d'Anjou
à Villeneuve.

LE soir que fut pris Le Bourg de Comminges, le
roi Henri partit à environ minuit de Carcassonne ;
et il chevaucha tant, qu'en deux jours il vint à Villeneuve où se trouvait le duc d'Anjou. Quand le roi fut
près de Villeneuve, messire Gaillart partit d'auprès de
lui et alla dire sa venue au duc ; et il lui parla de la déconfiture de Najara, et du grand deuil que menait le
roi Henri à propos de la chevalerie de France. Le duc
fut fort dolent de cela, et au devant du roi Henri il
envoya son cousin le comte d'Étampes et tous les chevaliers de sa cour, qui rencontrèrent le roi Henri et le
reconfortèrent fort. Alors sortit le duc qui vint au devant du roi Henri. Et aussitôt que Henri aperçut le
duc d'Anjou devant lui, il s'agenouilla d'un genou, et
ôta son chaperon et bien humblement lui dit :

« Ha ! Monseigneur, je m'en viens à vous à refuge,
» moi qui suis le plus pauvre chevalier qui soit en vie,
» et qui ai tenu un royaume ! mais maintenant je puis
» bien dire : « si haut, si bas ! »

Incontinent le duc le releva en se découvrant devant
lui, et lui remit son chaperon, et dit :

« Sire, vous vous méprenez grandement, vous qui

» vous humiliez tant devant moi et qui êtes roi cou-
» ronné. »

Humblement répondit le roi Henri :

« Sire, je vous puis bien appeler mon seigneur ;
» car par vous je recouvrerai ma terre et mon royaume
» d'Espagne que j'ai perdu par ma simplesse, et pour
» avoir cru un sot conseil, malgré le vouloir de Ber-
» trand et de la chevalerie de France. »

LCIII. — Comment le duc d'Anjou honora et réconforta
le roi Henri.

G RAND'pitié prit au duc d'Anjou du roi Henri qui
s'humilia tant envers lui, et, en le réconfortant
de grand courage, il lui dit :

« Sire, ce n'est pas par votre faute que vous avez
» perdu votre royaume d'Espagne. Je crois bien que
» c'est par la lâcheté des gens du pays et de la chevalerie
» de votre royaume que vous avez perdu la journée; et
» sur vous a tourné la déconfiture dans la bataille que
» vous avez eue à Najara contre le prince, lequel vous
» a guerroyé à grand tort et qui aurait bien dû faire le
» contraire ; mais je veux que chacun sache qu'en peu de
» temps je donnerai tant à faire au prince, qu'il aura
» grand'peine à garder sa terre. Par dessus tout, que le
» prince sache que, quand même il aurait vaillant son

» père et lui et tous leurs alliés, par moi vous sera resti-
» tuée la couronne d'Espagne. »

De cela le roi Henri remercia fort humblement le duc d'Anjou, puis lui dit :

« Je plains plus Bertrand et la chevalerie de France,
» que je ne fais la perte que j'ai faite ; car je ne sais
» comment il en est allé d'eux, dans la bataille qui était
» toute abandonnée de mes gens, lorsque Bertrand m'en
» fit partir par force. De Bertrand et des Français qui
» maintenaient le champ si vigoureusement que c'était
» merveille, je ne sais rien. Et ce serait plutôt à moi
» d'être là où ils sont, ou morts ou vifs, qu'à eux, et sur-
» tout Bertrand qui m'a bien averti de tout cela. Et si je
» l'eusse cru, Seigneur, je serais dans mon royaume ; et
» j'en eusse chassé et Pierre et le prince. »

Le duc le réconforta fort doucement, et lui dit bien qu'il ne se souciât de rien. Puis il le mena en une tour où il était logé, et lui donna tous ses parements à l'entrée de la tour. A l'heure qu'arriva le roi Henri, le duc d'Anjou, pour le recevoir, avait fait faire grand appareil au dîner, et fait asseoir le comte d'Étampes avec le roi Henri ; et le duc pendant tout le dîner plaça tous les mets et les plats par devant le roi (1). Après manger, le duc d'Anjou donna au roi Henri toute la vais-

---

(1) C'était alors une coutume de servir à table les rois, et les plus grands seigneurs ne pensaient point s'abaisser en donnant cette marque de respect. Le Prince Noir, après la bataille de Poitiers, servit à table le roi Jean vaincu et prisonnier.

selle dans laquelle il avait été servi au dîner, et lui donna tout un état royal, tant en chambellans, qu'en autres officiers. Le duc d'Anjou festoya le roi Henri fort longuement dans Villeneuve, puis le mena par devers le Pape (1) en Avignon, qui le reçut courtoisement et lui donna de grands dons et biens.

XCIV. — Comment le roi Henri entra en Guyenne et guerroya le prince pour le duc d'Anjou.

APRÈS que le duc eut festoyé le roi Henri, il lui donna deux mille hommes qui entrèrent avec lui en Guyenne, et ils se prirent à guerroyer le pays du prince et conquirent plusieurs villes et châteaux.

Le prince (2) se tint dans Najara avec ses armées pendant la sainte semaine. Et un jour Pierre vint, qui lui demanda Bertrand du Guesclin et le maréchal d'Audencham, et pour Bertrand il offrit son pesant d'or. A cela le prince fut refusant.

XCV. — Comment ceux de Burgos vinrent à Nadres vers le prince.

ET après la Pâque, le prince fit chevaucher ses armées droit à Burgos. Ceux de Burgos surent bientôt des nouvelles de sa venue, et envoyèrent devers

(1) Urbain V.
(2) Le prince de Galles.

le prince chercher sauf-conduit pour l'évêque, lequel prince volontiers le leur octroya.

Par devers le prince de Galles vint l'évêque de Burgos qui montra au prince les griefs que Pierre leur avait faits, pour quelle raison ils s'étaient rendus au roi Henri ; et ils offrirent de se rendre au prince, en le suppliant qu'ils fussent saufs de leurs corps et de leurs biens, et que par sa grâce il les fît s'accorder avec Pierre ; et le prince le leur accorda et promit de faire jurer l'accord par Pierre. Alors l'évêque parla au prince et dit :

« Monseigneur, nous savons bien que sur ceux de
» Burgos Pierre prendra grand'vengeance ; et quelque
» serment qu'il fasse, je le croirais mieux s'il jurait par
» Mahomet que par sa foi. C'est pourquoi nous vous
» requérons humblement que vous vouliez nous main-
» tenir en sûreté. »

A cela le prince commença à sourire ; et il envoya quérir le roi Pierre auquel il conta les offres de ceux de Burgos, ce à quoi il fut accordant.

Alors le prince et le roi Pierre chevauchèrent et arrivèrent devant Burgos qui leur fut rendue. Là fut reçu Pierre. En peu de temps lui furent apportées les clefs de Séville, de Cordoue, de Tolède et de plusieurs autres villes et châteaux. Et tant fit le prince, qu'il mit Pierre en possession de la plus grand'partie du royaume.

XCVI. — Comment le prince sut que dans sa terre était
entré le roi Henri qui le guerroyait et prenait villes
et châteaux.

LE prince étant à Burgos, vint à lui un messager,
lequel lui porta nouvelles de Henri, le roi d'Espagne, qui était entré en Guyenne à grand'foison de
gens, et qui gagnait le pays et mettait tout à mort et
mettait le feu partout.

Il sembla bien au prince que le roi Henri ne faisait
pas la guerre de lui-même, lui qui était détruit. Et en
son cœur il pensa que cette guerre lui était venue du
duc d'Anjou : car le duc et le prince s'entrehaïssaient
fort ; et nuit et jour le duc ne faisait que quérir prétexte
pour guerroyer le prince, lequel était en paix envers le
roi de France, son frère. Le prince chercha donc un
moyen par lequel il partit honorablement du royaume
d'Espagne ; et il vint au roi Pierre et lui dit :

« Sire, quand je partis de mon pays, vous me pro-
» mites de me faire hommage du royaume d'Espagne,
» si je vous le pouvais recouvrer ; et vous promîtes de
» satisfaire entièrement les gens que j'y ai amenés et
» qui sont à votre solde. Vous savez bien que vous
» avez pris possession du royaume ; et vous le pouvez
» bien paisiblement tenir, si par droit vous voulez
» maintenir votre peuple. Puisque je me veux retirer

» cette saison en mon pays, je vous veux requérir que
» vous fassiez envers nous ce que vous êtes tenu de
» faire. »

XCVII. — Comment Pierre traita avec le prince pour
qu'il s'en allât loin de son pays.

Quand Pierre se vit à Burgos, et qu'il vit que plusieurs de ses villes et châteaux étaient en son obéissance, il aurait bien voulu que le prince et toute sa chevalerie fussent en Angleterre, et il traita tant, qu'il fit accord avec le prince : que lui et sa chevalerie se retireraient à Tudela (1), et que là Pierre irait devers lui, dans la quinzaine, pour faire envers lui ses devoirs. Le prince désira tant retourner en son pays qu'il se retira à Tudela, attendant Pierre, qui, au jour qu'il avait promis, ni ne vint ni n'envoya : ce dont le prince se tint pour déçu et connut bien sa déloyauté.

Le prince ne pouvait longuement séjourner dans Tudela, à cause des vivres qui baissaient, et de jour en jour lui venaient des nouvelles du roi Henri qui gâtait sa terre. Pour cela, il partit d'Espagne en pauvre état et retourna à Bordeaux. Là il donna congé à ceux de sa chevalerie qui, par son ordonnance, sans son aveu, s'assemblèrent et se nommèrent la Grand'Compagnie (2).

(1) Ville de la Navarre, sur l'Èbre.
(2) Il y a ici un anachronisme : ce n'est pas après l'expédition d'Espagne que se formèrent les Grandes Compagnies, mais avant, comme nous l'avons dit.

Messire Jean Chandos fut chef de cette assemblée,
et les fit entrer au pays du roi de France. Et ils mettaient le pays à destruction, mais le Pape jeta sentence
contre eux, ce qui fit qu'après chacun se retira en sa
contrée.

XCVIII. — Comment le duc d'Anjou manda le roi
Henri qui était en Guyenne, lequel vint à lui.

A Cause de la venue du prince, le duc d'Anjou
écrivit au roi Henri qu'il vint à lui à Villeneuve,
lequel y vint. Là le duc ordonna que le roi Henri retournerait en Espagne.

Et pendant ce temps fut délivré par rançon Le
Bègue de Vilaines qui se retira par devers le roi. Et
brièvement, par l'aide du duc d'Anjou, le roi Henri
assembla grand'foison de gens pour guerroyer Pierre :
mais Henri désira tant voir messire Bertrand, qu'il
donna au Bègue ses gens à conduire, en tenant le chemin d'Aragon. Le roi Henri se mit en état de pèlerin
et chemina tant, qu'il vint à Bordeaux, et il fit tant,
qu'il parla en particulier à Bertrand et lui raconta le
secours que lui faisait le duc d'Anjou, ce dont Bertrand se réjouit beaucoup. Puis Henri partit de Bordeaux, sans être aperçu, et vint en Aragon où il atteignit Le Bègue. Et tant chevaucha le roi Henri,
qu'il vint à Perpignan devers le roi d'Aragon, qui lui

fit secours de deux mille hommes d'armes, payés pour trois mois.

✢✢✢✢✢✢✢✢✢✢✢✢✢✢✢✢✢✢✢✢✢✢✢✢✢✢

XCIX. — Comment, après le départ du prince, le roi Pierre alla à Tolède.

DEPUIS le départ du prince, le roi Pierre partit de Burgos, et alla par les bonnes villes de son pays, chevauchant parmi son royaume. Et premièrement il vint à Tolède où il fut reçu honorablement, et de là à Cordoue et à Séville, auquel lieu il fit décoller plusieurs chevaliers et bourgeois ; ce dont le peuple fut en fort grand'douleur.

Mais en peu de temps le roi Henri chevaucha tant, qu'il entra en Espagne et se prit à faire la guerre. Devant Salamanque il conduisit ses troupes et fit assaillir la cité ; mais bientôt elle se rendit à sa merci. Au départ de Salamanque il vint devant Madrid qui brièvement lui fut rendue, et après il vint devant Tolède qui lui refusa l'entrée. Et là le roi Henri jura de mettre le siège. Du côté de Cordoue, outre la rivière (1), Le Bègue de Vilaines tint le siège devant Tolède et fit entourer son siège d'ouvrages de bois. En sa compagnie étaient le sire de Béarn, Regnault le Limousin et Thomas Pineuil avec grand'foison de gens ; et du côté de par deçà la rivière était le roi Henri, qui avait

(1) Le Tage.

avec lui les comtes d'Ampurias et d'Austa, le comte de Lisle, gascon, Pierre Gonzalès, Pierre Ferrand, l'archevêque de Tolède. Et au milieu du siège le roi Henri fit mettre la reine sa femme, qu'il avait fait amener du Château-Blanc d'Aragon.

Le siège devant Tolède dura longuement. Et le roi Henri les tint tant à l'étroit, que de famine moururent en la cité plus de trente·mille hommes, tant chrétiens que sarrasins et juifs qui étaient dedans et ne pouvaient avoir secours de Pierre ; mais ils s'affaiblissaient de jour en jour et mangeaient leurs chevaux. Mais en cet endroit l'histoire cesse de parler du siège de Tolède, que l'on saura bien rappeler quand temps et lieu en sera, et en vient à parler de messire Bertrand qui dans les prisons du prince est retenu, et le prince ne voulait pas entendre parler de le mettre à rançon.

C. — Comment le prince de Galles tint conseil à Bordeaux pour délivrer Bertrand.

Dans Bordeaux le prince tint longuement messire Bertrand en ses prisons ; ce dont il déplaisait fort à sa chevalerie, car ils aimaient beaucoup messire Bertrand pour sa grand'prouesse ; mais ils n'en osaient parler au prince. Un jour il advint que le prince tint grand'cour dans Bordeaux. Là furent le comte d'Armagnac, le sire d'Albret et les seigneurs de Gascogne, le

sire de Clisson, messire Jean Chandos, Hugues de Calverley, Gauthier Hewett et plusieurs autres chevaliers
d'Angleterre que le prince festoya fort honorablement.
Et en manière d'ébattement ils commencèrent leurs
paroles, d'armes, de batailles, de prises, de forteresses, de
journées, de rencontres et de prisonniers rachetés. En
ces paroles se délectait le prince, qui fut aux armes le
plus vaillant qui fût en son temps ; et, devant tous les
barons qui étaient là, il parla et dit en telle manière :

« Seigneurs, quand en bataille ou en assaut est
» pris quelque chevalier vaillant, il doit être fort ho-
» noré ; et on ne lui doit point tant demander du sien,
» qu'il ne se puisse armer une autre fois ; mais il ne
» doit pas partir sans le congé de son maître. »

Là était le sire d'Albret, qui se souvint de Bertrand
et dit au prince :

« Sire, vous avez bien dit ces raisons, mais si vous
» n'y preniez déplaisir, je vous rappellerais une parole
» de vous qui va maintenant courant en ces contrées,
» et qui est contraire à ce que vous dites ici. »

Le prince se prit à changer de couleur et dit :

« Il m'aimerait peu le chevalier qui serait à mon
» service, et qui verrait ou entendrait dire sur moi quel-
» que chose que je n'eusse pas dû faire en gardant mon
» honneur, et qui ne me la dirait. Pour cela je vous
» requiers que vous vouliez dire ce qu'on maintient de
» moi. »

Le sire d'Albret répondit au prince et dit :

« Sire, toute cette chevalerie sait que la renommée
» conte partout que vous retenez Bertrand du Gues-
» clin prisonnier en vos prisons, sans vouloir avoir de
» lui nulle finance, par crainte de sa prouesse. »

Quand le prince entendit le sire d'Albret raconter
ces nouvelles, et que le sire de Clisson et les autres
barons s'accordaient à ses paroles, il n'y eut en lui que
courroux. Alors il leur dit par grand dédain :

« Je veux bien, Seigneurs, que vous sachiez que si
» tous les barons qui sont maintenant étaient dans mes
» prisons, je ne les redouterais pas tellement, que je
» ne prisse rançon du plus vaillant d'eux ; et vous qui
» parlez de Bertrand pour qu'il soit mis à finance, je le
» veux bien mettre à rançon. Pour cela, allez le quérir,
» et il ne tiendra pas à moi qu'il ne soit délivré. »

Tous les barons et seigneurs le louèrent très-gran-
dement de cela, et à cause de la vaillance de Bertrand
remercièrent le prince, puis ils allèrent quérir Bertrand,
et l'amenèrent devant le prince. Bertrand s'agenouilla
humblement devant le prince, qui le releva aussitôt et
lui demanda courtoisement comment il lui en était. Bertrand répondit au prince très-humblement :

« Monseigneur, mieux me sera quand il vous plaira.
» Il y a longtemps que vous me faites entendre le chant
» des rats et des souris ; mais quand il vous plaira,

» pour m'amuser, vous me donnerez les champs pour
» entendre le chant des oiseaux. »

Le prince se prit à rire et dit à Bertrand :

« Ami, si vous voulez jurer que jamais vous ne vous
» armerez contre Monseigneur le roi mon père, ni con-
» tre moi, ni contre ceux de mon sang, et que jamais
» vous ne porterez secours à Henri, franchement sans
» rançon je vous tiendrai quitte, et pour vous remonter
» je vous donnerai dix mille francs (1). »

Bertrand eut grand deuil en son cœur quand il se vit
requérir de tel serment, et doucement il dit au prince :

« Hélas ! Sire, comment se pourrait-il faire que je ne
» servisse, contre tous et en tous lieux, le roi de France
» et ceux de son sang, lui qui m'a nourri, s'il me le
» commandait ? Et oui vraiment, aussi vrai que je suis
» ici, j'aimerais mieux mourir en vos prisons, que de
» faire ce serment. Et je suis bien émerveillé de qui
» vous donne tel conseil, à vous qui êtes le prince le
» plus redouté de toute la chrétienté et qui me requérez
» de tel serment. Monseigneur, j'oserais bien maintenir
» par devant vous que celui-là vous conseille mal votre
» honneur, qui vous donne tel conseil ; car, Monseigneur,
» si vous me faisiez faire un tel serment, il semblerait
» que vous eussiez crainte de moi qui suis un pauvre
» chevalier. »

Le prince se prit un peu à se courroucer de ces pa-

(1) L'imprimé porte dix mille florins.

roles, et en dédain lui dit : Fi ! et qu'il n'y avait pas un
homme qu'il dût redouter. Puis Bertrand le rapaisa, et
recommença à parler au prince en telle manière :

« Monseigneur, je veux maintenir que vous n'avez
» pas motif de me tenir en vos prisons, et que longue-
» ment j'y ai été sans raison. Il est vrai que pour guer-
» royer les Sarrasins, le roi Charles de France m'avait
» donné des gens, et que je menais l'armée par l'Es-
» pagne. Or il advint, et vous le savez bien, que mau-
» vaisement et sans occasion Pierre, le roi d'Espagne,
» fit meurtrir madame Blanche de Bourbon, sa femme,
» votre cousine germaine, fille de la sœur de madame
» votre femme(1); ce dont vous eussiez dû avoir requis
» vengeance. Vous savez aussi comment est né Pierre,
» et la couronne, c'est Henri son frère qui eût dû
» l'avoir, lui qui est prud'homme. Pierre est de mau-
» vaise foi et mécréant en Dieu, et vous le savez bien;
» et il s'est toujours gouverné par Juifs et Sarrasins.
» Parce que Henri le blâmait de son mauvais gouver-
» nement, Pierre le chassa de son royaume et le ban-
» nit, et lui enleva toute sa terre. Et à cause de ce
» meurtre déloyal de madame Blanche, le roi de France
» demanda que j'en prisse vengeance sur Pierre ; et je

---

(1) Nous avons entendu le comte d'Armagnac donner Blanche de Bourbon
pour la sœur de la reine d'Angleterre, mère du Prince Noir ; ici Bertrand en
ait la nièce du même prince tout en la disant sa cousine germaine. Leur
parenté n'était pas si proche à beaucoup près, Blanche de Bourbon étant la
petite-nièce de Guillaume de Hainaut, arrière gran'père du Prince Noir.

» lui fis la guerre pour cette occasion. D'autre part, je
» ne pouvais trouver les Sarrasins plus près qu'en Es-
» pagne qui en est toute peuplée. A vous, Monseigneur,
» ni à votre sang, je ne faisais nulle guerre. Et avec
» tout cela, vous savez bien, Monseigneur, que vous
» avez la paix envers mon droiturier seigneur le roi de
» France, et que vous n'avez point de cause de guer-
» royer à lui ou à ses gens ; mais je sais bien que, pour
» avoir l'hommage d'Espagne, vous êtes venu en Es-
» pagne au secours de Pierre ; ce par quoi vous avez
» dérangé le saint voyage que je pensais faire en Gre-
» nade sur les Sarrasins, après que vengeance aurait
» été prise de Pierre ; et aussi vous m'avez détruit,
» moi, et mis à déconfiture maint autre pauvre cheva-
» lier. Ce dont vous avez reçu tel honneur, que par pau-
» vreté vous vous en êtes revenu du pays : et de ce que
» Pierre vous avait promis, il ne vous a rien tenu ni ne
» vous tiendra promesse ; mais par froidure et par fa-
» mine vous avez perdu maint bon chevalier, ce dont
» il est dommage. Aussi, sachez bien, Monseigneur,
» que de cela vous êtes bien peu plaint. »

Sur ces paroles de messire Bertrand, le prince dit :

« Je sais bien, ami Bertrand, que vos paroles sont
» vraies ; et je voudrais bien n'avoir jamais fait le
» voyage, à cause de la déloyauté que j'ai trouvée en
» Pierre. Mais puisque vous me refusez le serment que
» je requiers et que vous m'accusez de paroles de crainte,

» je vous mettrai à finance, si bien que personne n'aura
» cause de maintenir de telles paroles ; mais vous ne
» partirez pas de moi sans rançon. »

Bertrand répondit débonnairement au prince, et dit :

« Monseigneur, je suis pauvre chevalier, et vous
» le savez, et je ne suis pas de si haut lignage que vous
» puissiez recouvrer grand'finance ; c'est pourquoi je
» vous supplie que vous me vouliez mettre à rançon
» raisonnable. »

Après que le prince eut écouté messire Bertrand, il
lui dit :

« Bertrand, vous serez juge de votre rançon, à
» cause de la loyauté qui est en vous, et jamais je n'en
» parlerai sur votre parole. Ainsi donc vous direz ce
» qu'il vous plaira payer, car jamais vous n'en serez
» dédit. »

De cela Bertrand remercia le prince fort humblement
et puis dit :

« Monseigneur, si j'étais riche, je vous offrirais
» plus que je ne ferai ; mais sur la confiance des sei-
» gneurs que j'ai servis, je me mettrai à rançon à plus
» que mon avoir ne monte, et plus que vous ne deman-
» deriez à mon avis. Pour ma rançon, je payerai, s'il vous
» plaît, soixante mille doubles d'or. »

Quand le prince entendit parler de si grand'somme,
il fut émerveillé, et il dit à messire Bertrand :

« Grande est la somme, et je sais bien que vous

» serez encombré de la payer, et je ne vous veux pas
» surprendre par vos paroles. Il me plait bien que de
» cette somme vous rabattiez à votre gré. »

Messire Bertrand fut de grand cœur, ni n'en voulut
rien rabattre ; et il dit au prince que, en peu de temps,
tel payerait l'écot qui n'en savait rien. Et il disait vrai,
comme le raconte l'histoire ci-avant (1).

CI. — Comment le peuple de la cité de Bordeaux ouit
dire que Bertrand s'était taxé à soixante mille doubles
d'or, et comment ils vinrent en l'hôtel du prince pour
le voir.

PArmi la ville de Bordeaux courut bientôt la nouvelle que Bertrand, de son gré, s'était rançonné à
soixante mille doubles d'or, ce à cause de quoi désirè-
rent fort le voir ceux de la ville de Bordeaux qui à la
cour du prince accoururent. Et l'hôtel fut si plein de
gens que le prince se prit à s'émerveiller. Il demanda
ce qui amenait ce peuple. Alors il lui fut dit que pour
voir Bertrand ils étaient venus là. Ce dont le prince se
prit à sourire et fit venir messire Bertrand devant le
peuple.

A Angoulême était alors la princesse, qui entendit
parler de la grand'somme à laquelle messire Bertrand

(1) Ce récit est plus intéressant que celui de Froissart sur le même sujet, et
bien plus conforme à l'orgueil du prince de Galles et à la générosité de Bertrand
du Guesclin.

s'était rançonné de son gré ; ce pour quoi elle eut grand désir de le voir. Pour cela elle se fit amener à Bordeaux; et devant elle, elle manda messire Bertrand qui lui fut amené par messire Jean Chandos. Et par le mandement du prince, la princesse l'honora fort et le fit asseoir à sa table. Après le dîner, la princesse se retira en sa chambre et là elle fut servie de vin et d'épices ; et devant toute la chevalerie elle les envoya à Bertrand qui envers elle s'humilia fort. Et après le vin et les épices, la princesse qui aimait fort la chevalerie, l'appela et doucement lui dit :

« Ami, de votre rançon vous avez été juge, et
» vous vous êtes prisé à haute somme, ce qui vous
» vient d'un grand cœur ; mais je vous en voudrais
» alléger, pour les grands biens qui sont en vous. Sachez
» que, de votre rançon, je vous ferai rabattre dix mille
» francs, ou que je les payerai de mon trésor. »

Messire Bertrand se mit à genoux devant la princesse, et humblement la remercia ; et en ébattement lui dit :

« Madame, bien pensais-je être le plus laid che-
» valier qui fût en vie ; mais maintenant vois-je bien
» que beau je suis, puisque des dames je suis aimé. »

Ce dont se prit à rire la princesse, qui donna congé à messire Bertrand, lequel retourna remercier le prince qui fut fort joyeux de l'honneur de la princesse.

CII. — Comment le prince élargit messire Bertrand pour faire la finance.

MESSIRE Bertrand traita tant avec le prince qu'il le délivra sur sa parole pour faire sa finance : et il promit de retourner à un certain jour devers lui, et jusqu'à la parpaye (1) de sa rançon il ne se pouvait armer. Et à lui vint messire Jean Chandos qui lui offrit de lui prêter dix mille francs, ce dont Bertrand le remercia fort. Par devers lui vint messire Hugues de Calverley qui courtoisement lui dit :

« Sire Bertrand, longuement nous avons été com-
» pagnons, grâce à vous, et je vous suis beaucoup
» obligé. Je sais bien que vous avez fort dépensé du
» vôtre, et vous vous êtes mis à grand'finance. Sachez
» donc que, pour payer votre rançon, je vous donnerai
» dix mille francs, qui sont à vous et non pas à moi :
» et j'en ai davantage encore pour vous. »

De cela Bertrand le remercia, et dit que, s'il en avait affaire, il ne pensait pas à l'épargner. Alors Bertrand et Calverley prirent congé l'un de l'autre, et se donnèrent l'accolade et s'embrassèrent, car ils s'entr'aimaient fort merveilleusement.

---

(1) Jusqu'au payement complet.

CIII. — Comment messire Bertrand acquitta la rançon des gentilshommes.

SUR le point que Bertrand voulut partir de Bordeaux, pour rassembler et obtenir sa finance, là vinrent à lui plusieurs chevaliers et écuyers français qui étaient à Bordeaux prisonniers, et qui avaient été pris en la déconfiture de la grand'bataille de Najara : mais les Anglais les avaient mis à si grand'rançon qu'ils ne la pouvaient payer. Ils se recommandèrent humblement à messire Bertrand qui voulut savoir la somme. Et pour les délivrer, messire Bertrand s'obligea à payer leurs rançons ; et là ils furent délivrés : ce dont messire Bertrand fut loué à merveille par la chevalerie anglaise.

CIV. — Comment le duc d'Anjou tenait le siège devant Tarascon.

EN cette manière Bertrand partit de Bordeaux, et tant alla par ses journées, qu'il arriva à Tarascon où était le duc d'Anjou qui tenait le siège devant Tarascon, près d'Avignon, car il réclamait le comté de Provence. En son camp il avait dix-huit engins qui, de nuit et de jour, jetaient des projectiles dans la ville et contre la muraille.

De la venue de messire Bertrand le duc fut fort joyeux et lui fit grand honneur. Et débonnairement il

s'enquit de son affaire, et Bertrand lui en raconta longuement, et lui dit les honneurs qu'il avait trouvés en
la princesse ; ce dont le duc la prisa fort. Alors le duc
donna à messire Bertrand, pour payer sa rançon, trente
mille francs. Bertrand se tint longuement avec le duc
devant Tarascon et faisait jeter les engins, mais il ne se
pouvait armer. Quand Olivier du Guesclin, frère de
messire Bertrand, sut que son frère était devant Tarascon avec le duc, hâtivement il vint à lui. Et en sa
compagnie vinrent messire Olivier de Mauny, son
frère messire Hugues de Mauny, messire Alain de la
Houssaye, Petit, Cambray, et plusieurs autres chevaliers et écuyers de renom qui avaient été prisonniers à
Najara, et qui avaient été délivrés de prison avant
messire Bertrand. Le duc se réjouit fort de leur venue
et les honora beaucoup. Et d'autre part messire Bertrand les reçut à grand'joie ; et par leur venue fut
renforcé le camp. Le lendemain le duc fit assaillir la
ville ; mais elle était si forte qu'ils n'y faisaient rien.

Pour secourir Tarascon, la reine de Sicile envoya
sur mer dix-huit galères armées ; ce dont le duc en
sut bientôt les nouvelles. Pour cela, le duc fit assembler
plusieurs vaisseaux. Et il fit tant par son pouvoir,
qu'entre Beaucaire et Tarascon il fit faire sur le Rhône
un pont de bateaux, qui fut tenu pour merveille. Et,
pour cela, à Tarascon ne pouvait venir de secours, à
cause dudit pont qui était bien garni de bons gens

d'armes. Et les galères ne purent passer et s'en retournèrent à Arles-le-Blanc. Le duc fit alors renforcer son
siège et assaillir la ville souvent. Et il advint un jour
que, pour secourir Tarascon, les barons de Provence
s'assemblèrent. Et ils chevauchèrent tant, qu'ils approchèrent le siège, ce dont les nouvelles vinrent dans le
camp du duc.

Du camp partit messire Hugues de Mauny, et
d'autres chevaliers et écuyers, qui n'étaient en tout que
cent cinquante lances ; et ils rencontrèrent les Provençaux qui étaient un grand nombre, et qui étaient
bien huit contre un. En une assez haute place se retira
messire Hugues et ses gens. Et âprement les Provençaux les assaillirent ; mais messire Hugues et ses gens
se défendirent fort. Quand les Provençaux aperçurent
qu'ils ne pouvaient aller sur la montagne pour entamer
messire Hugues et ses compagnons, ils les assiégèrent
là et souvent les firent assaillir de traits. Quand messire
Hugues aperçut cela, il se mit, soi et ses gens, en ordonnance, et ils descendirent de la montagne et s'as
semblèrent en bataille contre les barons de Provence ;
et brièvement la déconfiture tourna contre les Provençaux. Là le sire de la Voulte fut pris par messire Hugues de Mauny qui en recouvra grand'richesse, et jamais depuis cette journée il ne se voulut aventurer en
guerre ; et y furent pris tous les barons de Provence.
De la déconfiture vinrent bientôt les nouvelles à Ta-

rascon. Alors ceux de la ville traitèrent avec le duc, et rendirent la cité et eux en sa merci, et lui débonnairement les reçut et leur pardonna toutes leurs offenses.

Après la prise de Tarascon, le duc chevaucha avec toutes ses troupes, et Bertrand en sa compagnie, vers Arles-le-Blanc. Le duc d'Anjou mit le siège par-devant Arles.

Mais maintenant se tait l'histoire du siège d'Arles ; et je veux parler de messire Bertrand, qui devait retourner par devers le prince pour payer sa rançon ; et avant son parpayement il ne se pouvait pas armer ; mais il pouvait bien être en conseil de guerre contre tous, excepté contre la lignée d'Angleterre.

CV. — Du confort que fit le duc d'Anjou à messire Bertrand du Guesclin, et comment Bertrand vint au roi Charles.

LE bon duc d'Anjou fut désirant de secourir le roi Henri et dit à Bertrand :

« Ami, pour payer votre rançon, je vous donne trente » mille francs ; et vous vous en irez par devers le roi » mon frère qui est bien tenu à vous aider, et vous » l'avez mérité. Et vous me recommanderez à lui, et » vous lui direz que je vous veux renvoyer en Espagne. » Et aussitôt que vous serez délivré des prisons du » prince, faites attention à me le faire savoir : car aus- » sitôt je vous enverrai des gens d'armes. »

Bertrand humblement remercia le duc, puis prit son congé ; et il alla tant par ses journées qu'il arriva par devers le roi Charles qui eut grand'joie de sa venue. Messire Bertrand raconta au roi son affaire et le secours que lui avait fait le duc d'Anjou son frère, ce dont le roi lui sut bon gré. Et après il lui raconta comment il le voulait renvoyer en Espagne pour secourir le roi Henri. Le roi s'accorda à cela et promit de lui faire secours de gens d'armes. Le roi donna à messire Bertrand, pour payer sa rançon et pour s'acquitter de ses dépenses, cent mille francs : ce dont le roi fut fort prisé de tous ; mais il fit promettre à messire Bertrand que, toutes les fois qu'il le manderait, il laisserait toutes choses pour retourner à lui, s'il n'était pas prisonnier.

CVI. — Comment messire Bertrand prit congé du roi et s'en alla en Bretagne.

BERTRAND prit congé du roi et s'en alla en Bretagne. Et il alla tant par ses journées qu'il entra en Bretagne. Pour honorer messire Bertrand, s'assemblèrent le vicomte de Rohan, le sire de Laval, le sire de Beaumanoir et les barons du pays, qui lui donnèrent grand'finance pour payer sa rançon. Messire Bertrand vint à La Roche-Derien pour voir madame Tiphaine, sa femme, qui, pour sa venue, fut fort réjouie.

Il est vrai qu'en l'abbaye du Mont-Saint-Michel

messire Bertrand et sa femme avaient mis en trésor
cent mille francs, au jour qu'il partit de Bretagne pour
faire son premier voyage d'Espagne. Il pensait donc
bien trouver là sa finance, pour s'aider, soi et la chevalerie ; mais il lui fut rapporté que madame Tiphaine, sa
femme, avait dépensé tout le trésor. Alors il lui manda
de venir à lui, et lui dit :

« Dame, je saurais volontiers ce que vous avez fait
de mon trésor. »

Et doucement elle lui répondit :

« Monseigneur, aux chevaliers et écuyers qui vous
» ont servi et qui sont venus me voir, je l'ai partagé
» pour payer leurs rançons et se remonter. Vous en
» serez servi encore ; et cela, vous le saurez par eux.
» Ne veuillez donc rien m'en demander. »

Messire Bertrand en eut grand'joie, et lui dit qu'elle
avait bien fait.

Messire Bertrand partit de Bretagne, et il alla tant
par ses journées qu'il arriva à Bordeaux par devers le
prince qui l'honora fort à sa venue. Bertrand ne demeura
guère à Bordeaux, que, de la part du roi Charles de
France, vinrent des messagers qui apportèrent la
finance à Bertrand pour payer sa rançon au prince,
lequel d'abord lui rabattit ce que la princesse lui avait
donné. Et ainsi Bertrand fut pleinement délivré ; et il
prit congé du prince qui à son départ l'honora grandement, et par sa chevalerie le fit reconduire longuement

parmi sa terre, en le faisant festoyer honorablement par ses bonnes villes et châteaux. Puis les chevaliers prirent congé de lui, en lui disant :

« Franc chevalier, nous savons bien que vous nous » laisserez peu reposer ; aussi nous nous recommandons » toujours à vous. »

En ce temps messire Olivier de Mauny se tenait en Languedoc, et par l'ordonnance du duc d'Anjou assemblait des gens d'armes, en attendant nouvelles de messire Bertrand. Et il fit tant, qu'en peu de temps se trouvèrent douze cents lances. Et aussitôt que messire Bertrand sut nouvelle de l'assemblée et se vit délivré, il manda à messire Olivier qu'il allât vers lui avec toutes ses gens. Et en l'assemblée étaient messire Arnould d'Audencham, maréchal de France, messire Olivier de Mauny, son frère, messire Eustache de la Houssaye, messire Guillaume Boitel, Ansiaulme de Brie, le petit Meschin, Kerlouët, le sire de Pommiers et plusieurs autres chevaliers et écuyers de renom.

CVII.—Comment messire Bertrand retourna en Espagne après sa délivrance, et comment le roi Henri en fut joyeux.

DE leur venue messire Bertrand démena grand' joie, et ils prirent leur chemin en Espagne par le pays de Roncevaux. Messire Bertrand exploita tellement, qu'il entra en Navarre et passa par le royaume, contre le gré du roi de Navarre qui était alors. Bertrand se prit à guerroyer en Espagne, et plusieurs villes et châteaux se rendirent à lui. Et il fit tant, qu'il entra dans le duché de Molina. Le roi Henri lui avait donné ce duché longtemps auparavant ; mais ceux du pays lui étaient contraires. Et bientôt messire Bertrand les guerroya tant, qu'ils se rendirent à lui (1).

Dans le temps que devant Tolède était le siége qu'y tenaient le roi Henri et Le Bègue de Vilaines (lequel y acquit grand honneur), des nouvelles vinrent au roi Henri de messire Bertrand qui conquérait le duché de Molina, et qui, de son côté, avec grand'foison de gens, menait guerre en Espagne. Henri fut fort réjoui de sa venue et fit assaillir plus fortement Tolède ; mais il y exploita peu, bien qu'ils se fussent volontiers rendus à lui, mais il y avait au château, de par le roi Pierre, un capitaine qui les encourageait beaucoup, et qui au château tenait en otages quatre des plus grands bourgeois, pour tenir la ville en obéissance. Et il avait donné la ville au gouvernement des quatre bourgeois, en signe de vouloir obéir à Pierre (2). Ceux de la ville furent en grand'détresse, et envoyèrent à Séville par devers Pierre ; mais il ne pouvait pas alors avoir beaucoup de gens pour secourir la ville. Et néanmoins il

---

(1) Du Guesclin rentra en Espagne en 1368.
(2) Comme preuve que ceux de Tolède voulaient bien obéir à Pierre le Cruel.

leur manda bien que dans peu il les secourrait. Et alors il s'imagina une volonté damnable et qui peu lui profita.

❋❋❋❋❋❋❋❋❋❋❋❋❋❋❋❋❋❋❋❋❋❋❋❋❋❋❋❋

CVIII. — Comment Pierre alla en Grenade chercher secours.

L'HISTOIRE raconte que, pour secourir Tolède, Pierre partit de Séville et s'en alla par devers les rois de Grenade et de Belle-Marine. Et il traita tant avec eux, qu'il s'allia contre tous les Chrétiens. Et l'on maintient que, en faisant l'alliance avec ces deux rois, qui étaient Sarrasins, ce Pierre se départit de la foi catholique et y renonça entièrement ; et moyennant cela, ils lui promirent de lui faire bientôt secours. Et, pour le secourir, le roi de Belle-Marine et le roi de Grenade assemblèrent beaucoup de navires et donnèrent à l'amiral de Belle-Marine dix mille Sarrasins. Et il est vrai que, par l'alliance faite par le roi Pierre avec les païens, le roi Pierre devait prendre en mariage, selon la loi païenne, la fille du roi de Belle-Marine. L'amiral de Belle-Marine entra dans la mer, avec ses dix mille Sarrasins ; et le roi Pierre vint par terre à Séville, en côtoyant la mer, pour venir secrètement surprendre le camp du siège de Tolède. Il fit aussi partir de Séville beaucoup de gens, Chrétiens, Juifs et Sarrasins. Et les Juifs et Sarrasins furent bien nombrés à vingt mille.

Pierre manda secrètement sa venue à ceux de Tolède. Et il advint qu'un jour, au point du jour, ceux de Tolède sortirent pour aller au devant de Pierre qui tenait le chemin de Cordoue. Le Bègue de Vilaines sut les nouvelles de leur venue, et il les laissa passer outre son siège, sans en faire semblant, puis les enferma entre la ville et la forêt.

Quand Le Bègue eut mis ses gens en ordonnance entre la cité et ceux qui en étaient sortis, appertement il les poursuivit et assembla à eux. Là ceux de Tolède se défendirent longuement ; mais à la fin ils furent déconfits, et il y en eut plusieurs d'occis et les autres prisonniers. Après la déconfiture, Le Bègue retourna à son siège, et ordonna ses gardes de plus en plus ; et puis il fit dresser devant son siège un gibet bien grand où il fit pendre les prisonniers de Tolède qui avaient été pris en vie. Quand le roi Henri sut la déconfiture de ceux de Tolède, il fit assaillir la cité de toutes parts ; et il y eut beaucoup de gens blessés de part et d'autre ; mais elle ne put être conquise.

CIX. — Comment les Sarrasins vinrent à Tolède.

AU roi Henri vinrent les nouvelles que Pierre et les Sarrasins approchaient fort, et qu'ils devaient se rencontrer au plus prochain port de Tolède, pour surprendre son camp secrètement. Pour cela Henri

manda hâtivement Bertrand, qui était dans le duché
de Molina. En peu de jours il vint, lui et sa compagnie.

Près de Tolède, à un port de mer (1) arrivèrent les
Sarrasins qui descendirent à terre, et ils y trouvèrent
le roi Pierre qui mit son armée ensemble avec eux, et
droit à Tolède il prit son chemin : ce dont bientôt vinrent les nouvelles au roi Henri et à messire Bertrand.
Et un soir ils levèrent une partie de leur siège pour
aller à la rencontre de Pierre. Et là furent le roi, messire Bertrand du Guesclin, Olivier de Mauny, ses frères,
messire Eustache de la Houssaye, Kerlouët, Le Bègue
de Vilaines, messire Guillaume Bouestel, et plusieurs
chevaliers et écuyers de renom. Au siège demeurèrent
avec la reine les frères du roi Henri (2), l'archevêque
de Tolède et la chevalerie d'Espagne.

CX. — Comment le roi Pierre et les Sarrasins furent déconfits par le roi Henri et messire Bertrand.

TANT chevauchèrent le roi Henri, messire Bertrand
et la chevalerie de France, que, à quatre lieues
de Tolède, en tenant le chemin de Cordoue, devers la
mer, ils rencontrèrent les coureurs de Pierre qui s'en

(1) Le premier secours envoyé d'Afrique à Pierre-le-Cruel aborda à Lisbonne, où régnait alors Ferdinand III, qui permit aux Sarrasins de remonter le Tage : ils débarquèrent ainsi, non loin de Tolède, au cœur de l'Espagne. C'est ce qui explique le « *port de mer près de Tolède* » du chroniqueur.

(2) Don Tello et Don Sanche ; Henri de Transtamare avait nommé le premier comte de Biscaye, et le second comte d'Albuquerque.

retournèrent en son armée. Pour la venue du roi Henri,
Pierre ordonna ses batailles ; et, d'autre part, se mirent
en ordonnance le roi Henri et messire Bertrand. Les
armées furent si rapprochées, qu'ils pouvaient s'entrevoir ; et les batailles s'assemblèrent. Au milieu des batailles des Sarrasins se tint Pierre qui fit tant d'armes
de sa personne, que ce fut merveille. Les Sarrasins se
défendirent puissamment, et s'assemblèrent à la bataille
du roi Henri et endommagèrent fort les Chrétiens.
Sur une aile des batailles se tinrent messire Bertrand,
Le Bègue, messire Olivier de Mauny et Kerlouët, qui,
bannières déployées, entrèrent dans les batailles des
Sarrasins. Là il y eut bataille merveilleuse, et les Chrétiens se combattirent fort puissamment, et de même
firent les Juifs et Sarrasins de l'armée de Pierre ;
et Pierre les tint longuement en grand arroi ; mais à la
fin ils furent déconfits. Et la mortalité fut nombrée à
vingt-sept mille neuf cents, et il ne demeura environ
que cinq cents des Sarrasins de Belle-Marine. Et en
cette bataille fut occis l'amiral de Belle-Marine. Et de
là s'enfuit Pierre qui droit à la mer se pensa retirer sur
la flotte de Belle-Marine ; mais sur le côté de la mer
se tenait alors Le Bègue de Vilaines qui garda si bien
le passage, que Pierre ne se put retirer là ; mais il se
jeta, avec les gens qui lui étaient demeurés, dans de
grandes forêts.

Sur le champ de la déconfiture s'assemblèrent le roi

Henri, messire Bertrand, Le Bègue de Vilaines, Olivier de Mauny et les chevaliers de France, pour avoir conseil de poursuivre Pierre ; et ils craignirent que, dans les grandes forêts où il était entré, il n'y eût quelque embuscade. Pour cela ils envoyèrent des coureurs qui entrèrent dans la forêt. Et ils allèrent tant, qu'ils trouvèrent l'équipage de Pierre qui s'enfuyait à Montesclaire. Et brièvement ils le vinrent raconter à messire Bertrand, qui conseilla au roi que Pierre fût poursuivi.

CXI. — Comment le roi Pierre déconfit Kerlouët.

POUR faire cette chose, messire Bertrand ordonna les batailles du roi Henri, et donna à Kerlouët l'avant-garde à conduire.

Ils entrèrent dans les forêts en allant vers Montesclaire où s'était retiré le roi Pierre, qui bientôt sut leur venue. Et il partit de là, avec le reste de ses batailles et prit son chemin à Mont-Jourdain. Devant Montesclaire le roi Henri et Bertrand arrivèrent. Et bientôt leur fut rendu le château, qui était fort et bien situé. Le roi Henri donna au Bègue de Vilaines le château et la terre qui en dépend. Et de là partirent le roi Henri et Bertrand pour poursuivre le roi Pierre qui voulut entrer à Mont-Jourdain ; mais ceux de la ville savaient déjà la déconfiture et lui refusèrent l'entrée, et se tinrent pour le roi Henri. Pierre partit en grand découragement de devant Mont-Jourdain. Et il ne demeura guère qu'il vint à lui un messager, de par le maître de Calatrava, le maître de Saint-Jacques et le comte Fernand de Castro qui, au secours de Pierre, venaient à grand'foison de gens. Et ils se hâtèrent tant, qu'ils vinrent à lui ; ce dont il se réjouit fort ; car ils étaient bien quinze cents hommes d'armes.

Pierre savait bien qu'il était poursuivi par le roi Henri et messire Bertrand. Alors il s'arrêta pour attendre le secours qui lui venait. Et il mit sur les champs ses espions, et il lui fut rapporté que le roi Henri s'approchait fort ; alors il ordonna ses batailles. Le roi Pierre envoya en embuscade cinq cents hommes d'armes à cheval sur le chemin du roi Henri. Et brièvement près de l'embuscade arriva Kerlouët, qui conduisait l'avant-garde avec deux cents hommes d'armes. De l'embuscade sortirent les Espagnols qui contre Kerlouët s'assemblèrent en bataille. Là fut tué en l'attaque le maître de Calatrava, qui était venu des premiers au secours de Pierre ; ce dont Pierre fut dolent. Et Kerlouët et ses gens combattirent tant, que les Espagnols tournèrent en fuite.

De cela le roi Pierre sut des nouvelles, et vint assembler à Kerlouët avec beaucoup de gens. Alors furent déconfits les Français. Quand Kerlouët vit la déconfiture, comme il savait bien que loin derrière lui était le roi Henri et messire Bertrand (parce qu'ils pensaient que Pierre était plus loin qu'il n'était), il s'en partit hâtivement sur son coursier, lui dixième, et vint hâtivement dire les nouvelles à messire Bertrand ; ce dont Bertrand n'en tint pas grand compte ; mais, en réconfortant la chevalerie, il dit qu'une heure il fallait gagner et l'autre perdre.

CXII. — La bataille de Mont-Jourdain en Espagne, sur le chemin de Séville.

Messire Bertrand fit mettre en ordonnance les batailles du roi Henri. Et ils chevauchèrent tant, que devant eux ils virent Pierre qui avec toutes ses batailles vint s'assembler à l'avant-garde du roi Henri, où il y avait deux cents lances qui en peu d'heures furent déconfits. Quand messire Bertrand sut la déconfiture, il n'y eut en lui que courroux. Il partit donc avec toute sa bataille, avec lui Le Bègue de Vilaines, Olivier de Mauny et toute la chevalerie de France, qui, bannières deployées, et en criant : « *Guesclin !* » s'assemblèrent contre Pierre qui grandement se défendit. Là il y eut bataille forte et merveilleuse et grandement combattue d'un côté et d'autre ; mais les Espagnols furent déconfits. De la bataille partirent Pierre et le comte Fernand de Castro, et le maitre de Saint-Jacques. En cette bataille furent déconfits et oc-

cis, tant de ceux qui étaient restés de la bataille de
Tolède, que de ceux qui étaient venus là, dix-sept cents
hommes. En partant de la bataille, Pierre s'enfuit tout
seul à Monterassent ; mais il n'osa entrer dedans, mais
se jeta dans les chemins dérobés, en côtoyant la haute
mer. Et il chevaucha tant qu'il arriva sur un port de
mer. Là étaient des marchands qui venaient souvent à
Séville ; et ils aperçurent bien le roi Pierre, et pensèrent aussitôt qu'il était déconfit.

Dans le navire des marchands descendit Pierre, qui
voulut se faire mener en Grenade ; mais les marchands
le voulurent jeter dans la mer. Alors Pierre se mit à
genoux devant eux en pleurant, et leur promit grand'
finance pour sauver sa vie. A cause de la grand'finance
dont les marchands ouïrent parler, ils laissèrent la vie
à Pierre et le menèrent au pays des païens ; et ils le
vendirent aux Sarrasins, dont il fut brièvement racheté
par ceux de Séville qui payèrent la rançon et le rame-
nèrent dans Séville (1).

Mais à cet endroit le laisse l'histoire, qui retourne
au roi Henri et aux faits de messire Bertrand.

---

(1) Ceci n'est que du « rommant », mais dans le sens le plus moderne du mot. La
fable devait, nous l'avons remarqué déjà, jouer un grand rôle dans les récits de
cette expédition.

CXIII. — Comment Henri et messire Bertrand retournèrent à Tolède.

APrès la bataille qui fut près de Mont-Jourdain, le
roi Henri et messire Bertrand avec leur chevalerie retournèrent devant Tolède. Là vinrent au roi
Henri de toutes parts des gens d'armes d'Espagne
pour renforcer l'armée. Alors messire Bertrand fit
dresser des engins et souvent assaillir la ville ; mais il
y exploita peu ; car la clôture était forte à merveille, et
ceux qui étaient dedans furent de grand'défense. Et
brièvement leur vint des nouvelles de Pierre, qui leur
écrivit par ses lettres qu'ils auraient de lui brièvement
du secours ; ce à cause de quoi ils se tinrent plus fort
dans cette espérance.

CXIV. — Comment Pierre épousa la fille du roi de
Belle-Marine, et comment Pierre et Altaire arrivèrent avec toutes les troupes à Séville (1).

LE roi Pierre partit de Séville, et alla en Grenade
par devers le roi quérir du secours, lequel roi de
Grenade lui promit de lui envoyer par mer, au port le
plus prochain de Tolède, vingt mille Sarrasins.

(1) Le mariage de Pierre avec la fille du roi de Belle-Marine est un fait con-
trouvé, ainsi que son apostasie dont il est parlé plus haut.

Après, Pierre s'en alla par devers le roi de Belle-Marine, qui était alors en la cité de Sormasanne (1).

Le roi de Belle-Marine était plein de grand'cheva-lerie ; et autrefois il avait été pris par les chrétiens devant Castro-d'Urdiale où les chrétiens tinrent longuement le siège : et là il y avait beaucoup de Français. Pour la venue de Pierre, le roi de Belle-Marine tint grand'cour. Là le roi Pierre épousa, selon la loi païenne, la fille aînée du roi de Belle-Marine qui était pleine de grand'beauté. Après la fête, le roi de Belle-Marine manda ceux de sa chevalerie, qui vinrent brièvement. Et il fit tant, qu'il assembla trente mille Sarrasins pour secourir le roi Pierre, et il les donna à conduire à Al-taire, son fils aîné.

Pierre et Altaire avec leurs Sarrasins partirent de la cité de Sormasanne, et ils allèrent tant par leurs journées, qu'ils arrivèrent à Séville. Là Pierre honora Al-taire de Belle-Marine de tout son pouvoir, et assembla grand'foison de gens pour lever le siège ; et Pierre fit tant, que, de son pays, il trouva trente mille personnes, tant chrétiens que sarrasins et juifs. Pierre et Altaire prirent leur chemin par terre pour aller devant Tolède, et, au partir de Séville, ils furent bien nombrés soixante mille combattants ; et au prochain port ils devaient trouver ceux de Grenade qui y étaient avant Pierre et

(1) Trémecem.

étaient descendus à terre. Et, en attendant Pierre, ils avaient tendu leurs tentes et leurs pavillons.

CXV. — Comment le roi Henri et messire Bertrand partirent du siège de Tolède pour aller contre les Sarrasins qui furent déconfits.

LE roi Henri sut bientôt nouvelles de la descente des Sarrasins de Grenade, et comment ils attendaient Pierre qui venait avec grand'foison de gens. Il le raconta à messire Bertrand, qui, en le réconfortant, lui dit :

« Sire roi, nous pouvons bien dire que nous ressem-
» blons à ceux qui vont chercher le Saint-Père à Rome
» quand il est à leur porte. Vous savez que le roi
» Charles de France, il y a longtemps, m'envoya en ce
» pays pour aller sur les Sarrasins, dans l'espérance
» d'aller contre eux en Grenade ; mais maintenant il ne
» nous faut point les aller quérir en Grenade ni en Sy-
» rie, ni dans les lointaines contrées des païens, puis-
» que nous les avons si près de nous. »

Du siège partirent le roi Henri, messire Bertrand, Le Bègue de Vilaines, messire Olivier de Mauny et plusieurs autres Français, et ils laissèrent le siège garni, puis chevauchèrent droit au port devant Tolède, où étaient descendus les Sarrasins de Grenade. Et ceux-ci se mirent en arroi pour combattre les Chrétiens, car ils savaient bien leur venue. Aussitôt que messire Bertrand, qui conduisait la première bataille, approcha les Sarrasins, il s'assembla contre eux. Alors les Français crièrent : « *Notre-Dame ! Guesclin !* » Et là les Sarrasins se combattirent de grand pouvoir ; mais à la fin ils furent déconfits ; et sur les champs furent occis six mille Sarrasins, et plus. Et ceux qui se purent retirer de la bataille rentrèrent en leur flotte, et à l'entrée s'entre-pressaient tellement que dans la mer en tombèrent plusieurs qui furent noyés. Et les autres, avec leurs navires, retournèrent par mer en leur pays et contrée de Grenade.

Messire Bertrand gagna sur les Sarrasins tentes et pavillons et grandes richesses, qui, par son ordre, furent partagées entre la chevalerie ; puis ils retournèrent en leur siège de Tolède, en attendant des nouvelles de l'armée de Pierre, qui chevaucha tant, qu'il arriva près d'un château appelé Montiel (1) ; et il offrit la bataille au roi Henri, qui, par le conseil de messire Bertrand, la lui accorda.

CXVI. -- La bataille de Montiel.

POUR combattre le roi Pierre, le roi Henri manda les capitaines de ses châteaux et toute la chevalerie qui était en son obéissance. Pour maintenir le siège de Tolède, ils ordonnèrent que devant la cité

(1) Près de Ciudad-Réal, non loin du Guadiana.

demeureraient l'archevêque et la reine à grand'foison de gens, et que le roi Henri chevaucherait droit à Montiel avec ses troupes (1).

Le roi Henri ordonna en cette manière de tenir son siège, par l'ordonnance de messire Bertrand ; et avec ses troupes il chevaucha droit à Montiel. Sur les champs, à une lieue près de Montiel, se tint le roi Pierre en attendant la bataille. Et le roi Henri chevaucha tant, qu'il approcha de l'armée de Pierre qui ordonna cinq batailles de ses gens. Messire Bertrand ordonna trois batailles de l'armée du roi Henri ; desquelles il donna la plus grosse à conduire au roi Henri. Sur les ailes de la grosse bataille étaient les deux autres batailles, dont il donna l'une à conduire au Bègue de Vilaines, et il conduisit la troisième avec messire Olivier de Mauny.

Dans la bataille ordonnée descendirent à pied le roi Henri, messire Bertrand et toute la chevalerie ; et ils étaient nombrés, du côté du roi Henri, à vingt mille hommes ; et du parti du roi Pierre ils étaient bien nombrés soixante-dix mille hommes. Pour assembler contre Pierre partirent les batailles du roi Henri ; et, en se recommandant à Notre-Seigneur, ils se confessaient l'un à l'autre, et se couvraient de terre en remembrance du corps de Notre-Seigneur.

------

(1) La bataille de Montiel qui décida du sort de l'Espagne, où, vainqueurs, les Sarrasins seraient demeurés, eut lieu en 1369.

Les batailles du roi Henri allèrent tout de pied, étroitement serrées et un pas devant l'autre ; ils allèrent tout bellement et tant, qu'ils s'assemblèrent aux batailles de Pierre. Et le Bègue de Vilaines fut si désirant de batailles, que devant toute la chevalerie il assembla le premier avec sa bataille contre les Sarrasins. A l'attaque fut tué le neveu du roi de Belle-Marine, ce dont les païens menèrent grand'deuil ; car en leur loi il était renommé chevalier de grand'vaillance. Et à cause de la mort du neveu du roi de Belle-Marine, les batailles du roi Pierre reculèrent l'espace d'un demi-trait d'arc. Altaire, son cousin germain, qui conduisait sa bataille contre le Bègue de Vilaines, fut si dolent, qu'il ne pouvait l'être davantage. Là combattirent de grand'puissance chrétiens et sarrasins, et le Bègue y fit tant de chevalerie que de tous il fut fort prisé ; et chacun était émerveillé de son bien-faire. Altaire de Belle-Marine, qui le fit âprement assaillir, fut porté à terre, mais il en fut relevé ; ce dont se réconforta la bataille des païens ; et à cette attaque les chrétiens furent grevés et la bataille du Bègue fut fort endommagée par Altaire ; ce dont nouvelles vinrent à messire Bertrand qui fit marcher sa bannière droit à la bannière du Bègue. Et quand messire Bertrand et Le Bègue se trouvèrent ensemble, que nul ne demande la grand'hardiesse que Le Bègue en prit en soi : car de plus en plus il assaillit les Sarrasins qui se défendirent grandement. D'autre part était le roi Henri assemblé contre le roi Pierre, lequel sur son destrier, couvert de ses parements, était armé, la couronne sur son bassinet, et vêtu de la tunique royale d'Espagne.

Et le roi Henri et sa bataille assaillirent puissamment ceux de la bataille du roi Pierre, qui grandement se défendirent, et Pierre y faisait beaucoup de chevalerie.

Messire Bertrand et Le Bègue assaillirent si âprement les batailles des Sarrasins avec leurs batailles, qu'ils en tuèrent beaucoup. Et bientôt sur eux se tourna la déconfiture, et les Sarrasins se prirent à fuir. Quand Altaire de Belle-Marine vit ses gens fuir, il vit bien qu'il ne pourrait supporter le combat contre messire Bertrand. Il partit de la bataille, et avec lui quatre amiraux (1) de son pays et grand nombre de Sarrasins. Dans les forêts entra Altaire de Belle-Marine, qui fut poursuivi bien hâtivement par messire Bertrand et Le Bègue. Et tant fit messire Bertrand, qu'il atteignit les Sarrasins, qui ensemble se mirent avec Altaire. Là les Sarrasins furent enclos et assaillis de toutes parts, mais ils se défendirent grandement, et endommagèrent fort les chrétiens qui les assaillirent de plus en plus.

C'était merveille de voir les armes que faisait messire Bertrand de sa seule personne : car nul n'osait séjourner devant lui, et, là où il se trouvait, il n'y avait

(1) Quatre émirs.

personne de si osé qui approchât de lui : et tellement que plusieurs laissaient la besogne pour seulement le voir et regarder. Et à la fin furent occis Altaire, ses quatre amiraux et leurs Sarrasins.

Pierre tint ses batailles en grand arroi contre Henri, qui durement les assaillit. Et après la déconfiture des Sarrasins, messire Bertrand et Le Bègue se retirèrent avec toutes leurs batailles et bannières dans les batailles du roi Henri. Là se renforça la bataille fière et merveilleuse, et en peu d'heures la déconfiture tourna sur Pierre. Quand Pierre aperçut que la journée était contre lui, il se partit hâtivement de la bataille et s'en alla dans le château de Montiel, et avec lui quatre cents hommes d'armes. Grand'occision de Chrétiens, Juifs et Sarrasins fut faite sur les champs ; et ils furent bien nombrés dans la bataille à trente-trois mille hommes morts. De la bataille partirent ceux de Séville, quand ils virent fuir les Sarrasins, et ils commencèrent à poursuivre les Sarrasins, et les tuèrent tous. La chasse alors commença sur ceux de Séville. Après et bientôt ils furent atteints et mis à mort (1).

CXVII. — Comment le roi Pierre fut assiégé et pris devant Montiel.

APRÈS la bataille qui fut près de Montiel, s'assemblèrent le roi Henri, messire Bertrand, le Bègue

(1) La bataille de Montiel eut lieu le 14 mars 1369.

de Vilaines, Olivier de Mauny et tous leurs gens, pour
poursuivre le roi Pierre. Le roi Henri vint devant
Montiel et assiégea le château de toutes parts. Et le
roi Henri fit clore le siège de murailles tout autour,
tellement que la garnison du château ne pouvait sortir
sur le siège. Et ils étaient bien là environ huit cents
hommes d'armes, et ils n'avaient pas de vivres pour
un mois ; ce à cause de quoi ils furent en grand'détresse. Bertrand fit souvent assaillir le château, mais il
fut grandement défendu, et ne pouvait être pris d'assaut. Un jour Bertrand dit au roi Henri :

« Sire je voudrais bien que Pierre se fût rendu en
» votre merci et que vous lui donnassiez largement de
» terre pour maintenir son état. Et il me semble qu'il
» serait bon de lui signifier cette chose. »

Le roi Henri s'accorda à cela et envoya dans Montiel un héraut pour dire à Pierre ces nouvelles, lequel
fit dire par le capitaine de Montiel : qu'il était parti de
Montiel pour aller quérir du secours.

Le héraut retourna devers le roi Henri et lui rapporta ce que le capitaine lui avait dit : ce dont il fut
fort effrayé, et il manda sa chevalerie pour se conseiller. Là était le vicomte de Rocaberti (1) qui conseilla
au roi de lever son siège ; mais messire Bertrand ne
voulut pas consentir à cela, et il dit :

---

(1) Il est appelé Roquebertin dans quelques anciens manuscrits ; l'imprimé dit
« le vicomte de Rocque », ce que plusieurs ont traduit par le vicomte de Rouergue.

« Sire roi, sachez qu'il se fait celer, pour faire lever
» votre siège ; et sachez bien que là-dedans il ne peut
» tenir longuement ; car je sais bien certainement qu'ils
» ont grand'souffrance de vivres et qu'ils sont trop
» ensemble. »

Au conseil de messire Bertrand le roi Henri se tint
et jura le siège.

Il advint qu'une nuit, par l'accord de ceux de la garnison du château de Montiel qui, dans douze jours,
devaient avoir secours de lui (et il le leur avait promis),
le roi Pierre partit secrètement de nuit dudit château,
lui cinquième seulement ; et il emportait avec lui
grand'richesse. Pour descendre du château plus secrètement, ils tenaient leurs chevaux en main et venaient
tout doucement. Cette nuit Le Bègue de Vilaines faisait le guet, et par ses sentinelles sut que des gens
étaient sortis du château. Pour cela, Le Bègue fit armer ses gens et les mit secrètement sur le passage.
Pierre le roi alla tant de pied, qu'à un endroit où ces-
sait le mur, près d'un passage du siège, il voulut monter
sur son destrier. Au passage était Le Bègue de Vilaines qui prit le roi Pierre, et déjà il avait un pied à
l'étrier pour monter à cheval ; et tous les autres furent
pris par les gens du Bègue. Quand Pierre se sentit
pris, il voulut se mettre en défense et essaya de frapper
Le Bègue d'une dague ; mais par force Le Bègue la lui
ôta des mains. Et Pierre aperçut bien qu'il ne pouvait

plus se défendre. Alors débonnairement il se prit à s'humilier devant Le Bègue, et il lui promettait grands dons et richesses d'or et de joyaux, avec trois cités et douze châteaux, pourvu qu'il le laissât aller. Le Bègue ne voulut pas s'accorder à cela, mais il le prit et l'amena. Sur ce point vint devers lui le vicomte de Rocaberti, et il s'offrit au Bègue pour garder Pierre, ce que Le Bègue refusa. Et, par mécontentement, le vicomte dit au Bègue :

« Sire Bègue, Pierre a bien été trahi, et vous l'avez » bien su prendre de nuit en larcin. »

Le Bègue répondit au vicomte qu'il mentait faussement, et, sur ce, il jeta son gage de bataille, mais le vicomte refusa le gage.

CXVIII. — Comment Pierre fut mené dans la tente de messire Alain de la Houssaye, et Henri y vint.

L E Bègue mena le roi Pierre dans la tente de messire Alain de la Houssaye, et manda la prise au roi Henri par Giles du Boissel (1), écuyer de renom qui portait sa bannière ; ce dont le roi Henri fut fort joyeux. Et aussitôt il partit de sa tente pour venir là où était Pierre, qui, dès qu'il aperçut le roi Henri, lui cria et l'appela : « Traître ! »

Alors vint le roi Henri qui entre les mains du Bègue

(1) Gillet de Buz (de Buch) selon l'imprimé.

le voulut occire, mais Le Bègue l'en empêcha. Quand
le roi Henri aperçut qu'il ne pouvait jouir à cette
heure du roi Pierre, il traita avec le Bègue tant, que
celui-ci le lui livra et donna. Et il promit de payer au
Bègue, pour lui, telle rançon qu'il serait dit par les chevaliers qu'il devrait payer pour un tel prince. Et en
livrant Pierre, Le Bègue dit au roi Henri, devant sa
chevalerie, ces paroles :

« Sire Henri, roi d'Espagne, moi, Pierre de Vilai-
» nes, chevalier de la nation de France, qui suis venu à
» votre secours en ces pays, je vous fais savoir que, en
» faisant mon devoir, et pendant le guet que je faisais
» en votre siège devant le château de Montiel, j'ai ren-
» contré le roi Pierre qui, de nuit, était sorti du château,
» et je l'ai pris ; et il est mon prisonnier loyalement. Et
» je vous jure par ma foi et par mon serment que je ne
» savais rien de sa venue, mais que j'ai trouvé l'aven-
» ture, telle comme il a plu à Dieu de me l'envoyer. Et
» je vous dis ces choses, parce que quelques-uns mur-
» murent que je savais son départ et que je l'ai pris
» mauvaisement en guet-apens ; mais, Sire, si en ce
» monde il y a quelque chevalier qui veuille maintenir
» que Pierre ne soit pas loyalement mon prisonnier,
» de ma personne je suis prêt à prouver le contraire
» par devant vous. »

Et Le Bègue récita ces paroles trois fois ; ce à quoi
personne ne fut répondant.

CXIX. — Comment le roi Pierre eut la tête tranchée devant Montiel.

EN ce point Pierre fut pris par le roi qui l'appela traitre. Quand Pierre s'entendit nommer traitre, il répondit de grand orgueil au roi Henri : qu'il mentait faussement. En ce point le roi Henri tira une dague, de laquelle il frappa Pierre par le visage, et celui-ci aussitôt approcha du roi Henri et le prit à bras-le-corps. Et ils firent et luttèrent tant, que Pierre mit à terre le roi Henri, et le démena fort de ses genoux, et il essaya de lui arracher la dague. A cette heure arrivèrent en la tente de messire Alain de la Houssaye, messire Bertrand et avec lui Olivier de Mauny, Kerlouët, Guillaume Bouestel et plusieurs autres chevaliers et écuyers de renom, qui furent tout émerveillés quand ils aperçurent les deux rois s'entre-serrer. Et il déplut fort à messire Bertrand de ce que le roi Henri fut au dessous. Pour cela, il dit au sire d'Asnières qu'il allât mettre Pierre sous Henri. Appertement vint le sire d'Asnières, qui prit Pierre par les jambes et le jeta dessous le roi Henri, lequel se prit à le frapper de sa dague en plusieurs endroits et le blessa à mort, puis il se leva de dessus lui (1).

---

(1) Froissart ne dit point que du Guesclin envoya quelqu'un au secours d'Henri de Transtamare pendant sa lutte corps à corps avec Pierre ; mais il dit que le vicomte Rocaberti « prit le pied de Don Pèdre et le renversa sous Henri. » D'après Ayala, contemporain des faits, du Guesclin n'assistait même pas à cette

Après que le roi Henri eut tué Pierre, il fit venir un varlet, et fit trancher la tête à Pierre.

Ceux de Montiel surent bientôt nouvelles de cela, et incontinent ils rendirent le château au roi Henri. Et il fit mettre la tête de Pierre sur le fer d'une lance, puis l'envoya devant son pavillon et fit pendre le corps sur la tour de Montiel. Puis le roi Henri chevaucha droit à Séville, et par le conseil de messire Bertrand fit porter la tête de Pierre.

Et brièvement ceux de Séville se rendirent au roi Henri qui leur pardonna toutes offenses ; et il fit mettre la tête dans les halles ; mais une nuit la tête du roi Pierre fut prise par quelques-uns du peuple et jetée en la mer qui passe par Séville (1) ; ce dont Henri fut dolent, car il la voulait faire porter à Tolède.

CXX. — Comment les clefs furent apportées à Henri et à Bertrand du Guesclin de toutes les villes et châteaux.

A Séville furent grandement honorés le roi Henri, messire Bertrand, Le Bègue de Vilaines et toute la chevalerie ; puis ils en partirent et retournèrent au siège de Tolède. Là commença la grand'fête pour la joyeuse victoire du roi Henri. Et de jour en jour lui

---

lutte horrible, et c'est un valet d'Henri de Transtamare, nommé Perez d'Andreda, qui s'élança sur les combattants en s'écriant :« Je ne veux faire ni défaire un roi de Castille ; je veux secourir mon maître », prit la jambe de Pierre et le renversa à terre.

(1) Dans le Guadalquivir. Séville est loin de la mer.

furent apportées les clefs des villes et des châteaux du royaume d'Espagne, qui tous se rendirent à lui, excepté Tolède qui résista fort.

Mais maintenant l'histoire se tait sur les faits du roi Henri qui, par le conseil de messire Bertrand, conquit l'Espagne ; et elle parle du roi Charles de France, qui avait fait promettre à Bertrand, à son départ, de venir à lui toutes les fois qu'il le manderait.

CXXI. — Comment les Anglais rompirent la paix avec les Français.

DANS le temps que le roi Henri tenait le siège devant Tolède, et avec lui messire Bertrand, Le Bègue de Vilaines, Olivier de Mauny, messire Alain de La Houssaye, messire Guillaume Bouestel, Moradas de Romule, Kerlouët et les autres chevaliers de France, les Anglais rompirent la paix qui était entre le roi de France et eux, et se prirent à guerroyer le royaume en plusieurs endroits. Le roi Édouard d'Angleterre assembla grand'armée dont il fit chef Robert Knowles, qui entra en mer et vint à Calais, et par là arriva en Picardie qui par lui fut fort gâtée. Pendant ce temps était connétable de France messire Moreau de Fiennes, qui était de si grand âge, qu'il ne pouvait plus s'armer. Pour cela, Charles, le roi de France, écrivit hâtivement à messire Bertrand qui était devant

Tolède : qu'il s'en vint hâtivement devers lui ; lequel écrivit au roi qu'en peu de temps il serait devers lui.

Mais le roi Henri fut fort dolent de ces nouvelles parce que Tolède ne lui était pas encore rendue, et il dit à messire Bertrand :

« Ah ! sire Bertrand, seulement par votre grand're-
» nommée et par la crainte qu'on a de vous, j'avais
» l'espérance de tenir toute l'Espagne avant que trois
» mois fussent passés ; mais à cause de votre départ je
» vois bien qu'à peine j'en pourrai conquérir davan-
» tage. »

Ainsi disait le roi Henri à messire Bertrand, lequel, pour obéir au roi Charles, désirait retourner en France ; et en réconfortant le roi Henri, il lui dit :

« Sire, je sais bien que ceux de Tolède ne croient
» rien de la mort du roi Pierre ; mais si, en donnant des
» otages, l'archevêque qui est fort vaillant et sage, en-
» trait dans la cité et prêchait devant le peuple la ma-
» nière de la mort du roi Pierre, ils se pourraient bien
» rendre à vous. Et, s'ils ne l'en voulaient pas croire,
» qu'il leur soit donné quinze jours de trèves, pendant
» lequel temps ils pourront envoyer à Séville en savoir
» la vérité. »

Au conseil de Bertrand se tint le roi Henri, qui à sauf-conduit manda les bourgeois de Tolède et le capi- taine. Là ils traitèrent en telle manière : qu'ils donnè- rent dix otages pour l'archevêque qui entra dans To-

lède et y fit prédication devant le peuple. Après la prédication faite, Tolède fut rendue au roi Henri, qui
reçut en sa grâce ceux de la ville, et en donna la garde
au capitaine qui y avait été mis de par Pierre.

CXXII. — Comment, après la prise de Tolède, prit
congé messire Bertrand du roi Henri.

D Ans Tolède ils furent fort grevés par ce siège, et
de famine y moururent plus de trente mille personnes. Et après la prise, le roi Henri y festoya messire
Bertrand et la chevalerie de France qui était là. Là
messire Bertrand prit congé du roi Henri, qui au départ fut fort dolent, et lui dit :

« Ah ! Sire Bertrand, comment vous pourrais-je
» jamais rendre le bien que vous m'avez fait, et dont je
» vous suis tant obligé ; car, si j'ai royaume ou seigneu-
» rie ou autre bien, c'est à cause de vous. Et je puis
» bien vous dire devant toute la chevalerie qui est ici,
» que : si ce n'avait été par vous, je serais le plus pau-
» vre chevalier qui soit sur terre. Et pour toutes ré-
» tributions que je vous saurais faire, je prie le benoit
» Fils de Dieu qu'il le vous veuille rendre, en vous
» paroffrant (1) mon corps, mes biens et tout mon
» royaume à votre service, quelque part qu'il vous
» plaira, en vous suppliant et requérant, tant que je

____

(1) En achevant de vous offrir, en vous offrant jusqu'à la fin.

» puis, qu'il vous plaise de tant faire, que Le Bègue
» de Vilaines demeure encore un petit jusqu'à ce que
» la chose ait pris fin. »

Et ainsi le demanda messire Bertrand au Bègue,
lequel le fit bien malgré lui, parce qu'il lui déplaisait fort
de laisser la compagnie de messire Bertrand.

Ainsi messire Bertrand partit d'auprès du roi Henri,
qui lui donna grands dons, ainsi qu'à tous les chevaliers
et écuyers de France, lesquels le roi Henri remercia
fort (1). Et tant chevaucha messire Bertrand, qu'il entra
dans le duché de Molina. Là étaient plusieurs châteaux
qui ne lui obéissaient en rien ; et en peu de jours il les
conquit.

CXXIII. — Comment le roi Charles envoya quérir
messire Bertrand par ses messagers.

LE roi Charles et tout le peuple fut fort désirant de
la venue de messire Bertrand. Pour cela il lui
envoya plusieurs messages, et à la fin il lui envoya messire Jean de Berguettes, qui, de par le roi, lui dit :

« Sire, à vous m'envoie Charles, votre droiturier sei-
» gneur, qui, par ses autres messagers et par ses lettres,
» vous a fait savoir que vous vinssiez à lui; ce dont vous
» n'avez rien fait. Et contre vous il est courroucé; car,

---

(1) Outre du Guesclin qui avait le duché de Molina, Le Bègue de Vilaines eut
le comté de Ribadea, Mauny la seigneurie d'Agreda, et Eustache de la Houssaye
la seigneurie d'Aguilar del Campo.

» quand vous partîtes de France par son congé, vous
» lui promîtes de retourner toutes les fois qu'il vous
» manderait. Et certes vous ne devriez pas tarder de
» vous en venir, pour le grand bien qu'il vous garde. »

Pour obéir au roi, Bertrand partit de son duché de
Molina et s'en vint devant Soria. Et là était messire
Alain de Beaumont qui avait assiégé le château et la
ville ; mais aussitôt que Bertrand vint devant, ils se rendirent à lui. A Soria vint le maréchal d'Audeneham qui
dit à messire Bertrand que le roi le mandait. Bertrand
répondit au maréchal qu'il le savait bien, et qu'il séjour-
nerait peu dans Soria.

CXXIV. — Comment messire Bertrand partit de Soria
    pour passer en France, et passa par Foix.

AU départ de Soria, messire Bertrand chevaucha
droit en France et prit son chemin par Foix. En
ce temps le comte d'Armagnac guerroyait contre le
comte de Foix, et en l'alliance du comte d'Armagnac
était le frère de messire Bertrand, Olivier du Guesclin.
Pour la venue de messire Bertrand, le comte de Foix
fit grand appareil et vint au-devant de lui pour l'honorer ; mais le comte de Foix se plaignit à lui de son frère
qui le guerroyait. De cela messire Bertrand l'excusa,
en lui disant : qu'il faisait bien de servir le comte d'Armagnac, puisqu'il avait pris son argent. Le comte de

Foix festoya et honora grandement messire Bertrand, et ensemble ils s'allièrent contre tous, excepté contre le sang royal.

Depuis les alliances faites entre messire Bertrand et le comte de Foix, qui fut un chevalier de grand'vaillance, messire Bertrand prit son chemin sur le Languedoc. Là furent au devant de lui les chevaliers et écuyers du pays, qui à cause de sa grand'renommée se mirent avec lui ; et en peu de temps il se trouva avec mille et cinq cents, tant chevaliers qu'écuyers. Messire Bertrand eut grand'joie de la chevalerie, et, son chemin tenant, il commença à guerroyer ; et tant fit, qu'il prit d'assaut la ville et le château de Brantôme, la ville de Saint-Yrieix qui était forte et bien close de murailles, Montespin, le château de Marcenay, et plusieurs autres villes et châteaux qui se tenaient du côté des Anglais.

Tant courut sa renommée par le pays de Languedoc, que les clefs de plusieurs villes et châteaux lui furent apportées ; et il en reçut les hommages au nom du roi Charles de France.

En telle manière Bertrand chevaucha, tant qu'il arriva par devers Louis, le duc d'Anjou, qui avait commencé la guerre sur les Anglais par leurs torts ; et il conquérait sur eux de jour en jour, et il avait bien conquis déjà sur les Anglais quarante châteaux.

CXXV. — Comment messire Bertrand vint par devers
le duc d'Anjou qui l'honora fort, et s'en alla en
Périgord.

DE la venue de messire Bertrand fut fort réjoui le
duc d'Anjou, et il l'honora fort grandement.
Puis il prit congé du duc, et il alla tant par ses journées, et avec lui le maréchal d'Audeneham, qu'il arriva
en Périgord par devers le comte qui l'honora fort et le
fit honorer par messire Talleyrand de Périgord, son
frère.

Près de Périgueux est située une abbaye que tenaient
les Anglais, et ils en avaient chassé les religieux, et en
avaient remparé l'église. Par cette église et cette abbaye
était fort grevée la cité de Périgueux. Et le jour que
messire Bertrand arriva par devers le comte, après
dîner, en manière d'ébattement, il vint devant l'abbaye
qui était très forte ; mais messire Bertrand la prit d'assaut, et y remit les religieux ; puis il s'en retourna le
soir à Périgueux.

Là messire Bertrand séjourna pour rafraîchir la chevalerie. En sa compagnie étaient le maréchal d'Audencham, Olivier de Mauny et son frère, messire Alain de
Beaumont et plusieurs autres chevaliers et écuyers de
France.

Là furent apportées à Bertrand des lettres de par
le roi de France. Et hâtivement le maréchal d'Auden-

eham partit, par l'ordonnance de messire Bertrand, dire au roi Charles sa venue : ce dont se réjouit grandement le roi Charles.

CXXVI. — Comment Robert Knowles vint présenter la bataille devant Paris et se logea à Bicêtre.

EN cet endroit l'histoire dit que Robert Knowles chevaucha tant parmi la France, en pillant et gâtant le pays, qu'il s'en vint loger devant Paris en l'hôtel de Bicêtre, et avec lui messire Thomas de Grandison, messire Hugues de Calverley, Carswell (1), et plusieurs autres capitaines d'Angleterre. Les Anglais étaient bien nombrés à trente mille. Ils envoyèrent présenter la bataille au roi Charles de France. Le roi Charles de France était dans Paris ; et avec lui le duc d'Orléans son oncle, les comtes de Saint-Pol, de Joigny, de Dammartin, de Sancerre, de Tancarville et de Braine (2), messire Jean de Vienne, le sire de Fontaine, le sire de Sempy, messire Gauthier de Châtillon, messire Henry de Vandenay, messire Robert d'Estourmel (3) et plusieurs autres chevaliers et écuyers qui avaient amené grand'foison de gens par devant le roi pour combattre les Anglais ; mais le roi les fit tous

---

(1) Ce nom d'un célèbre capitaine de routiers a été extrêmement défiguré, Cressouelle, Carsouelle, Tressonnelle et Cressouval.

(2) de Brienne.

(3) d'Estourval.

retirer dans Paris et défendit que nul n'en sortît ; ce qui déplaisait fort à la chevalerie et à ceux de Paris, qui avaient grand désir de combattre les Anglais et qui étaient un plus grand nombre de gens que n'étaient les Anglais ; et ils en furent fort dolents ; mais le roi ne se voulut pas accorder à livrer bataille.

En cette ordonnance Robert Knowles se tint devant Paris, attendant qu'on lui livrât bataille. Un jour il advint que de l'armée de Robert Knowles partit un chevalier anglais qui par orgueil voua qu'il viendrait attacher sa lance aux portes de Paris. Le chevalier armé vint, sa lance baissée, à la porte St-Michel (1). Là était le sire de Hangest qui monta sur un coursier, et tout armé, sa lance baissée, vint contre le chevalier anglais. En s'approchant les chevaliers frappèrent leurs chevaux des éperons, et de telle vertu s'entre-rencontrèrent de leurs fers de lances, qu'ils brisèrent leurs lances en tronçons, puis mirent la main aux épées et s'assaillirent l'un l'autre ; mais à cause du choc qu'avait reçu dans la joute le cheval du sire de Hangest, il se déroba et se démena tellement, que son cavalier ne put approcher le chevalier anglais ; mais le cheval tomba en se dérobant, et fit choir son maître, le sire de Hangest.

Quand l'Anglais aperçut le sire de Hangest à terre,

(1) On lit dans le manuscrit « la porte St-Marcel ». L'imprimé peut n'avoir pas tort ; la porte St-Michel, ancienne porte d'Enfer, fut ainsi appelée sous Charles VI, précisément au temps où fut écrite la chronique de du Guesclin.

aussitôt il lui vint courir sus ; mais en ce point messire
de Rainneval y vint qui abattit le chevalier anglais de
son destrier ; et là le chevalier fut occis, ce dont la
chevalerie anglaise fut dolente. Pour l'occasion de la
mort du chevalier anglais, les Anglais furent désireux
d'assaillir Paris ; mais ils ne s'accordèrent pas tous à
cela ; car ils savaient bien qu'à Paris il y avait deux
ducs et huit comtes et grand'chevalerie avec le roi, et
qui les eussent combattu volontiers, si cela eût plu au
roi de France.

CXXVII. — Comment Knowles partit de devant Paris.

PENDANT cinq jours les Anglais se tinrent devant
Paris, et au sixième jour ils se délogèrent. Au
départ de devant Paris, les Anglais chevauchèrent par
le royaume de France. De Paris sortirent messire
Hugues de Châtillon, maître des arbalétriers de France,
le comte de Sancerre, messire Louis son frère, et grand'-
chevalerie de France, qui allaient côtoyant l'armée des
Anglais, et les endommageaient fort. Et en brûlant et
pillant le pays, les Anglais allèrent tant par leurs journées, qu'ils entrèrent dans l'Anjou et dans le Maine.
Là ils conquirent plusieurs forteresses et se rafraîchirent fort ; car il y avait eu grand'famine dans leur
armée, et pendant le voyage.

Mais en cet endroit l'histoire se tait des Anglais qui

se sont répandus dans l'Anjou et le Maine par les châteaux, et de qui elle saura bien parler quand il en sera lieu ; et elle retourne aux faits de messire Bertrand.

CXXVIII. — Comment messire Bertrand partit de Périgord pour venir devers le roi à Paris, et comment il fut élu connétable.

L'HISTOIRE raconte que messire Bertrand laissa sa chevalerie en Périgord, et, lui sixième seulement, en état de n'être point reconnu, vint à Paris hâtivement. Le roi Charles sut la nouvelle de sa venue, et, pour l'accompagner, lui envoya au-devant messire Bureau de la Rivière, qui d'honneur savait beaucoup. Et à la rencontre de messire Bertrand il vint trois lieues hors de Paris. Là il dit son message à messire Bertrand et lui porta grand honneur. Et un soir il arriva à Paris petitement monté et vêtu d'une robe grise. Et de sa venue le peuple de Paris fut fort ému de joie, et tant, qu'ils crièrent tous d'une voix : Noël ! tout ainsi qu'ils eussent fait pour le roi s'il fût revenu d'un lointain pays. Et en menant leur grand'joie ils disaient :

« Bien venu soit celui par qui la France sera recou-
» vrée ! Car certes, s'il eût été en France il n'y a pas
» longtemps, jamais la chevalerie anglaise n'eût osé
» approcher. »

A Saint-Pol (1) messire Bertrand vint par devers le

---

(1) L'hôtel Saint-Pol, aussi appelé *Hostel solennel des grands esbattements*, était situé entre la rue Saint-Paul et la Seine, la rue Saint-Antoine et l'Arsenal.

roi qui lui fit fort grand'chère et honneur, et qui lui fit
donner son état semblable au sien dans l'hôtel de Saint-
Pol, près de sa chambre. Et le roi s'enquit fort auprès
de lui comment il se trouvait. Et messire Bertrand
s'agenouillait humblement devant le roi en lui répondant
à ses demandes ; mais toujours le roi le relevait. Le soir,
il fit asseoir messire Bertrand à sa table au souper, et
le fit honorer par sa chevalerie. Et grand'joie fut menée
à la cour pour sa venue ; et le lendemain fit assembler
son conseil et la chevalerie, et devant tous parla en cette
manière :

« Seigneurs qui êtes ici, nous vous avons mandés pour
» nous conseiller sur une affaire qui peut bien toucher
» le bien et honneur du royaume, de nous, de vos per-
» sonnes et de tous nos sujets. Vous savez, Seigneurs,
» les grandes adversités qui sont survenues en notre
» royaume ; et nous avons été guerroyés par ceux qui
» étaient tenus de nous conforter ; et ils ont endommagé
» notre royaume et nos sujets à déraison. Vous pouvez
» bien apercevoir la volonté de ces Anglais qui guer-
» roient notre royaume, nonobstant la paix jurée entre
» notre très-cher seigneur et père, le roi Jean, dont
» Dieu ait l'âme ! et eux, et nous qui avons tenu les
» accords sans les enfreindre, et qui avons fait envers le
» roi anglais et le prince son fils ce que nous étions
» tenus de faire ; mais ils ne nous ont rien tenu de ce
» qu'ils nous ont promis et juré. Et, pour garder notre

» terre, il nous faut mener guerre contre les Anglais.
» Seigneurs, bien que par droite lignée nous soyons
» couronné roi, et que sous nous soit ou doive être la
» puissance, toutefois nous savons bien qu'il n'y a pas
» en nous plus que la force d'un homme, et que sans
» vous nous ne pouvons rien. Au-dessus de tout, jamais
» prince, par sa puissance, ne jouira paisiblement de sa
» terre, s'il n'est pas entièrement au gré et en l'amour de
» ses sujets. Pour cela, Seigneurs, nous ne voulons rien
» faire en notre royaume qui ne soit à votre gré. Il est
» vrai que, pour poursuivre et maintenir les guerres de
» notre royaume, et pour résister à l'entreprise de nos
» anciens ennemis par le pouvoir de notre chevalerie, il
» nous est nécessire d'avoir un chevalier loyal, hardi et
» sage qui maintiendra nos guerres. Notre très-cher et
» aimé cousin, messire Moreau de Fiennes, notre con-
» nétable, est tombé en grand'vieillesse et ne se peut
» plus armer. Pour cela, il s'en est venu à nous et nous
» a rendu notre épée ; et outre tout, il nous a juré que,
» pour maintenir nos guerres, il n'y a pas un chevalier
» à qui l'épée fût dûe aussi bien qu'à messire Bertrand
» du Guesclin. Mais nous voulons élire un connétable
» entièrement à votre gré, bien que nous puissions le
» faire de notre autorité s'il nous plaisait ; et de cela,
» n'essayez pas de rien conquérir contre nous (1). Ainsi
» donc répondez sur ces choses à votre plaisir. »

____

(1) Ne vous prévalez pas pour l'avenir de cette concession que je vous fais.

Là il n'y eut duc, comte, chevalier et bourgeois, qui ne donnât entièrement sa voix à Bertrand.

Alors le roi fit amener Bertrand devant lui, et doucement lui dit :

« Ami Bertrand, pour la loyauté et hardiesse qui
» sont en vous, lequel êtes le plus prisé de chevalerie,
» par le conseil des princes et barons de notre royaume,
» nous vous voulons donner un office où vous pourrez
» bien agrandir votre honneur et votre nom. Pour cela,
» nous vous prions que vous vouliez prendre la conné-
» tablie de notre royaume dont notre cousin de Fien-
» nes s'est déchargé à cause de son grand âge. »

Messire Bertrand remercia humblement le roi, et dit :

« Sire, j'obéirai volontiers à votre commandement
» toute ma vie, et j'y suis bien tenu. Je sais bien que
» l'office est fort grand et qu'il est petitement employé
» en moi qui suis un pauvre homme et un pauvre cheva-
» lier ; mais, en vérité, Sire, je ne prendrai point l'épée si
» vous ne me donnez de votre grâce un don qui n'abais-
» sera en rien votre honneur ni votre finance. »

— « Ami, dit le roi, vous pouvez bien demander sûre-
» ment ce qu'il vous plaira, car c'est bien malgré moi que
» je voudrais vous éconduire en rien. »

— « Sire roi, dit Bertrand, je sais bien que, par l'envie
» et flatterie qui règnent dans les cours, de tous temps
» les princes ont eu mauvais vouloir contre les sujets.

» Et, à cause de cela, je vous veux requérir que, si un
» homme vous est médisant de ma personne en arrière
» de moi, vous ne vouliez point le croire, et qu'il ne
» m'en soit point fait pire, jusqu'à ce qu'il en ait dit
» autant en ma présence. »

Cette chose, le roi la lui octroya débonnairement.
Puis il prit l'épée en sa main droite, toute nue. Et
devant lui fut messire Bertrand agenouillé qui reçut
l'épée. Là le roi baisa messire Bertrand sur la bouche,
et il se releva.

Après que messire Bertrand fut retenu connétable
de France, le roi lui donna mille cinq cents hommes
d'armes, payés pour quatre mois : mais messire Bertrand en fit peu de compte, et il dit au roi :

« Sire, pensez-vous qu'avec si peu de gens nous
» puissions combattre tout le pouvoir des Anglais ? Et
» je trouverai bien des gens d'armes assez, s'il vous
» plaît dépenser du vôtre, dont vous avez assez et lar-
» gement, Dieu merci ! »

— «Ami, dit le roi, nous ne voulons pas que vous com-
» battiez les Anglais en journée ; mais vous avez assez
» de gens pour les harceler et tenir court. Et sur eux
» vous pouvez assez gagner. »

Messire Bertrand répondit au roi, et dit :

« Sire, cela me devrait être tenu à grand reproche,
» si devant moi je voyais venir vos ennemis, et si moi,

» qui suis chef de vos guerres, je partais sans assembler
» à eux (1) ! »

Messire Bertrand ne put avoir autre chose pour
cette fois. Mais il partit fort dolent de Paris et manda
ses gens à Caen en Normandie. Là vinrent à lui le
sire de Clisson, le vicomte de Rohan, le sire de Roye,
le maréchal d'Audeneham, messire Jean de Vienne,
messire Olivier du Guesclin, le comte d'Alençon, le
comte du Perche, qui pour la venue de messire Bertrand firent grand appareil.

CXXIX. — Comment messire Bertrand vint à Caen, où il fut fort bien reçu des barons de Normandie.

MESSIRE Bertrand vint à Caen en Normandie, et
fut fort honoré des comtes d'Alençon et du
Perche, qui étaient frères, et honorablement reçu de
toute la chevalerie. En attendant que gens d'armes
lui vinssent, messire Bertrand séjourna à Caen, et là
manda à sa femme qu'elle y vînt et qu'elle apportât ses
joyaux et sa vaisselle.

La dame eut grand désir de voir son seigneur, et
en peu de temps elle vint en grand arroi à Caen, où
elle fut bien reçue de la chevalerie et des bourgeois de
Caen. A cause de la venue de la dame, messire Bertrand fit grand appareil pour festoyer la chevalerie, et

(1) Du Guesclin reçut l'épée de connétable le 2 octobre 1370.

tint cour plénière. Là la vaisselle de Bertrand fut fort regardée de tous ; car c'était merveille de la voir, et il l'avait gagnée en Espagne.

De toutes parts vinrent à Caen des gens d'armes ; et en peu de temps il en vint plus de trois mille. A cause du grand nombre de gens d'armes qui étaient venus à Caen et qui de jour en jour augmentaient, messire Olivier de Clisson vint à messire Bertrand et lui dit :

« Sire, il faut penser à votre affaire. Grand nombre » de gens d'armes sont ici assemblés, et vous n'avez » deniers du roi que pour mille et cinq cents hommes » d'armes ; regardez donc ce que vous avez à faire. »

—« Beau frère, dit Bertrand, il est vrai que je n'ai eu » deniers du roi que pour mille et cinq cents hommes » d'armes ; mais s'il en venait ici dix fois autant, tant » que dureront ma vaisselle et les joyaux de ma femme, » jamais homme n'en sera refusé qu'il ne soit retenu à » gages et payé ; car c'est par de tels refus que les » pilleries et Compagnies sont venues en France. Et si » à présent j'emploie ma vaisselle pour servir le roi, » une autre fois il me la rendra. »

Messire Bertrand fit sa montre en la ville de Caen, et il trouva trois mille hommes d'armes. Alors il engagea toute sa vaisselle et solda tous les gens d'armes ; puis il partit et alla au château de Viré (1). Les Anglais

(1) Ce château, que des historiens ont confondu avec la ville de Vire, est situé près de Brulon.

surent bien que messire Bertrand faisait à Caen grand'
assemblée, et se tinrent pour sûrs d'avoir bataille,
puisque messire Bertrand était retenu connétable.
Pour cela, ils envoyèrent devers lui un héraut, qui de
par les Anglais salua messire Bertrand, et dit :

« Monseigneur, je viens ici à vous de par messire
» Thomas de Grandison, messire Hugues de Calver-
» ley, Carswell, David Holegrave et Geoffroy Wors-
» ley, qui se tiennent au Pont-Valain. Ils savent bien
» que vous êtes nouvellement retenu connétable de
» France, ce dont vous êtes bien digne ; et pour cela
» ils vous requièrent que, pour votre commencement,
» vous leur vouliez accorder bataille, et en prendre
» jour et lieu. Et sachez bien, Monseigneur, que si vous
» leur refusez, ils viendront à vous où que vous soyez,
» ce qui vous serait grand'honte. »

Messire Bertrand répondit doucement au héraut, et
dit :

« Vous me recommanderez à vos maîtres, et dites-
» leur bien que, brièvement, ils auront nouvelles de moi ;
» et s'ils ont grand désir d'avoir bataille, ils n'ont garde
» que je leur manque et ils peuvent bien dire que j'en
» suis autant qu'eux en volonté. »

Messire Bertrand donna au héraut de grands présents et le fit festoyer. Et le héraut but largement, et
tellement fut ivre, qu'il se coucha à Viré. Le soir même
Bertrand partit de Viré à la nuitée, aussitôt qu'il eut

parlé au héraut, avec sa chevalerie ; et il leur en déplaisait fort, car le temps était très obscur, et ils n'avaient guère accoutumé de faire telle chose ; et il ne cessa de pleuvoir toute la nuit ; ce à cause de quoi plusieurs chevaux furent perdus qui s'étaient écartés du séjour. Messire Bertrand prit son chemin vers Le Mans et envoya un messager au Château-du-Loir par devers messire Jean de Bueil, qui lui fit savoir que les Anglais s'étaient assemblés de plusieurs forteresses aux environs de Pont-Valain et avaient pris leur chemin en allant droit à l'abbaye de Champagnes ; car là était Knowles ; et là ils attendaient la bataille, s'il y avait quelqu'un qui les voulut combattre.

CXXX. — La bataille de Pont-Valain.

QUAND messire Bertrand sut que les Anglais étaient assemblés près de Pont-Valain, hâtivement il conduisit là tout droit sa chevalerie. Et cette nuit là messire Bertrand faisait l'avant-garde, et avec lui messire Olivier de Mauny, son frère, messire Alain de Beaumont ; et en sa bataille il avait cinq cents combattants ; mais il chevauchait si hâtivement, que ses gens ne le pouvaient suivre, mais étaient par troupes et par troupeaux, et ne se pouvaient réunir à cause de l'obscurité de la nuit, et sous plusieurs cavaliers mouraient leurs chevaux de fatigue. Messire Bertrand

creva un cheval cette nuit là. Tant chevaucha messire
Bertrand, qu'au point du jour il approcha de Pont-
Valain, et regarda autour de lui, et de toutes ses gens
d'armes ne trouva avec lui qu'environ deux cents hommes d'armes. Messire Bertrand fit descendre ses gens à
pied, et secouer leurs vêtements qui étaient mouillés de
pluie ; puis il fit ressangler les chevaux. A cette heure
cessa la pluie, et le soleil se prit à se lever qui échauffa
le temps, ce dont les Français se réjouirent. Alors
messire Bertrand et sa chevalerie montèrent à cheval ;
et ils chevauchèrent tant, que dans une vallée ils aperçurent les Anglais qui se voulaient loger. Messire
Bertrand envoya devant ses coureurs, qui avisèrent les
Anglais et les nombrèrent bien à huit cents chevaliers
et écuyers. Après messire Bertrand fit descendre ses
gens en ordonnance de bataille, et toujours lui venaient
des gens. D'autre part était messire Thomas de Grandison qui ordonna ses batailles. Messire Bertrand fit
déployer ses bannières ; et les Anglais furent fort ébahis quand ils virent les Français en ordonnance, car
ils ne croyaient pas les voir sitôt, et ils dirent bien que
Bertrand s'était levé bien matin.

En ordonnance, bien serrés, et tous à pied, partirent
les corps de bataille pour venir l'un contre l'autre. A
l'assembler fut grand le froissis des lances, et longuement ils se combattirent des lances, sans pouvoir entrer les uns dans les autres ; puis les Français prirent

des haches, et firent tant, qu'ils entrèrent dans les rangs des Anglais. Là il y eut une bataille fière et merveilleuse, car les Anglais se défendirent hardiment ; et nonobstant à l'assembler il en mourut bien deux cents ; mais messire Thomas renforça la bataille, lequel, en criant son enseigne, assembla fièrement contre les Français et fit tant d'armes que c'était merveille à voir.

A cette attaque que fit messire Thomas, les Français furent fort grevés ; mais brièvement vinrent le maréchal d'Audeneham, le comte du Perche, messire Jean de Vienne et messire Olivier de Clisson avec sept cents hommes d'armes. Là se renforça la bataille des Français, et fort fièrement ils entrèrent dans les batailles des Anglais qui en peu d'heures furent déconfits (1).

Là furent pris messire Thomas de Grandison, David Holegrave, Worsley et plusieurs autres chevaliers et écuyers anglais. Sur le point de la déconfiture arriva messire Hugues de Calverley avec trois cents lances ; mais il n'entra point en la bataille, mais se retira. De la bataille s'échappèrent Carswell et plusieurs Anglais qui se retirèrent en l'abbaye de Vas.

Là messire Bertrand conduisit sa chevalerie. A Vas se rafraîchirent les Français et la prirent d'assaut. Et messire Bertrand envoya ses coureurs devant Risle, mais les Anglais étaient partis de là et avaient désem-

---

(1) La bataille de Pont-Valain eut lieu à la fin de novembre 1370.

paré le lieu, et désemparèrent plusieurs autres places et châteaux.

Quand ils surent la déconfiture de Pont-Valain, Carswell et plusieurs autres Anglais, qui avaient laissé leurs forteresses, se retirèrent en l'abbaye de Sainte-Maure-sur-Loire ; car l'abbaye était très forte, et il y avait là grand'garnison d'Anglais.

CXXXI. — Comment messire Bertrand vint à Saumur et comment Carswell accorda de rendre l'abbaye de Sainte-Maure.

APRÈS la bataille de Pont-Valain et la prise de Vas, messire Bertrand et sa chevalerie se retirèrent à Saumur, où il y a forte ville et château bien situé. Là ils se rafraîchirent, et un jour messire Bertrand conta au comte du Perche les grandes vaillances qu'il avait vues au pays d'Espagne en Carswell, lequel s'était enfui de la bataille de Pont-Valain et s'était retiré en l'abbaye de Sainte-Maure-sur-Loire. Et pour conquérir Sainte-Maure, messire Bertrand, le comte du Perche et la chevalerie se mirent en conseil. Messire Bertrand envoya par devers Carswell un héraut par sauf-conduit, et lui manda qu'il vînt par devers lui à Saumur.

Là Bertrand traita tant avec Carswell qu'il promit à un certain jour de livrer l'abbaye de Sainte-Maure au roi de France. Ainsi Carswell retourna dans Sainte-Maure et raconta aux Anglais le traité qu'il avait fait. Et une nuit, avant le jour que Carswell avait promis de rendre l'abbaye, les Anglais chargèrent toutes les richesses qui étaient céans, et en sortant de l'abbaye ils y mirent le feu et la brûlèrent toute, puis s'en allèrent droit à Bressuire.

Ces nouvelles furent rapportées à messire Bertrand qui en fut fort dolent, et tantôt il le fit savoir au sire de Clisson. Pour cela, partirent messire Bertrand, le comte du Perche, le maréchal d'Audeneham, le sire de Clisson, messire Jean de Vienne, messire Alain de Beaumont, messire Guy Le Baveux, le sire de Tournemine, Kerlouët, l'abbé de Male-Paie, messire Olivier de Mauny et son frère, messire Jehan du Bois, messire Guillaume Bouestel, et plusieurs autres chevaliers et écuyers qui en armes chevauchèrent de Saumur droit à Bressuire. Et les Français approchèrent tant les Anglais, qu'ils les atteignirent près de Bressuire et en occirent plusieurs ; ce à cause de quoi les Anglais se hâtèrent davantage de se retirer à Bressuire en sûreté ; et ils entraient dans Bressuire à si grand'presse, que de dessus le pont il en tomba plusieurs dans les fossés, qui furent noyés.

CXXXII. — De la déconfiture des Anglais et de la prise de Bressuire.

QUAND ceux de Bressuire aperçurent le grand peuple qui se retirait en leur ville, ce dont leurs vivres pouvaient baisser (et ceux de la ville pensaient bien qu'ils seraient assiégés des Français), hâtivement et à force ils levèrent le pont de leur ville ; ce à cause de quoi les Anglais, qui étaient dehors, demeurèrent fort ébahis et se retirèrent en la basse-cour. Bientôt arrivèrent les Français qui assaillirent la basse-cour. Et, le premier avant la chevalerie, le sire de Tournemine monta sur la muraille de la basse-cour, et tout armé sauta dans les Anglais. Là le sire de Tournemine eut une jambe rompue. Et guère ne demeura que dans la basse-cour entrèrent Français de toutes parts. Là furent occis environ sept cents Anglais et le reste pris. Et il y en eut plusieurs qui se noyèrent dans les fossés de Bressuire.

Après cette déconfiture s'éleva une riote (1) entre quelques-uns des chevaliers de France, pour les prisonniers ; ce dont l'armée fut fort émue. Et pour cela, par le conseil du comte du Perche, du maréchal d'Audeneham, du sire de Clisson, messire Bertrand fit crier, sous peine de mort, que tous les prisonniers fussent occis.

---

(1) *Riote*, dispute, querelle ; les Anglais ont le même mot dans la même acception : *riot*.

sans en rançonner aucun (1). De cette manière furent occis les prisonniers anglais, qui étaient bien cinq cents ; puis messire Bertrand fit assaillir la ville de toutes parts. Et l'assaut dura longuement, car les Anglais se défendirent âprement ; mais enfin la ville fut prise par assaut ; et les Français y conquirent beaucoup de prisonniers et de richesses. Quand le capitaine de Bressuire, qui s'était retiré au château, sut la prise de la ville, il rendit le château, sa vie sauve.

Ainsi furent conquis Bressuire et les Anglais ; et dorénavant la puissance des Anglais se prit fort à baisser. Après la prise de Bressuire, Bertrand se retira à Saumur avec la chevalerie de France ; et là se coucha malade le maréchal d'Audeneham qui en son temps régna en grand'prouesse ; mais il trépassa en la ville de Saumur et fut enterré là, et fut fort regretté de tous.

CXXXIII. — La déconfiture des Anglais à Saint–Mahó de Finistère.

E N ce temps Robert Knowles, avec tout ce qui lui était demeuré d'Anglais, se dirigea vers les marches de Bretagne. Et quand il se vit avec si peu de

---

(1) D'autres chroniqueurs rapportent le fait avec plus de détails et de vraisemblance. La *riote* s'éleva entre les chevaliers et les chefs des compagnies soldées qui, faisant payer leurs services, n'avaient point part au partage des rançons. Ce sont ces derniers qui massacrèrent les prisonniers dont ils n'avaient rien à attendre. Du Guesclin leur fit, au contraire, un rempart de son corps et en sauva plusieurs.

gens, il se retira dans le château de Derval. Là Robert Knowles donna congé aux Anglais qui furent bien nombrés à onze cents lances, et qui prirent leur chemin droit à Saint-Mahé de Finistère.

Du départ des Anglais le sire de Clisson sut brièvement les nouvelles, et, par le gré de messire Bertrand, il prit en sa compagnie le vicomte de Rohan, le sire de Roye, messire Geoffroy de Kergorlay, messire Jean de Rochefort, messire Jean de Beaumont, messire Robert de Beaumanoir et plusieurs autres chevaliers de France; et ils étaient bien nombrés à douze cents lances, qui chevauchèrent par la Bretagne en poursuivant les Anglais. Et tant se hâta le sire de Clisson, que, comme se hâtaient les Anglais et comme ils s'appareillaient pour entrer sur mer dans leurs vaisseaux au port de Saint-Mahé, pour passer en Angleterre, les Français arrivèrent sur eux et leur défendirent l'entrée et la venue. Là il y eut grand'escarmouche, et les Anglais furent fort endommagés. Quand messire Robert Nevill, chevalier, qui était chef des Anglais, aperçut qu'il ne pouvait passer, il fit brièvement retirer ses Anglais et les ordonna en bataille. D'autre part le sire de Clisson fit retirer les Français et les fit mettre en ordonnance de bataille. Et tantôt ils assemblèrent contre les Anglais qui se tinrent en bon ordre. Là il y eut bataille fière et merveilleuse, mais à la fin les Anglais furent déconfits ; et sur le champ furent occis neuf cents Anglais. Et en cette bataille fut pris messire Robert Nevill, que le sire de Clisson envoya à messire Bertrand qui se tenait contre les Anglais sur les marches du Poitou ; et il mena grand'joie de la victoire du sire de Clisson, et toujours conquérait sur les Anglais.

CXXXIV. — Comment les Anglais voulaient trahir La Rochelle.

DANS le temps que les Anglais furent déconfits devant Saint-Mahé, étaient en Guyenne, de par le prince de Galles qui était malade en Angleterre : le duc de Lancastre, frère du prince, le captal de Buch et messire Thomas de Felton, sénéchal de Bordeaux, avec un très grand nombre d'Anglais qui gardaient contre messire Bertrand les passages de Guyenne ; mais alors toujours chevauchait messire Bertrand, qui de jour en jour conquérait villes et châteaux en Guyenne et les faisait garnir, puis se retirait souvent à Saumur pour rafraîchir sa chevalerie, car il y avait là bonne ville et bien délectable. Et parce que le duc de Lancastre et sa chevalerie anglaise ne pouvaient résister contre messire Bertrand, le duc de Lancastre envoya en Angleterre quérir secours par devers le roi Édouard, son père, qui lui envoya le comte de Pembroke, par mer, avec un très grand nombre de gens. Et il était ainsi ordonné par le roi Édouard : qu'ils descendraient à La

Rochelle, parce qu'alors elle était anglaise. Et un jour ils ordonnèrent qu'ils prendraient tous les bourgeois et les mettraient en grésillons (1), et puis les enverraient en Angleterre et peupleraient la ville d'Anglais. Pour achever cette trahison, le roi Édouard avait donné au comte de Pembroke grand'garnison de grésillons bien enfoncés dans des tonneaux qui furent mis dans les navires. Mais Dieu, qui sait tout, leur retailla bien de leur propos ; car de cela surent les nouvelles les bourgeois et les marchands, qui ne laissèrent pas entrer dans La Rochelle les Anglais ni le comte de Pembroke ; mais il demeura sur le port en son navire. En ce temps le roi Henri d'Espagne avait fait mettre sur la mer très-grand'armée d'Espagnols, qui trouvèrent le comte de Pembroke sur le port de La Rochelle, et là sur mer le combattirent et le prirent. Et, de toute la flotte d'Angleterre qui fut devant La Rochelle, il n'en échappa que quatre vaisseaux, qui par les Espagnols furent poursuivis et pris devant Bordeaux et noyés dans la mer (2).

Les Espagnols naviguèrent tant par mer, après la prise du comte de Pembroke, avec tous leurs prisonniers qu'ils retournèrent en Espagne au port de Santander. Et là ils trouvèrent Yvain de Galles qui haïssait fort le comte de Pembroke, et qui s'efforça gran-

(1) Leur mettraient des menottes.
(2) Mai 1371.

dement de traiter avec les Espagnols pour avoir le comte, mais il n'y put parvenir.

Et maintenant l'histoire se tait du comte de Pembroke et des Espagnols qui sont à Santander, et aussi de la grand'trahison que pensaient faire les Anglais à ceux de la rivière de la Rochelle, qui, depuis ce jour ne se fièrent guère aux Anglais, mais qui s'imaginèrent et négocièrent de jour en jour pour retourner en l'obéissance du roi de France, où leur cœur se portait naturellement, ainsi que l'histoire le racontera ci en avant ; et l'histoire retourne aux faits de messire Bertrand.

CXXXV. — Comment le roi Charles ordonna de demeurer devant La Rochelle, et comment messire Bertrand y alla mettre le siége et voulut faire couper les vignes.

EN cette partie l'histoire dit que le roi Charles de France sut brièvement nouvelles de la déconfiture du comte de Pembroke et des Anglais ; et il savait bien la défiance qu'avaient ceux de La Rochelle envers les Anglais, et le bon vouloir qu'ils avaient de retourner en son obéissance. Pour cela, il manda messire Bertrand, qui vers lui vint à Paris (1). Et là le roi lui donna

(1) Pendant ce séjour à Paris, du Guesclin fut choisi pour parrain du second fils de Charles V. Après le baptême, le héros mit l'épée de connétable dans la petite main de l'enfant et lui dit : « Monseigneur, je mets cette épée en votre » main, et je prie Dieu qu'il vous donne tel et si bon cœur, que vous soyez aussi » pieux et bon chevalier comme fut oncques roi de France qui portât épée. »

grand'foison de gens pour assiéger La Rochelle, ce dont il fut très-joyeux.

Par la volonté du roi Charles, messire Bertrand partit de Paris en grand arroi, et avec grand'foison de gens vint assiéger La Rochelle. Ceux de La Rochelle envoyèrent quérir secours par devers le roi Edouard, qui leur promit de le faire brièvement. Et, pour cela, ceux de La Rochelle envoyèrent devers messire Bertrand pour demander des trèves ; mais il ne les voulut point accorder. De plus il demanda de couper toutes les vignes de la ville et tout autour ; ce dont ceux de la ville furent à très grand'détresse de cœur. Et ils traitèrent tant, que, moyennant le payement de soixante mille francs, leurs vignes ne furent point coupées ; mais ils prirent jour pour se rendre, s'ils n'avaient secours des Anglais.

Pendant ce temps, le captal demanda bataille à messire Bertrand qui la lui accorda ; et sur les champs se mit en ordonnance en attendant la bataille. Au jour qu'il avait fixé la bataille, le captal y fit défaut. Pour cela, messire Bertrand partit avec toute la chevalerie et prit son chemin vers la France (1). Et bientôt lui vinrent nouvelles du duc Louis de Bourbon, qui, pour être à la prise de La Rochelle, venait de France hâtivement avec grand'foison de gens. A la rencontre du duc Louis messire Bertrand vint avec toute la che-

---

(1) La partie du pays qui était alors sous l'obéissance de Charles V.

valerie. Près de La Rochelle était situé un château que tenaient les Anglais. Là le duc dirigea ses troupes, par le conseil de Bertrand, et appertement fit assaillir le château qui ne demeura guère qu'il ne fût par force pris d'assaut, et il fut garni par les Français. Et puis alors le duc et messire Bertrand retournèrent en France.

Maintenant l'histoire se tait du duc de Bourbon et de Bertrand et du siège de la Rochelle, et raconte la mort de Chandos qui fut tant prisé des Anglais pour sa chevalerie.

CXXXVI. — Comment Kerlouët combattit Chandos au pont de Lussac.

L'HISTOIRE dit que, durant ces guerres, se tenait dans Poitiers, de par le prince de Galles, messire Jean Chandos, à grand effort d'Anglais ; et, de par le roi de France, se tenait dans la Roche-de-Posay Kerlouët, écuyer de renom, qui avait cinquante lances de Français. Souvent messire Jean Chandos sortait de Poitiers et courait devant La Roche-de-Posay avec grand'foison de gens, mais il y faisait peu. Il advint un jour que Kerlouët partit de La Roche-de-Posay pour chevaucher, avec cinquante lances et quinze archers, et ils coururent dans le Poitou en fourrageant le pays, et en prenant hommes et bêtes et prisonniers à grand effort. De cette chose messire Jean Chandos sut tantôt les nouvelles, et il sortit de Poitiers avec trois cents lances, et poursuivit bien hâtivement Kerlouët jusques à la rivière de Vienne, mais il l'avait déjà passée avec le pillage et les prisonniers.

De l'autre côté de la rivière était messire Jean Chandos, qui voyait Kerlouët et les Français emmener les prisonniers et leur pillage. Kerlouët aperçut bien qu'il n'avait pas assez de gens pour combattre Chandos, et il voyait bien que les Anglais se hâtaient fort de trouver passage pour s'assembler à lui. Kerlouët ordonna donc que ses compagnons et lui se retireraient au pont de Lussac, pour garder le passage, et qu'entre-temps ils enverraient leurs prisonniers et le pillage à la Roche-de-Posay. En cette manière Kerlouët gouverna son fait, et vint hâtivement au pont de Lussac avant les Anglais. Aussitôt que Kerlouët fut arrivé au pont de Lussac, il mit sur le bout du pont ses gens en ordonnance et à pied, et devant le front de sa bataille mit ses quinze archers qui se préparèrent à tirer.

Et en ce point arriva messire Jean Chandos qui bientôt avisa le pennon de Kerlouët qui était déployé sur le bout du pont ; et, en regardant l'ordonnance des Français et de Kerlouët (qui en tout n'étaient que cinquante hommes et quinze archers), il loua fort Kerlouët ; et il le tint à grand'vaillance de ce qu'il se mettait en ordonnance de combattre contre trois cents hommes d'armes qu'il avait.

CXXXVII. — Comment Chandos fut blessé à mort et Kerlouët prisonnier.

QUAND messire Jean Chandos eut visité l'ordonnance des Français, il fit appertement ordonner ses Anglais en bataille, et les fit tous ranger. Et à pied, avec un grand'nombre d'archers au front de sa bataille, Chandos vint assembler contre Kerlouët qui se défendit âprement en assaillant les Anglais. Et le tir dura peu ; mais ils combattirent de lances sur l'entrée du pont que les Français tinrent en grand arroi. Et au milieu d'eux les Anglais ne pouvaient entrer, mais il en mourut environ trente à l'assembler ; ce à cause de quoi les Anglais commencèrent un peu à se retirer. Et Chandos fit cesser l'assaut. Après que l'assaut fut cessé, messire Jean Chandos envoya son héraut par devers Kerlouët, qui le salua de la part de son maître et lui dit :

« Sire, messire Jean Chandos, connétable d'Angle-
» terre (1), m'envoie à vous ; il est ici devant avec trois
» cents hommes d'armes, et en votre compagnie vous
» n'avez que cinquante hommes d'armes et quinze
» archers. Vous pouvez bien penser, Sire, que vous

---

(1) Chandos était, non point connétable d'Angleterre, mais bien connétable d'Aquitaine.

» n'êtes pas assez de gens pour que vous puissiez lon-
» guement maintenir combat contre messire Jean Chan-
» dos. Et sachez bien qu'il ne partira pas d'ici jusqu'à
» ce que vous soyez en sa merci. Et parce qu'il lui
» semble que vous avez assez fait votre devoir, pour
» votre bien et celui de vos compagnons, il vous veut
» faire courtoisie telle, que, si vous voulez vous rendre
» à lui, celui de vous qui, par l'égard de la chevalerie,
» devrait payer cent francs de rançon, en sera quitte
» pour la moitié. »

Kerlouët répondit courtoisement au héraut, et dit :
« Ami, vous me recommanderez à messire Jean
» Chandos, en le remerciant, et de ma part vous lui
» direz : que je connais tant sa vaillance et sa loyauté,
» qu'il ne voudrait charger ni moi ni d'autres de chose
» qui dût nous tourner à reproche ; et de mon côté,
» dans ces offres, je ne vois ici en mon affaire rien qui
» puisse être à mon honneur. Messire Jean Chandos
» sait bien que, sur nous qui sommes pauvres gens, il
» ne peut grandement acquérir. Pour cela, ami, vous
» lui direz que si, par courtoisie, il veut partir, débon-
» nairement nous le laisserons aller ; mais, quant à ce
» ce qu'il nous requiert que nous nous rendions, jamais
» nous ne serons accordants à cela ; mais par le gré de
» Notre-Seigneur, nous garderons bien notre place. »

Le héraut rapporta cette réponse à Chandos qui en
eut grand deuil. Et en sa compagnie était le sire de

Mortemart qui requit fort Chandos qu'il lui voulût donner congé d'assaillir les Français. Chandos lui accorda cette requête ; et appertement le sire de Mortemart assembla contre les Français qui le reçurent bien. Et les Anglais furent tellement grevés à l'attaque, qu'ils commencèrent à se retirer, et il y en eut plusieurs d'occis. Et Chandos fut fort dolent quand il vit les gens du sire de Mortemart reculer ; et, pour cela, il partit bientôt avec sa bannière, et de grand'hardiesse vint assembler contre Kerlouët, qui sur le bout du pont maintenait le combat en faisant ses cris d'armes.

Là il y eut combat fier et dur ; et les Français furent fort grevés à la venue de Chandos. Quand les Français, qui étaient derrière le pont, aperçurent que la déconfiture tournait sur eux, ils envoyèrent hâtivement par devers leurs varlets qui menaient le bétail à La Roche-de-Posay, et leur firent savoir qu'ils vinssent à leur secours. Et les varlets retournèrent hâtivement et trouvèrent leurs maîtres sur le point de la déconfiture. Et comme ils n'avaient point de harnais, ils remplirent leurs girons de gros cailloux et firent tant qu'ils passèrent outre la bataille ; et ils se prirent tellement à jeter des pierres contre les Anglais, que les Anglais se prirent à reculer.

Quand Chandos aperçut les Anglais reculer, il n'y eut en lui que courroux. Et courageusement, avec sa bannière, il s'adressa contre les Français qui se défen-

dirent fort puissamment. Et Kerlouët fit tant d'armes,
que ce jour-là il en fut prisé de tous. D'autre part était
Yvon de Lannoy, qui laissa le pennon de Kerlouët
pour mieux combattre ; et il fut fort prisé de son affaire
par la chevalerie anglaise ; et il alla si avant, qu'il
abattit la bannière de Chandos. Ainsi se tinrent les
Français contre les Anglais qui furent fort grevés. Et
la bataille dura fort longuement. Là Chandos fut blessé
à mort ; mais à la fin Kerlouët fut pris et les Français
déconfits, et le bétail et les prisonniers repris par les
Anglais.

Chandos partit du Pont de Lussac avec toute sa
chevalerie, et il envoya ses prisonniers à Poitiers, excepté Kerlouët qu'il fit mener à Mortemart près de là.
Mais à Chauvigny alla Chandos qui au lit de la mort
se coucha ; ce dont les Anglais menèrent grand deuil.
Avec messire Jean Chandos était son frère, qui s'enquit beaucoup auprès de lui qui l'avait ainsi navré.
Débonnairement répondit Chandos :

« Beau frère, de cela il ne faut pas s'enquérir, car
» jamais je ne pourrais être mieux. »

Chandos fut tellement prié de son frère, qu'il lui dit:
que celui qui lui avait fait cela était un écuyer vêtu
d'un jacques noir couvert de clochettes d'argent. Le
frère de Chandos fut désirant d'avoir l'écuyer, et parmi
les chambres le fit chercher pour l'occire ; mais l'Anglais qui tenait l'écuyer en sa prison sut nouvelles de

cela, et à son prisonnier Kerlouët fit tourner son jacques à l'envers ; et par ce moyen il ne fut pas reconnu.

Et il ne demeura guère que dans Chauvigny finit de ce monde messire Jean Chandos, qui aima tant chevalerie. (1)

CXXXVIII. — Comment Kerlouët fut délivré et prit depuis Châtellerault.

Après la mort de Chandos, Kerlouët fut mis à rançon à trois mille francs, que payèrent pour lui les bourgeois de Tours qui l'aimaient fort ; et par rançon furent les autres délivrés.

Kerlouët retourna dans La Roche-de-Posay, et y fut fort joyeusement reçu. Et il n'y séjourna guère qu'il fit tant qu'il assembla beaucoup de gens et courut sur les Anglais où il gagna grandement. Sur la saison d'hiver Kerlouët se tint à La-Roche-de-Posay ; et souvent il courait sur les Anglais et les grevait fort ; car il chevauchait tant de nuit et de jour, que les Anglais ne prenaient pas garde de lui jusqu'à ce qu'ils le voyaient devant leurs forteresses. Il advint un jour que Kerlouët vint devant Châtellerault, et il fit descendre ses gens à pied loin de la ville, et ils laissèrent leurs chevaux. Et tout à pied les Français vinrent secrètement, sans faire

---

(1) Jean Chandos mourut peu de jours après le combat du Pont de Lussac, le 2 janvier 1369.

de bruit, jusque sur les fossés de la ville de Châtellerault. A cette heure le guet était endormi. Et Kerlouët
l'aperçut bien, par le guet du château qui souvent criait
au guet de la ville qu'il fît bon guet ; mais nul ne lui
répondait. Alors Kerlouët et tous ses gens descendirent dans les fossés, et firent tant, qu'ils approchèrent
les murs de la ville ; et la palissade dont la ville était
close, ils se prirent à la couper : ce à cause de quoi se
réveilla le guet qui commença à crier : *Alarme !* Appertement vinrent ceux de la ville, et ils s'approchèrent
pour défendre leur ville, et Kerlouët et ses gens furent
fort grevés ; mais ils combattirent tant, que par force
d'assaut ils conquirent la ville où il y avait beaucoup de
richesses ; mais elle fut toute pillée. Et même les en-
clumes des maréchaux et les meules de moulins furent
portées par la rivière de Vienne à Saumur, pour être
vendues.

De cette manière Châtellerault fut conquis par Kerlouët, qui le lendemain fit assaillir le pont qui était très
fort. Et dedans se tenait messire Louis d'Harcourt,
vicomte de Châtellerault, qui était bien accompagné
d'Anglais et qui défendit le pont. Dans la rivière de
Vienne était situé le pont, qui était bien bretesché. Et
pour cela, les Français ne purent guère faire au pont
du côté de la ville.

A la nouvelle de la prise de Châtellerault vinrent des
gens d'armes de plusieurs contrées de France par de-

vers Kerlouët, qui se trouva bien en nombre de deux mille hommes d'armes. Alors dans Châtellerault Kerlouët fit assembler plusieurs vaisseaux, et dans la Vienne entrèrent une partie des Français qui abordèrent au pied d'une des tours du pont qui était fondée sur l'arche du pont, et à coups de pique et de hoyaux commencèrent la mine. Et, du côté par devers la ville étaient les autres Français qui assaillaient les Anglais. Au pont, durant l'assaut, ceux qui étaient dans la Vienne minèrent tellement, que dans la rivière tomba une des tours. Ce dont fut fort ébahi messire Louis d'Harcourt, et aussi les Anglais, qui, avant que la tour tombât, se retirèrent en une autre tour au bout du pont, du côté de par devers Poitiers. Et, entre les Français et eux, ils firent rompre le pont, ce à cause de quoi les Français purent peu les grever dorénavant.

CXXXIX. — Comment messire Bertrand alla assiéger la ville d'Usson en Auvergne.

PENDANT le temps que se tenait à Châtellerault Kerlouët qui faisait grand appareil pour assaillir la tour du pont, les Anglais conquirent au pays d'Auvergne la ville d'Usson, qui est forte et bien située. La ville d'Usson était de l'héritage du duc de Berry et d'Auvergne, frère du roi Charles de France. Pour cela, le roi ordonna à messire Bertrand qu'il irait devant

Usson ; et il fit savoir cette chose aux ducs de Berry
et de Bourgogne, ses frères, qui vinrent à Blois. Et
là le roi leur envoya messire Bertrand, qui manda
Kerlouët et les autres capitaines qui étaient dans Châtellerault, et plusieurs autres gens d'armes de plusieurs
autres contrées. Pour cela Kerlouët partit et laissa garnie la ville de Châtellerault. Et à Blois ils vinrent, lui et
les capitaines, et trouvèrent là grand'foison de gens
assemblés.

Messire Bertrand manda gens d'armes de toutes
parts, tant, que dans Blois il se trouva avec douze
mille combattants. Alors sortirent de Blois les ducs de
Berry et de Bourgogne, le comte de Blois et messire
Bertrand, qui tant chevauchèrent par leurs journées
qu'ils arrivèrent devant Usson et assiégèrent la ville de
toutes parts ; et par l'ordonnance de messire Bertrand
la ville fut assaillie. Et tant firent les Français, qu'ils
enlevèrent l'eau aux Anglais et emplirent les fossés de
bûches et de fagots. Quand les Français eurent rem-
pli les fossés, ils approchèrent bien hardiment de la
muraille et en plusieurs lieux la percèrent. Là se renforça l'assaut dur et merveilleux, qui dura tant, que la
nuit fut obscure ; ce à cause de quoi les ducs firent retirer les Français, en l'espérance de recommencer l'assaut le lendemain ; mais cette nuit il neigea de telle
manière, qu'au lendemain la neige fut plus de cinq
pieds de haut. De nulle part les vivres ne purent venir

dans le camp ; mais par détresse de faim et de froidure il leur fallut lever le siège. Et en leurs contrées retournèrent les Français, dont plusieurs en ces chemins moururent de pauvreté.

CXL — Comment fut assiégée Sainte-Sévère que tenaient les Anglais, et comment messire Bertrand vint à Saumur.

AU renouveau du temps (1), après le retour d'Usson, s'assemblèrent dans le Berry les ducs de Berry et de Bourbon, le comte de la Marche, le sire de Sully, le sires de Courtenay et de Chalençon, le vicomte d'Aunoy et plusieurs autres seigneurs, qui se trouvèrent bien six mille hommes d'armes, et eurent volonté d'entrer dans le pays de Guyenne. Le duc de Berry fit savoir cette chose à messire Bertrand, et lui manda qu'il allât à lui ; lequel, par la volonté du roi de France, lui fit savoir qu'il allât mettre le siège devant Sainte-Sévère, et qu'il irait à lui dans un bref terme. De toutes parts Bertrand manda gens d'armes, et tant fit, qu'en peu de temps il assembla grand'foison de gens. En sa compagnie furent : le maréchal de Sancerre, Olivier, sire de Clisson, Olivier et Alain de Mauny, Alain et Jean de Beaumont, le sire de Roye, le sire de Rochefort, le sire de la Hunaudoye, le sire de la Roche-Guyon, le vicomte

____

(1) Au printemps de l'année 1372.

de Rohan, le gouverneur de Blois, et plusieurs autres chevaliers et écuyers. Le duc Philippe de Bourgogne envoya à messire Bertrand grand'chevalerie au secours de son frère le duc de Berry, lesquels il donna à conduire au sire de la Trémouille, qui était bon chevalier et vaillant.

CXLI. — Comment Bertrand vint au secours du sire de Clisson.

MEssire Bertrand prit son chemin droit à Sainte-Sévère, et tant chevaucha avec sa chevalerie, qu'il arriva à Saumur. Là Bertrand fut conseillé d'assiéger Moncontour qui était tenu par les Anglais. Et cette garnison grevait beaucoup le pays de Loudunois et de Saumur. Devant Moncontour messire Bertrand envoya Olivier de Clisson, avec quatre cents lances, pour assiéger le château ; lequel, par plusieurs fois, le fit assaillir : et il y fut fort blessé : ce à cause de quoi il jura qu'il ne partirait jamais de là jusques à ce qu'il aurait le château. Le sire de Clisson fit souvent assaillir le château. Et il fut bien assiégé, si bien que de nulle part les Anglais ne pouvaient recouvrer de vivres. Dans Moncontour étaient Carswell et plusieurs capitaines d'Angleterre. En leur compagnie était un chevalier auquel messire Bertrand était obligé par sa lettre d'une certaine somme de deniers, et il ne l'avait pas payé à son terme. L'Anglais pensa donc à lui faire une honte, qui depuis lui tourna à grand'douleur. Devant la barrière de Moncontour l'Anglais fit renverser et pendre les armes de messire Bertrand, de telle manière que, du siège, les pouvaient voir les Français ; ce dont il déplut fort au sire de Clisson qui de plus en plus fit renforcer son siège, et fit assaillir et fort battre d'engins le château ; et les Anglais furent en tel parti qu'ils n'espéraient de nulle part avoir secours. Les Anglais de plusieurs forteresses surent bien la grand'détresse des Anglais qui étaient à Moncontour. Pour cela, ils s'assemblèrent de plusieurs garnisons de villes et châteaux pour lever le siège de Moncontour ; et ils se trouvèrent bien à douze cents lances d'Anglais.

Durant ce temps messire Bertrand conduisait droit à Sainte-Sévère ce qui lui était demeuré de gens. Et il sut bien que les Anglais s'assemblaient pour combattre le sire de Clisson qui n'en savait rien. Pour cela, messire Bertrand prit son retour ; et de nuit et de jour chevaucha en telle manière, qu'il arriva devant Moncontour avant les Anglais, qui, à cause de sa venue, se retirèrent et manquèrent tout à fait à leur entreprise. Aussitôt que messire Bertrand fut arrivé devant Moncontour, il fit sonner sa trompette pour assaillir le château ; ce dont il déplaisait fort à ses gens qui étaient fatigués, et nonobstant il fit commencer l'assaut fier et merveilleux. Et sur les Anglais la basse-cour fut gagnée d'assaut ;

alors les Anglais se retirèrent en la grosse tour, et tantôt traitèrent de se rendre, le château et eux, à la merci
de messire Bertrand. Et brièvement vint le sire de
Clisson vers les Anglais, et il leur demanda le chevalier
qui avait pendu à la renverse les armes de messire
Bertrand ; et il fallut que les Anglais le livrassent, ou
autrement il voulait tous les faire mourir. Quand messire Olivier le tint, appertement il le mena en la place
où il avait pendu à l'envers les armes de messire Bertrand, et là il le pendit lui-même de sa main ; puis le
siège se départit de Moncontour, et le sire de Clisson,
qui en l'assaut avait été blessé d'un trait, fut mené à
Loudun. Mais messire Bertrand partit de Moncontour
et laissa garnison au château, et prit son chemin, lui et
son armée, droit vers Sainte-Sévère.

CXLII. — Comment messire Bertrand reprit son chemin droit à Sainte-Sévère, et comment l'assaut commença par un écuyer nommé Geoffroy Payen.

A SAINTE-SÉVÈRE il arriva à un jour de samedi ;
ce dont les ducs de Berry et de Bourbon qui
tenaient le siège furent joyeux. Par sa venue l'armée
fut fort renforcée ; et de toutes parts vinrent des vivres
au siège. Il advint qu'une journée, le long des fossés,
s'allaient ébattant, pour aviser la ville, messire Geoffroy
Payen, messire Guillaume Bouestel, et quelques che-

valiers et écuyers de renom. En sa main Geoffroy Payen tenait une hache dont il allait s'appuyant ; et au droit d'une tour il s'arrêta, en s'appuyant sur sa hache dessous son aisselle. Et, sur le bord de la douve, comme il s'entr'oublia, la terre du bord de la douve fondit sous la hache ; ce qui fit qu'elle lui échappa et tomba au fond du fossé. Pour recouvrer sa hache, Geoffroy requit aux Anglais qu'ils le laissassent entrer à sûreté dans les fossés ; mais ils ne le lui voulurent pas accorder. Geoffroy désira tant d'avoir sa hache, qu'il assembla treize compagnons armés, qui, main à main s'entre-prirent (1) pour descendre au fossé. Et devant était Geoffroy qui devait être retiré par les autres quand il aurait sa hache. Et en cette manière ils descendirent dans les fossés jusques à dix qui main à main s'entre-tenaient. Quand les Anglais aperçurent la descendue, ils se prirent à tirer ; mais tant fit Geoffroy Payen, qu'il recouvra sa hache.

Dans le camp des Français vinrent les nouvelles que dans les fossés étaient descendus les Français et l'assaut commencé. Pour cela accoururent gens d'armes de toutes parts, et, sans le congé des princes, ils commencèrent l'assaut. A cette heure les princes étaient assis à leur dîner ; et quand ils eurent nouvelles de l'assaut, il ne demeura pas en leurs tentes table qui ne fut jetée par terre et ce qui était dessus. En ordonnance et en armes vinrent sur les fossés les ducs de Berry, d'Auvergne

---

(1) Se prirent entre eux.

et de Bourbon, le comte de la Marche et messire Bertrand ; et ils firent déployer les bannières et renforcer l'assaut. Tant fit Geoffroy Payen qu'il s'approcha au pied du mur, et bientôt se réunirent plusieurs Français, qui, tant de dagues et d'épées que de houes, faisaient des degrés pour monter la douve. Et quand les Français aperçurent qu'ils étaient au pied du mur, de toutes parts ils descendirent dans les fossés ; et à échelles et à houes ils s'en vinrent contre la muraille, et se prirent à la miner et à l'escalader, et de toutes parts et en plusieurs lieux les murs furent percés. Mais les Anglais se défendirent âprement, et trébuchèrent toutes les échelles dans les fossés, et de pierres et de traits grevèrent fort les Français. Dans le camp des Français, il y avait plusieurs femmes qui, durant l'assaut, leur faisaient de grands secours ; car les Français furent si échauffés à force d'assaillir, que souvent ils perdaient haleine par la grand'chaleur et soif qu'ils avaient ; alors accouraient ces femmes qui leur servaient à boire. Messire Bertrand aperçut bien à l'assaut la grand'soif que souffraient les gens d'armes, qui seulement buvaient de l'eau dont ils ne pouvaient avoir assez ; pour cela il fit dresser debout plusieurs tonneaux de vin et défoncer d'un bout, et les abandonna à boire. Là accoururent de toutes parts gens d'armes, qui en peu d'heures burent tout le vin qui était là ; et aussitôt que chacun avait bu, il retournait à l'assaut.

Messire Bertrand avait un grand nombre d'archers qui, durant l'assaut, tiraient tellement que les Anglais n'osaient se montrer hors des murs. Pour cela, les Anglais s'avisèrent d'une subtilité telle, que, sur le haut de la muraille, ils firent mettre courte-pointes, serges, couvertures et tapis, qui recevaient et supportaient le trait. Et, par dessous les couvertures, les Anglais jetaient de grosses pierres sur les Français qui étaient au pied du mur, tellement qu'ils les faisaient tomber au fond des fossés.

Messire Bertrand s'aperçut de la subtilité des Anglais, et au pied du mur il envoya les arbalétriers qui, par dessous les courte-pointes et couvertures, se prirent à tirer si durement, que les Anglais ne se montraient plus. Alors les Français prirent des échelles, et montèrent contre la muraille pour gagner la ville. Là était l'abbé de Male-Paye, qui le premier y monta ; mais il fut jeté de dessus les murs au fond des fossés par les Anglais, qui, sur les Français, se prirent à jeter des pierres de poids et des tonneaux remplis de pierres, qui abattaient les Français dans les fossés. Et si longuement dura l'assaut, que dans Sainte-Sévère il ne demeura pas un pavé qu'il ne fût jeté sur les Français. Quand les Anglais aperçurent qu'entièrement leur manquaient les pierres, et que les Français montaient de toutes parts par les échelles, ils abattirent la muraille de la ville sur

les Français et les firent trébucher en grand'douleur (1).
En cette manière les Anglais maintinrent leur ville, dont
les murs furent rasés à plus de moitié pour qu'ils en
pussent jeter les pierres sur les Français ; et en plusieurs
lieux les murs furent percés, tellement que dedans
entrèrent les Français qui furent fort repoussés par les
Anglais ; et ils jetaient sur eux de l'eau bouillante et de
la chaux vive et du mortier. Et, en plusieurs endroits
où les murs étaient percés, les Anglais firent apporter
du foin, et le firent lier par bottes, et un peu mouiller ;
et ils y faisaient mettre le feu, dont il sortait telle fumée,
qu'il fallait que les Français retournassent ; et sur eux
les Anglais jetaient des barreaux de fer tout rougis au
feu.

CXLIII. — Comment Bertrand prit Sainte-Sévère.

Pour prendre la ville, les Français dressèrent des
échelles, et au pied des murs minèrent continuellement. Et l'abbé de Male-Paye fit tant, qu'il entra dans
Sainte-Sévère le premier de tous les Français ; mais il
fut tellement surpris par les Anglais, qu'il y fut retenu
par force ; car il fut tellement frappé de coups de haches,
qu'il fut étourdi et traîné par les Anglais pour le désarmer. Mais à cette heure entrèrent les Français par le
passage où passa l'abbé ; et quand ils le virent traîner

---

(1) Tout le passage suivant, jusqu'à la fin du chapitre, manque dans l'imprimé.

par les Anglais, ils les attaquèrent et recouvrèrent l'abbé ; mais les Français ne séjournèrent guère, car ils furent repoussés en dehors de la ville par un trou de la muraille, ce à cause de quoi il n'y eut en eux que courroux. L'abbé de Male-Paye fut grandement honoré par les princes et par messire Bertrand pour sa prouesse, et ils le firent rafraîchir ; puis il s'en retourna à l'assaut. D'un côté assaillirent Français, Bretons et Berrichons qui entendirent dire que les Français étaient entrés dans Sainte-Sévère. Et messire Bertrand leur fit savoir cette chose, pour renforcer l'assaut. Alors il commença plus fort qu'avant ; et de toutes parts les Français escaladèrent la ville ; mais du haut des murs les Anglais les jetaient par terre dans les fossés. Et, nonobstant, les Français minèrent et purent bien entrer dans la ville soixante hommes de front tout armés ; mais là s'assemblèrent les Anglais qui leur disputèrent le passage, tellement que personne n'y entrait. D'autre part, les Français montèrent sur des échelles et vinrent sur les murailles ; mais là étaient les Anglais sur les créneaux qui main à main combattirent contre eux. Et les Anglais de Sainte-Sévère combattirent de telle manière, qu'ils tuèrent et blessèrent plusieurs Français. Et aussi il y eut plusieurs Anglais tués et blessés par les Français.

Les Anglais s'aperçurent bien qu'ils ne pouvaient pas longuement tenir la ville. Alors Richard Gilles, cheva-

lier anglais, capitaine de Sainte-Sévère, envoya par
devers messire Bertrand requérir qu'il fît cesser l'assaut
pour parlementer. Et il requérait qu'il pût partir en
sûreté de la ville, lui et sa compagnie, avec leurs biens,
et que, pour livrer la forteresse, il lui fût donné trente
mille francs.

A cela ne se voulut point accorder messire Bertrand ;
mais il fit toujours renforcer l'assaut. Et il fit répondre
au capitaine que si lui et les Anglais voulaient partir de
la ville et retourner par delà la mer, il les laisserait
aller sûrement, chacun avec ce qu'il pourrait emporter
de ses biens ; mais que, quant aux autres qui étaient
natifs du royaume de France, lesquels étaient en leur
compagnie, jamais aucun n'en serait épargné ; et qu'il
sût bien que jamais il ne partirait de là, jusqu'à ce
qu'il eût pris la ville et le château. En ce point cessa
le parlement ; et contre la muraille furent toujours les
Français qui toujours assaillaient par escalade et par la
mine.

L'abbé de Male-Paye fit commencer sa mine au
droit des murs du château ; et il fit tant, qu'il perça la
muraille et entra dedans. L'abbé aperçut bien une
meule de foin qui était là, et il mit le feu dedans. Là
coururent les Anglais de toutes parts, pour éteindre le
feu ; et ils se prirent à désentasser le foin à l'un des
bouts de la meule. Mais à cette heure les Français
entrèrent dans Sainte-Sévère par les échelles et par les

mines, en telle manière et par tel effort, qu'ils gagnèrent la ville et tuèrent plusieurs des Anglais ; et quelques-uns se retirèrent dans la grosse tour pour sauver
leur vie : mais il entra tant de fumée dans la grosse
tour qu'il leur fallut se rendre.

CXLIV. — Comment les Anglais furent mis à rançon,
et comment les Français, qui étaient du parti des Anglais dans Sainte-Sévère, moururent.

EN l'an de la Résurrection de Notre-Seigneur
Jésus-Christ mil et trois cent soixante et douze,
furent pris en cette manière la ville et le château de
Sainte-Sévère, qui si durement furent défendus par les
Anglais. Et, par l'ordonnance de messire Bertrand, les
Anglais qui étaient d'Angleterre furent mis à rançon ;
mais tous ceux qui étaient extraits de France, messire
Bertrand les fit lier, et jura qu'il ne boirait ni ne man-
gerait tant qu'ils seraient en vie.

Dans la ville et le château de Sainte-Sévère, les
Français conquirent beaucoup de richesses. Et après la
prise, monseigneur de Berry et Bertrand firent éteindre
le feu. Pour honorer et remercier la chevalerie, monseigneur de Berry manda toute la chevalerie. Là le vin fut
apporté. Et là furent servis les ducs de Berry et de
Bourbon, le comte de la Marche et plusieurs autres
grands seigneurs et autres chevaliers et écuyers qui

étaient là. Et avant tous les autres, monseigneur de Berry commanda à messire Bertrand qu'il prît le vin lequel le refusa ; ce dont il en déplut au duc, et il lui dit fort doucement :

« Ami Bertrand, pourquoi ne prenez-vous pas le vin ? » Vous doutez-vous que nous voulions vous empoison- » ner ? »

Messire Bertrand s'inclina humblement envers le duc et lui dit :

« A tous vos commandements je suis prêt d'obéir ; » mais j'ai fait un vœu que je redoute beaucoup d'en- » freindre. Et je vous dirai quel il est. Monseigneur, » vous savez que les gens au monde qui ont le plus » grevé la France, sont ceux qui sont du royaume et » qui ont tenu le parti des ennemis du roi et de vous. » Vous savez bien, Monseigneur, qu'au dedans de cette » ville ont été pris plusieurs gens de la nation de » France ; et par eux je tiens que l'assaut a tant duré, » que maint bon homme y a laissé la vie. Pour occasion » de cette chose, Monseigneur, j'ai voué et promis que » jamais je ne mangerai ni ne boirai, tant qu'il y en aura » aucun en vie. »

Le duc de Berry fut fort joyeux quand il sut que messire Bertrand n'était pas courroucé pour autre cho- se, et appertement il lui dit :

« Ami Bertrand, tout homme a grand'raison de main- » tenir loyauté à son seigneur ; et il ne serait pas prud'-

» homme celui qui déconseillerait tel conseil ; mais je
» veux bien que vous sachiez que, tout le même ser-
» ment que vous avez fait, je le fais. Et je promets à
» Dieu que jamais je ne mangerai ni ne boirai, tant que
» sera en vie un homme de la nation de France qui a
» été pris avec les Anglais de Sainte-Sévère. »

Bertrand remercia débonnairement et humblement le
duc, et dit :

« Monseigneur, je voudrais que tous les princes de
» France fussent de votre vouloir. »

En ce point messire Bertrand fit saisir tous ceux de
France qui avaient été dans Sainte-Sévère avec les
Anglais, et par les varlets les fit pendre aux prochains
arbres de la ville ; et il fit délivrer les Anglais moyennant qu'ils eurent payé rançon. Puis messire Bertrand
fit enterrer les trépassés qui furent tués dans les assauts,
et le duc de Berry en fit faire le service dans Sainte-
Sévère notablement. Et après il donna congé à plusieurs
pauvres ménagers qui s'éloignèrent de la ville sans être
obligés de payer rançon. Et le duc de Berry fit rempa-
rer la ville et la fit garnir de gens d'armes.

CXLV. — Comment toute l'armée partit de Sainte-
Sévère et alla à La Souterraine.

APRÈS les grands assauts et la prise de Sainte-
Sévère, qui fut tant prisée des gens d'armes, se
rafraichirent les ducs de Berry et de Bourbon, le comte

de la Marche et messire Bertrand et la chevalerie de
France. Et au quatrième jour ils partirent avec toutes
leurs troupes, et vinrent à une abbaye, à trois lieues
près de La Souterraine, qui est située sur le chemin.
Et à La Souterraine il y a bonne ville bien close, forte
et bien située ; et là ils séjournèrent en l'abbaye pendant
cinq jours.

Mais de ce fait se tait l'histoire ; car elle le saura bien
raconter quand il en sera lieu ; et elle parle du captal
qui, durant le siège de Sainte-Sévère, faisait très-grand'-
armée pour secourir les Anglais et faire lever le siège
des Français.

CXLVI. — Comment le Captal faisait son armée en Guyenne pour lever le siège.

L'Histoire raconte que, au temps que les ducs de
Berry et de Bourbon, le comte de la Marche,
messire Bertrand, connétable de France, et la chevalerie
tenaient siège devant Sainte-Sévère, le captal de Buch,
lieutenant du roi d'Angleterre, était en Guyenne, et
dans Angoulême il assemblait très grand'armée d'Anglais pour lever le siège de Sainte-Sévère et combattre
les Français. Et en peu de temps il se trouva bien avec
deux mille chevaliers et écuyers et cinq cents archers.
Et de jour en jour lui venaient des gens.

Quand le captal se vit fort, il prit son chemin droit

à Sainte-Sévère ; et il n'alla guère avant, qu'il rencontra plusieurs Anglais qui s'étaient échappés de Sainte-Sévère en payant finance, et qui lui racontèrent la prise de la ville et du château ; ce dont il fut dolent en son cœur ; et il assembla la chevalerie de son armée pour se conseiller de quel côté il pourrait aller pour grever les Français. Et, à cause que les Anglais surent qu'après la prise de Sainte-Sévère les Français s'étaient retirés en une abbaye à trois lieues de La Souterraine, le captal fut conseillé de conduire ses gens à La Souterraine qui tenait leur parti, car là les Français pourraient mettre le siège et prendre la ville, si celle-ci n'avait pas brièvement secours.

Les nouvelles furent apportées au duc de Berry, au duc de Bourbon, au comte de la Marche, à messire Bertrand du Guesclin, connétable de France, et à la chevalerie, que le captal se tenait sur les champs en espérance de livrer bataille. Pour cela, messire Bertrand fit assembler la chevalerie pour avoir avis de combattre les Anglais ; et il craignit beaucoup que ne fussent pris le duc de Berry ainsi que celui de Bourbon, et le comte de la Marche, et les autres princes de France qui étaient du sang royal. Et, par le conseil des chevaliers, il fut avisé : que messire Bertrand demeurerait sur les champs pour recevoir les Anglais, s'ils voulaient livrer bataille, et que les princes se retireraient dans Bourges ; et si les Français avaient la victoire contre les Anglais, les princes retourneraient pour assiéger La Souterraine, et en partant de La Souterraine ils pourraient aller assiéger Chauvigny.

CXLVII. — Comment messire Bertrand conseilla aux princes d'aller assiéger Poitiers.

QUAND les ducs et les autres princes apprirent l'avis des chevaliers, il n'y eut en eux que courroux ; et ils jurèrent que, s'il y avait bataille, ils y seraient de leurs personnes ; et ils furent mécontents de ceux qui avaient donné un tel conseil, car c'était peu les priser, à leurs avis. Mais amiablement messire Bertrand apaisa les princes, et, devant tous, il parla en cette manière :

« Seigneurs qui êtes ici, nous sommes ici venus
» de par le roi Charles de France, pour garder son droit
» et pour rendre à monseigneur de Berry, qui est ici,
» le pays qui de son droit lui appartient. Vous avez
» entendu dire que sur les champs à grand'puissance se
» tiennent les Anglais ; et vous ne savez pas encore de
» quel côté ils doivent mener ni conduire leur armée.
» Et, quant aux paroles qui ont été parlées en cette
» chevalerie, pour attendre la bataille, vous savez que
» les Anglais ne vous ont pas encore mandé bataille. Et
» de cette manière nous pourrions ici employer notre
» saison en les attendant, sans rien faire ; car ainsi l'on

» peut bien penser que les Anglais sont en grand doute
» pour garder leurs villes et défendre leurs châteaux.
» Mais, si cela était au plaisir de monseigneur le duc
» et des princes qui sont ici, j'ai avisé un autre moyen.
» Je suis en grand'crainte, Seigneurs, que par spécial
» les Anglais ne se retirent dans Poitiers et Chauvi-
» gny, pour garder les villes et les châteaux de Poitou,
» plutôt que nulle autre part. Et, à vrai dire, si une
» fois ils étaient entrés dans Poitiers, je ne vois aucun
» moyen pour, de longtemps, conquérir la ville par
» siège ni par assaut. C'est pourquoi, pour ma part, je
» conseille que nous partions prochainement d'ici et
» que nous allions mettre le siège devant Poitiers. Et,
» s'il advenait qu'il plût à Dieu de nous donner de ren-
» contrer sur les champs messire le captal, j'ai la fer-
» me espérance en Dieu et croyance que nous aurons
» la victoire sur les Anglais. Et, s'il advenait que nous
» pussions avoir une journée de victoire sur les Anglais,
» je suis tout sûr que par ce moyen nous aurions con-
» quis le duché de Guyenne.

    » Ainsi donc, que chacun de vous en dise et en ré-
» ponde ce que bon lui en semble ; et que, quant à ce
» que j'ai dit, il n'en soit ni plus, ni moins. »

CXLVIII. — Comment Bertrand alla devant Chauvigny qui lui fut rendue.

LE duc de Berry se réjouit grandement quand il entendit ainsi parler messire Bertrand, et hautement, par devant tous, il lui dit :

« Ami Bertrand, si en cette armée il n'y avait
» que notre pouvoir et que notre conseil, nous irions
» assiéger Poitiers, puisque cela vous tombe au cœur.
» Et si nous trouvons les Anglais sur les champs, quel-
» que forts qu'ils soient, nous leur livrerons bataille. »

Il n'y eut là prince ni chevalier qui ne fût accordant au conseil de messire Bertrand. Et le lendemain les princes et la chevalerie de France délogèrent de l'abbaye ; et ce jour-là ils chevauchèrent tant avec leur armée, qu'ils arrivèrent devant le château d'Angle qui est situé à quatorze lieues de l'abbaye dont ils étaient partis. Là se logèrent les Français, et, devant la porte du château, messire Bertrand vint parler au capitaine, qui sortit débonnairement pour venir par devers lui et qui lui dit :

« Sire, vous nous feriez déraison si vous mettiez
» le siège devant nous ; car il y a longtemps que nous
» fûmes d'accord envers le duc de Berry que nous se-
» rions en son obéissance, et que nous lui rendrions le
» château quand Poitiers se serait rendu à lui. Et

» nous avons espérance de tenir notre promesse jus-
» que là. »

Quand messire Bertrand entendit le capitaine, courtoisement il lui dit :

« Ami, nous ne sommes pas venus ici dans la pen-
» sée de prendre votre château ; mais nous vous requé-
» rons des vivres pour notre argent ; car, si vous ne le
» voulez faire, nous nous mettrons en peine d'en recou-
» vrer sur vous. Et je veux bien que vous sachiez
» encore que, si brièvement Poitiers ne nous est pas
» rendu, jamais votre accord que vous avez eu avec
» monseigneur le duc ne vous gardera ni empêchera
» que nous n'ayons votre château. »

Cette nuitée-là les Français couchèrent devant le
château d'Angle, et le lendemain ils en partirent ; et
ils chevauchèrent tant, qu'ils arrivèrent devant Chauvigny, où il y avait ville fermée de murs et quatre châteaux tous forts et bien situés. Et auparavant les capitaines de trois des susdits châteaux avaient promis de
se rendre au duc de Berry, aussitôt que Poitiers serait
en son obéissance. Le duc de Berry raconta l'accord
qu'il avait fait à messire Bertrand, lequel cette fois
n'en tint aucun compte ; mais il jura qu'il ne partirait
pas de là jusqu'à ce que, entièrement, ils fussent en
l'obéissance du duc.

Alors sortirent de Chauvigny les capitaines et les
bourgeois, et l'évêque de Poitiers, qui était en l'un des

susdits châteaux, afin de traiter. Et, cette journée-là, tant traita avec eux messire Bertrand, qu'ils rendirent la ville et les châteaux à monseigneur le duc de Berry; lequel entra dedans accompagné de toute la chevalerie ; et là dedans les Français se rafraîchirent pendant deux jours.

Au troisième jour après la prise de Chauvigny, messire Bertrand requit au duc de Berry qu'il fît diriger et mener ses troupes devant Poitiers. A cela s'accorda le duc. Et ils chevauchèrent tant, bannières et pennonceaux déployés, qu'ils arrivèrent devant Poitiers ; et, pour assiéger la ville, ils firent tendre leurs tentes et pavillons.

CXLIX. — Comment Poitiers se rendit au duc de Berry.

QUAND ils se virent ainsi assiégés, ceux de Poitiers furent en grand'douleur ; et nonobstant ils s'ordonnèrent en armes sur les murailles et les créneaux de la cité, en montrant grand semblant de vouloir défendre la ville ; mais ils s'aperçurent bien qu'ils ne pourraient point résister au pouvoir des Français (1). Et pour avoir conseil là-dessus, les bourgeois s'assemblèrent ; et avant tous les autres parla l'un d'eux, qui était sage homme et de grand âge : lequel dit :

_____

(1) Le comté de Poitou faisait partie de l'héritage d'Éléonore de Guyenne : il appartenait à l'Angleterre depuis le mariage d'Éléonore avec Henri Plantagenet.

« Seigneurs, vous voyez que nous sommes ici assié-
» gés par les Français, et nous ne pourrions souffrir
» longuement le combat, si d'autre part nous n'avions
»secours. Vous savez que, par la volonté du roi Édou-
» ard d'Angleterre et du prince son fils, qui nous pro-
» mirent de nous maintenir en nos franchises sans nous
» faire de tort, nous avons été raisonnablement menés
» depuis que nous sommes venus en leur obéissance et
» seigneurie ; et ils nous ont donné capitaines, baillis,
» prévôts et autres officiers de leur pays, qui nous ont
» si débonnairement menés, que nous n'avons cause
» d'en faire plainte. Je vois bien aussi que les Français
» nous recevraient débonnairement en l'obéissance du
» roi de France, si nous voulions nous accorder à cela.
» Et toutefois, sur la raison que je vous ai montrée ci-
» devant, maintes gens pourraient nous accuser de
» fausseté et le maintenir contre nous, si nous aban-
» donnions sans occasion l'obéissance que nous avons
» promis que nous tiendrions au prince ; et cela, je
» le dis pour toujours conserver et maintenir loyauté.
» Et si quelqu'un de vous pouvait trouver quelque
» voie raisonnable, par laquelle, sans blâme ni mau-
» vaise réputation pour nos personnes, nous puissions
» retourner en l'obéissance et hommage de France,
» certes j'y aurais grand plaisir. C'est pourquoi je vous
» requiers que chacun en veuille dire son avis. »

Là était un autre bourgeois qui parla ensuite, et il dit:

« Seigneurs, le prud'homme vous a loyalement ra-
» conté la besogne ; mais je vous veux montrer que
» nous avons juste raison et loyale occasion d'aban-
» donner l'hommage des Anglais. Et ma raison est
» telle : chacun sait bien que le roi de France, qui a
» été tout le temps de toute ancienneté notre souverain
» sire et seigneur, a fait envers le roi anglais et le
» prince son fils son devoir très loyalement ; et, par
» l'accord qu'ils eurent entre eux, paix a été entre eux
» faite et jurée, et cette paix, le roi de France de son
» côté l'a tenue sans l'enfreindre. Il est vrai que, no-
» nobstant la paix jurée, le roi Édouard et son fils le
» prince ont toujours pensé à déshériter le roi de
» France et sa lignée ; et ils ont cherché abus et moyens
» déraisonnables sans occasion pour grever et guer-
» royer le royaume. Et, bien que le roi de France eût
» délivré au roi Édouard et au prince son fils toutes
» les terres qu'il leur avait promises (par les mêmes
» traités par lesquels le roi Édouard et son fils le prince
» étaient tenus de faire rendre et délivrer, à leurs coûts
» et dépens, les châteaux et villes qui, de par eux,
» étaient tenus en France); néanmoins ils n'ont de tout
» cela rien fait ni rien tenu ; mais ils les ont toujours
» fait garder et maintenir ouvertement par leurs gens,
» et les ont fait guerroyer contre le royaume. Et puis-
» qu'il en est ainsi que les Anglais n'ont rien tenu de
» leurs promesses, et qu'ils ont voulu par leur trahison

» déshériter le royaume de France, le roi Charles de
» France, qui maintenant règne, a juste titre de recou-
» vrer les villes et les châteaux qui furent donnés aux
» Anglais. Et, à mon égard, il me semble que nous
» n'avons pas de raison pour nous maintenir contre
» lui ; mais, par vraie droiture, nous devons retourner
» en sa seigneurie. Et au dessus de tout, vous savez
» que le roi n'avait pas puissance de nous mettre hors
» de son parlement ; car de tout temps le duc de
» Guyenne est pair de France, et ses causes vont en
» parlement : ce qui est le bien du peuple et de la
» couronne. Et que tous sachent que, des biens de la
» couronne, nul roi n'a juste pouvoir d'en séparer au-
» cun, parce que les biens de la couronne sont les biens
» publics. Et vous vous apercevez de jour en jour par
» quelle justice le prince pense à vous gouverner, car
» toute son intention est de nous faire ressortir du par-
» lement d'Angleterre, à Londres, ce qui est et serait
» pour le temps à venir la destruction du duché et du
» peuple. Je dis donc que, par toutes ces raisons, nous
» avons juste occasion et loyale de devenir Français.
» Il est bien vrai que, si nous traitons aucunement avec
» les Français, jamais nous ne devrons trahir les An-
» glais qui nous ont doucement traités et avec justice ;
» mais nous devrions obtenir qu'ils pussent retourner
» en sûreté dans leur pays d'Angleterre. »

Après que les deux bourgeois eurent parlé, tous les autres de la ville s'accordèrent de rendre la ville aux Français. Et, premièrement, ils assemblèrent le peuple qui s'accorda à cela ; et plusieurs bourgeois sortirent de Poitiers, qui vinrent accorder ce traité au duc de Berry. Le duc de Berry entra dans la ville de Poitiers, et avec lui le duc de Bourbon, le comte de la Marche, messire Bertrand et toute la chevalerie de France, un jour de Samedi, en l'an de l'Incarnation de Notre-Seigneur mil. trois cent soixante et douze. Et ils y furent fort honorablement reçus.

Les Anglais se tinrent en grand arroi dans le château de Poitiers, et refusèrent de le rendre ; mais le lendemain messire Bertrand le fit assaillir de toutes parts. A l'assaut accourut tout le peuple de Poitiers ; et en peu d'heures ils emplirent tous les fossés de fagots et de poutres, en telle manière que les Français pouvaient venir jusques au pied du mur. Là messire Bertrand fit renforcer l'assaut et dresser les échelles contre la muraille, et assaillir le château de telle force, que cela fut tenu à merveilles. Et par force d'assaut le château fut pris : ce qu'aucun homme n'aurait pu croire, qu'il pût ou dût être pris ni gagné par assaut, s'il eût vu le château en sa grand'force, auparavant la prise. Dans le château plusieurs Anglais furent tués, et les autres mis à rançon.

En cette manière fut prise la ville avec le château de

Poitiers ; et là se rafraîchirent les Français, et au château ils gagnèrent de grandes richesses.

CL. — Comment messire Bertrand partit de Poitiers et alla à Saint-Maixent.

APRÈS la prise de Poitiers, les Français chevauchèrent jusqu'à Saint-Maixent, et ils assiégèrent la ville qui était close. Le château est beau et bien situé. Là vinrent à messire Bertrand les nouvelles que, pour lever le siège, le captal venait avec grand'foison de gens et grand nombre d'Anglais. Alors messire Bertrand fit lever le siège ; et ils se logèrent dans un château au plat pays, et mandèrent bataille au captal, lequel la leur accorda ; mais au jour que le captal avait mandé, il ne vint point.

Pendant quinze jours les Français furent logés dans le village, en attendant bataille ; mais dans les forteresses anglaises se retira le captal avec ses gens, sans livrer bataille. Et quand messire Bertrand et la chevalerie de France aperçurent qu'ils ne pouvaient avoir bataille, ils s'en retournèrent à Poitiers.

Là vint le duc Philippe de Bourgogne, frère du roi de France, avec beaucoup de gens d'armes. Au devant de lui alla messire Bertrand, et le duc l'honora grandement. Et à Poitiers le duc de Bourgogne séjourna pendant quinze jours ; puis partirent les ducs de Berry, de Bourgogne et de Bourbon, le comte de la Marche, messire Bertrand et la chevalerie de France, qui furent bien nombrés à trois mille chevaliers et écuyers, qui chevauchèrent tant, qu'ils arrivèrent devant Saint-Maixent. Et à leur venue la ville leur fut rendue ; mais contre eux se tint le château qui était très fort et bien garni. Messire Bertrand fit assaillir le château de tous côtés, et guère ne demeura que par force d'assaut il fut pris.

Au partir de Saint-Maixent chevauchèrent les Français droit à Fontenay-le-Vieil qui à leur venue leur fut rendu ; puis ils allèrent devant Bourg-Neuf, où il y avait bonne ville et bonne place et forte église qui était bien remparée ; mais elles furent rendues à messire Bertrand et aussi plusieurs autres forteresses du pays d'Aunis.

CLI. — Comment les seigneurs mandèrent aux bourgeois de La Rochelle qu'ils vinssent parler à eux.

PENDANT ce temps était sur mer Yvain de Galles avec grand'armée, et il garda tellement les passages, que ceux de La Rochelle ne purent avoir secours des Anglais ; et ils avaient pris jour de rendre la place, s'ils n'avaient secours.

Pour ce que la journée convenue approchait, les ducs de Berry, de Bourgogne et de Bourbon, le comte de la Marche, messire Bertrand et la chevalerie de France, qui étaient à Bourg-Neuf en Aunis, eurent conseil qu'ils manderaient là avec sauf-conduit les bourgeois de La Rochelle ; ce à cause de quoi leur fut envoyé un héraut qui leur fit savoir la volonté des princes ; et les bourgeois répondirent que, le lendemain, ils iraient par devers eux. Alors le héraut s'en retourna par devers les princes qui furent fort contents de la réponse.

En ce jour s'assembla le commun de la Rochelle, et ils abattirent le château et le rasèrent jusqu'aux fondements, et ils dirent aux bourgeois : que jamais ils ne retourneraient en l'obéissance de France, s'il ne leur était promis que jamais château ne serait édifié dans la ville ; et qu'ils étaient contents et d'accord d'élever et édifier à leurs dépens dans la ville un hôtel notable pour le roi ; mais qu'il n'y aurait point de château qui pût être maître de la ville ni qui eût sortie par dehors sur les champs.

CLII. — Comment La Rochelle fut rendue aux Français.

L E lendemain matin, les bourgeois de la ville vinrent à Bourg-Neuf en grand état par devers les princes qui joyeusement les reçurent ; et ils ordonnèrent à messire Bertrand de dire aux bourgeois leur intention, lequel leur dit :

« Seigneurs, par le gré du bon roi Jean de France,
» dont Dieu ait l'âme ! vous fûtes mis en l'obéissance
» du roi d'Angleterre et de son fils le prince de Gal-
» les. Et vous savez que, en vous livrant, il vous fut
» enjoint que, si l'on ne tenait nullement la paix jurée
» entre les rois, toutes les fois que vous en seriez re-
» quis, vous retourneriez à votre première seigneurie.
» Or vous savez bien que les Anglais n'ont en rien
» tenu la paix, mais qu'ils se sont parjurés déloyale-
» ment : car le roi de France a fait entièrement son
» devoir envers eux. Et outre tout cela, ils l'ont guer-
» royé et le guerroient de jour en jour, comme cha-
» cun le peut apercevoir. Et pour cela, autrefois je
» vous ai sommés, de par le roi, de retourner en votre
» première seigneurie ; et vous prîtes jour de vous ren-
» dre si vous n'aviez secours des Anglais. Or est arrivée
» la journée, et pour cela sont assemblés nos seigneurs
» les princes ; ils vous requièrent donc maintenant que
» vous vouliez tenir vos promesses. Et sachez bien
» que, si vous le leur refusez, jamais ville ni château
» que vous ayez ne seront assez forts, que je ne les
» fasse raser prochainement. »

Là était un bourgeois qui dit en souriant à messire
Bertrand :

« Sire, vous semble-t-il que vous eussiez sitôt rasé
» une telle ville et tel château ? »

Fièrement répondit messire Bertrand :

« Je veux bien que vous sachiez que, si le soleil en-
» tre en ville ni en château que vous ayez, j'y entrerai. »

Alors répondit doucement le bourgeois, et dit :

« Jamais, s'il plaît à Dieu, il ne faudra nous assaillir ;
» car nous pensons à faire le plaisir du roi, de ses prin-
» ces et de vous ; mais nous voulons requérir certaines
» choses dont nous sommes chargés par le commun du
» peuple ; et nous vous dirons lesquelles. Seigneurs,
» les bourgeois et le commun du peuple de la ville ont
» grand désir de venir en l'obéissance du roi de France.
» Il est vrai que nous avons été, au temps passé, fort
» mis en sujétion par le château de La Rochelle, lequel
» a été longuement détenu par les Anglais. Or, il en
» est ainsi que nous en avons subtilement (1) mis les
» Anglais dehors ; mais le peuple du commun, qui re-
» doute la sujétion, a tout entièrement rasé le château.
» Et pour cela, le dit commun peuple nous a chargés
» de faire, parmi nos traités, quelque accord par lequel
» jamais il ne soit édifié en la ville château qui ait
» sortie dehors. Ils sont bien d'accord d'édifier en la
» ville, à leurs frais, un palais pour recevoir les princes

---

(1) Voici en quoi consistait cette *subtilité*. Le gouverneur du château ne savait
pas lire. Le maire de La Rochelle, Chaudrier, détacha d'un ancien édit le sceau
d'Édouard III qui y était appendu, et le fixa au bas d'un ordre supposé du roi,
prescrivant au gouverneur de venir s'entendre avec les milices bourgeoises pour
la défense de la place. Le gouverneur sortit sans défiance et fut retenu prisonnier.
La garnison privée de son chef rendit le château.

» ou le roi, s'il y venait. Et ensuite, ils requièrent
» d'être maintenus en leurs franchises anciennes. »

Les princes leur accordèrent ces choses ; puis les
bourgeois s'en retournèrent dans La Rochelle et contèrent leur accord au peuple ; ce dont ils menèrent
grand'joie et firent grand appareil pour recevoir les
princes. Et le lendemain, à l'heure de tierce (1), entrèrent dans La Rochelle : les ducs de Berry, de Bourgogne et de Bourbon, le comte de la Marche, messire
Bertrand du Guesclin, messire Louis de Sancerre, maréchal de France, le sire de Clisson, le sire de Roye,
le sire de Rochefort, messire Jean de Vienne, amiral
de France, et plusieurs chevaliers et écuyers de France,
tous en ordonnance de bataille, vêtus de leurs tuniques,
étendards et bannières déployés, et leurs ménestrels
et trompettes cornant.

Alors sortirent de La Rochelle les bourgeois et le
peuple, tous à pied, sans armures, qui présentèrent la
ville au roi en la personne des princes. A l'entrée de la
ville était un dressoir paré d'un drap d'or, et un livre
dessus. Et, au-devant du dressoir et de la porte, il y
avait un fil de soie tendu. Là était avec les bourgeois
un abbé, qui requirent le duc qu'il voulût là faire le serment de les faire maintenir en leurs franchises. Le duc
fit le serment ; et cela fait, le fil de soie fut rompu, et
dans la ville entrèrent les princes, qui grandement y

_____

(1) Vers neuf heures du matin.

furent reçus et honorés par les gens qui crièrent :
Noël ! tous d'une voix.

CLIII.— Comment les princes allèrent mettre le siège à
Benon.

DE cette manière la Rochelle fut rendue au roi à
grand'joie ; et les princes y séjournèrent. Là il
leur fut raconté les grièves plaintes du peuple d'alentour
La Rochelle, qui était fort grevé par les Anglais qui
étaient dans le château de Benon, lequel est situé près
de La Rochelle. Pour cela les ducs mandèrent messire
Bertrand, et bien fièrement lui commandèrent qu'il fît
diriger là son armée.

Les princes partirent de La Rochelle et arrivèrent
à Benon ; au château de Benon, qui se tenait de par le
captal, était dedans capitaine un Anglais nommé David
Holegrave, qui en sa garnison avait six compagnons
de La Rochelle, lesquels avaient été nourris avec le
captal. Quand David sut que ceux de La Rochelle
s'étaient rendus au roi de France, il fit venir devant
lui les six compagnons, et à chacun d'eux il fit couper
un poing ; puis il les fit partir du château pour aller à
La Rochelle. Et à ceux de La Rochelle il manda : que,
à tous ceux qui seraient de La Rochelle et qui pourraient tomber en ses mains, il leur en ferait autant.
Les six compagnons partirent à grand'douleur, et ils

furent rencontrés par l'armée des Français et leur racontèrent leur aventure ; ce dont le capitaine de Benon
fut fort déprisé.

Aussitôt que les princes furent arrivés devant le château de Benon, ils firent requérir au capitaine qu'il
rendît le château ; mais à cela il ne voulut pas consentir
ni s'accorder.

Alors le château fut assiégé de toutes parts et il fut
souvent assailli ; mais les Anglais se défendirent fort.
Et il advint qu'une nuitée, environ minuit, sortirent du
château douze hommes d'armes, qui, en faisant le cri de
l'enseigne du captal, entrèrent dans le camp des Français, tous à cheval, ce dont le camp fut ému ; car ils
pensaient avoir à faire au captal qui avait assemblé
beaucoup de gens en Guyenne. Et en cette sortie les
Anglais grevèrent plusieurs Français, et y fut blessé
Geoffroy Payen, écuyer de renom. Là survint le guet
de la nuit, ce à cause de quoi les Anglais se prirent à
reculer, et ils emmenèrent Geoffroy ; mais parce qu'il
était durement blessé, il leur requérait sur sa foi qu'ils
le laissassent retourner dans le camp jusques au lendemain, pour faire curer ses plaies.

Quand les Anglais surent que c'était Geoffroy Payen,
qui était au sire de Clisson, il leur souvint que c'était
par lui et son entreprise qu'avait été le dur assaut de
Sainte-Sévère ; et, en dépit du sire de Clisson, ils l'occirent : ce dont le sire de Clisson fut tant courroucé,

qu'il n'y avait rien qui le pût apaiser. Et en son grand
deuil il jura que, de l'année, il ne verrait Anglais en sa
présence qui fût en son pouvoir, qu'il ne le tuât. Et il
tint bien son serment, ainsi que l'histoire le raconte ci-
avant.

Dans le château se retirèrent les Anglais ; et le lendemain messire Bertrand fit commencer la mine, et
contre la muraille et le château il fit dresser des échelles.
Là l'assaut commença fier et merveilleux, et les Anglais
se défendirent grandement ; mais ils furent tellement
assaillis de toutes parts, que dans le château entrèrent
les Français, et que, hâtivement, les Anglais se retirèrent en une grosse tour. Messire Bertrand fit contre la
tour commencer la mine. Alors s'étonnèrent les Anglais,
et ils offrirent de rendre la tour, leurs vies sauves et
leurs biens ; mais messire Bertrand ne se voulut pas
accorder à cela, mais leur dit qu'ils se rendraient entièrement à la merci des princes, ou qu'autrement la tour
serait abattue sur leurs têtes. Les Anglais aperçurent
bien qu'ils ne pouvaient pas résister, et, les cordes au
cou, se vinrent mettre à la merci des princes. Quand le
sire de Clisson vit les Anglais se rendre, appertement
il s'en vint aux princes requérir qu'il pût faire des Anglais à son plaisir. Les princes ne savaient pas sa pensée et débonnairement lui octroyèrent sa requête. Alors
le sire de Clisson fit amener devant lui tous les Anglais
et les fit mettre dans une tour ; puis il prit une hache

et il fit sortir les Anglais l'un après l'autre ; et tout ainsi qu'ils sortaient, le sire de Clisson les mettait à mort de sa hache, à l'issue de la tour. Il ne demeura là Anglais qui ne fût tué de sa main ; ce dont il déplut fort à plusieurs gens qui dirent au sire de Clisson qu'il eût dû faire faire un tel office par ses varlets et non pas par lui-même ; mais il n'en tint compte, mais jura que jamais il n'épargnerait les Anglais (1).

CLIV. — Comment l'armée s'en alla devant Surgières, et comment ceux de la ville se rendirent.

APRÈS la prise de Benon, les princes vinrent devant Surgières. Là étaient la dame de Surgières et mainte autre dame. Pour l'amour des dames, les Anglais furent laissés saufs, mais le château fut rendu. Parmi ces Anglais il y avait un puissant Anglais, nommé Bernard du Vas, qui avait pris par trahison la dame de Bourbon, mère de la reine de France et de monseigneur de Bourbon, et il la tenait encore en ses prisons. Hâtivement ce Bernard s'enfuit dans la tour de Bro. Là il fut aussitôt assiégé des Français ; mais, par accord, Bernard rendit la dame de Bourbon et promit de rendre la tour. Quand monseigneur de Bourbon, qui était là, eut sa mère à délivrance, il fut fort joyeux ;

(1) Ces meurtres commis de sang-froid valurent à Olivier de Clisson le surnom de *Boucher*.

et en son pays il la renvoya en grand état et l'honora fort. Et les Français partirent de Surgières.

CLV. — Comment messire Bertrand alla mettre le siège devant Monstereul-Bonnin et comment ceux du château se rendirent.

DEPUIS la prise de Surgières, les princes et la chevalerie chevauchèrent parmi le Poitou ; et ils prirent d'assaut plusieurs forteresses, et d'autres se rendirent, comme Saint-Jean d'Angély et Saintes.

En ce temps vint aux princes nouvelle que, par devers le roi de France, venait le duc de Bretagne pour se mettre en son obéissance. Et à cause de cela partirent de l'armée de Poitou les princes et les barons de Bretagne pour aller à Paris devers le roi ; mais messire Bertrand demeura en Poitou et alla mettre le siège devant Monstereul-Bonnin ; mais messire Bertrand le fit si rudement assaillir, que par force il fut pris avec les Anglais qui étaient dedans. Là se rafraîchirent messire Bertrand et sa chevalerie ; puis il fit chevaucher son armée droit à Chizay où il y eut bataille fière et merveilleuse.

CLVI. — Comment messire Bertrand alla mettre le
siège devant Chizay ; et comment Clisson tenait le
siège devant La Roche-sur-Yon et messire Alain de
Beaumont autre part.

L'HISTOIRE raconte que, après la prise de Monstereul-Bonnin, messire Bertrand mit le siège devant Chizay. Au château de Chizay était, de par le roi
d'Angleterre, un chevalier nommé Robert Milton,
avec grand'garnison d'Anglais. Et dans la place devant
le château messire Bertrand fit clore son siège et faire
palissades et tranchées du côté devers les champs.
Messire Bertrand fit souvent assaillir, mais les Anglais
se défendirent âprement.

Pendant ce temps, était lieutenant en Guyenne de
par le roi d'Angleterre messire Jean d'Evreux, qui
assembla dans Niort les Anglais de plusieurs contrées
et de plusieurs forteresses, et ils se trouvèrent bien au
nombre de huit cents chevaliers et écuyers. Alors le
sire de Clisson était devant le château de La Roche-
sur-Yon où il avait mis le siège : et en sa compagnie
étaient le sire de la Vauguyon, le vicomte de Rohan et
plusieurs barons. Et ils savaient bien que messire Jean
d'Evreux assemblait à Niort des Anglais ; mais ils
ne savaient si c'était pour les combattre ou pour lever
le siège de Chizay. Le sire de Clisson fit savoir cette

chose à messire Bertrand, en lui mandant qu'il se tînt sur sa garde ; ce dont Bertrand le remercia fort.

Et en ce même temps, par l'ordonnance de messire Bertrand, messire Alain de Beaumont tenait un siège devant un autre château dont était capitaine Carswell qui était dedans. Messire Bertrand fit savoir à messire Alain que les Anglais s'assemblaient à Niort et qu'il se tînt sur sa garde. Alors messire Alain fit clore son siège de palissades.

Ainsi les Français tinrent trois sièges dont chacun espérait avoir bataille en cette saison.

CLVII. — Comment messire Jean d'Évreux fit son assemblée d'Anglais devant Niort.

MESSIRE Jean d'Evreux fit tant, que dans la ville de Niort il assembla huit cents chevaliers et écuyers, tant d'Angleterre que de Guyenne ; et ils eurent conseil que premièrement ils iraient devant Chizay pour combattre messire Bertrand. Et il fut ordonné entre eux que, s'ils avaient la victoire, ils mettraient à mort tous les Français, excepté messire Bertrand, Maurice du Parc et Geoffroy de Kermoël qui devaient être pris à rançon, à cause de la grand'rançon qu'ils en pensaient avoir, et aussi pour la vaillance de messire Bertrand ; mais Dieu leur retailla assez de leur propos.

En la compagnie de messire Jean d'Evreux étaient

le sire d'Argences, Jacques, son frère, Jacquemont Haquet, Jannekin Haiton, le capitaine de Mortain, et Jaquentré, capitaine de Civray. Et par le conseil de ce Jaquentré, les Anglais firent faire des tuniques de toile blanche toutes pareilles, croisées de la croix de Saint-Georges, dont tous furent revêtus par dessus leurs harnais, ce qui fut une grand'chose à voir. Et ils partirent de Niort en grand arroi, bannières déployées. Et au départ, par grand orgueil, Jaquentré dit à son hôte : qu'il fit bien parer sa chambre et préparer largement de victuaille pour honorer messire Bertrand ; car il avait l'intention de l'amener là. Et les Anglais chevauchèrent tant, en un chemin allant droit à Chizay, qu'ils arrivèrent dans un bois. Là ils trouvèrent deux charrettes de vin qui étaient menées de Monstereul-Belay au siège pour les donner aux Français. Les Anglais s'arrêtèrent pour le vin, et ils firent dresser les tonnaux et les défoncer d'un bout ; et ils commencèrent à le boire, et ceux qui n'avaient d'autres vases, avec leurs capelines, leurs grèves (1) et gantelets. Et après qu'ils eurent bu tout le vin, et que la cervelle leur fut échauffée, quelques-uns furent désirants de partir hâtivement pour venir au siège ; mais quelques chevaliers anglais y contredirent et conseillèrent qu'ils se tinssent dans le bois toute la journée, et qu'ils partissent à la nuitée pour surprendre l'armée des Français.

(1) Jambières, guêtres.

Devant toute la chevalerie anglaise parla messire Jean d'Évreux, et il dit en cette manière :

« Seigneurs, nous sommes ici en cette compagnie
» huit cents chevaliers et écuyers et deux cents archers.
» Et nous savons bien que devant Chizay ils ne sont
» point plus de cinq cents combattants. Les Anglais
» sont en toute contrée renommés de n'avoir en nulle
» saison trahi leurs ennemis ; mais ils se sont toujours
» tenus aventureusement en leurs grands avantages,
» et sans guet-apens ni trahison. Et cela je le dis parce
» que, si par ce moyen nous mettons les Français en
» déconfiture, nous n'y pourrions recouvrer que peu
» d'honneur, mais cela nous tournerait à reproche. Et
» certes nul cœur vaillant ne doit tendre à déshonneur. »

Aux paroles de messire Jean d'Évreux s'accordèrent tous les Anglais, et ils l'en louèrent fort. Ainsi les Anglais partirent du bois pour venir droit au siège de Chizay où était messire Bertrand. Et ils envoyèrent devant leurs coureurs pour savoir et aviser l'état du siège de Chizay ; car ils furent en doute que les Français ne fussent rentrés ; mais les Français ne savaient pas encore que les Anglais fussent si près ; et, par les coureurs des Anglais, plusieurs Français, qui en dehors du siège étaient reculés dans leurs palissades, surent que près de là étaient les Anglais. Et il ne demeura guère que les Anglais envoyèrent des hérauts et leur mandèrent de présenter la bataille à messire Bertrand. Et les Anglais prirent position.

A cette heure messire Bertrand reposait en sa tente, et pour se conseiller il manda le comte du Perche, le vicomte de Châtellerault, messire Jean de Vienne, amiral de France, messire Olivier de Mauny, messire Alain de Beaumont, messire Guillaume des Bordes, messire Geoffroy de Kermoël, messire Maurice du Parc, messire Guy Le Baveux, le vicomte d'Aunoy, messire Jean de Montfort, le sire de Tournemine, le sire de Hangest et plusieurs chevaliers et écuyers de France, qui étaient au siège, et auxquels messire Bertrand dit :

« Seigneurs, vous voyez qu'ici devant nous sont nos
» ennemis qui nous présentent bataille ; et à présent
» est venu un chevaucheur de France par lequel le roi
» nous a écrit : qu'il avait entendu dire que, pour com-
» battre, s'assemblaient les Anglais, mais que nous ne
» soyons pas si hardis que de leur livrer bataille. Nous
» ne voyons donc pas en cette affaire que tout ne soit
» à notre déshonneur, à moins que vous ne nous con-
» seilliez autrement. »

Les chevaliers de France pensèrent sur ces paroles, puis ils répondirent à messire Bertrand tous d'un accord :

« Sire, vous ne serez nullement conseillé par nous de
» désobéir au mandement du roi ; car, si la fortune vous
» était contraire, vous n'auriez jamais secours de lui.

» Nous savons bien que, pour garder votre siège et
» tenir les Anglais à grand'détresse, vous êtes fort
» en troupes de gens ; et aussi, si, dans votre siège qui
» est clos de palissades et de tranchées, les Anglais
» viennent vous assaillir, vous êtes fort pour les recevoir,
» et vous pourriez gagner sur eux plus qu'ils ne feraient
» sur vous ; c'est pourquoi il me semble que vous avez
» assez d'honneur en faisant ces choses, sans sortir en
» bataille. »

Messire Bertrand fut dolent, quand il entendit les
paroles de la chevalerie ; car il était désirant de combattre les Anglais. Après qu'il eut longuement pensé
en cette chose, il fit retourner la chevalerie, et il leur
parla en cette manière :

« Seigneurs, de tout temps j'ai entendu maintenir que
» le roi Charles de France est le droit héritier de la cou-
» ronne, et que nul n'est plus que lui vrai catholique
» en Dieu. Il est vrai que, quand je partis d'auprès de
» lui dernièrement, en prenant congé de lui pour venir
» en ces pays, il me jura par son serment qu'il était
» loyalement informé que le duché de Guyenne lui
» appartenait, et que je me tinsse plus sûr, si je trou-
» vais les Anglais, pour garder contre eux son droit.
» Vous savez, Seigneurs, que pour garder les droits du
» roi de France, moi qui suis son connétable bien que
» je vaille peu, je suis venu en ces contrées. Et en ma
» compagnie je pense avoir amené chevalerie d'aussi

» grand'-prouesse qu'on en pourrait trouver en nulle
» contrée. Et vous l'avez bien montré jusques ici ; et en
» outre je pense avoir près du même nombre de gens
» que sont les Anglais ; c'est pourquoi cela me pourrait
» être tourné à reproche et à déshonneur si je refusais
» la bataille ; et veuillez sur cela me répondre et dire
» vos avis. »

Appertement répondirent les chevaliers à messire
Bertrand :

« Sire, nous savons bien que parmi les rois nul n'est
» meilleur chrétien. Et si de droit il n'avait été héritier
» de la couronne, nous n'aurions point été obéissants à
» lui ; et nous savons bien aussi que de droit lui appar-
» tient la Guyenne. Et vous avez bien près d'un pareil
» nombre de gens que sont les Anglais, et vous avez
» tous gens de connaissance, qui nullement ne vous man-
» queraient. Et nous voulons bien que vous sachiez
» que : il n'y a ici personne qui n'ait grand désir de
» combattre les Anglais ; mais la crainte de la malveil-
» lance du roi, qui nous défend la bataille, nous fait vous
» déconseiller ces choses ; et toutefois nous voulons nous
» gouverner par vous et faire ce qui vous viendra au
» cœur, car toujours nous nous sommes bien trouvés
» de tout ce que vous avez entrepris. Et il nous semble
» bien que, quand nous serions la moitié, sous votre
» conduite nous ne pouvons périr. »

Messire Bertrand fut fort joyeux quand il entendit

ces paroles, et débonnairement les remercia, puis dit :

« Seigneurs, je suis procureur du roi Charles, mon
» souverain seigneur, pour débattre ses droits ; et je
» vous jure ma foi que son droit est dans le duché de
» Guyenne ; c'est pourquoi je ne ferais pas mon devoir
» si je ne débattais pas son droit. Et puisque je sais ces
» choses vraies, vu qu'il est si vrai catholique, Dieu, en
» qui j'ai ma confiance pour garder ses droits, nous sera
» en aide, et, s'il vous plaît, nous combattrons les
» Anglais. »

A cela s'accorda toute la chevalerie, et ainsi ils
mandèrent la bataille aux Anglais.

CLVIII. — Comment Bertrand ordonna ses batailles à Chizay contre les Anglais.

DANS la palissade devant Chizay messire Bertrand
ordonna ses batailles ; et au dehors, dans la plaine,
étaient les Anglais en ordonnance de livrer bataille. Et,
en attendant les Français, les Anglais étaient assis à
terre, devant le front des batailles. Après que messire
Bertrand eut ordonné ses batailles, il mit en sa garnison,
pour garder le siège, messire Jean de Beaumont avec
quatre-vingts hommes d'armes, qui se tinrent à couvert
dans les tentes et pavillons du siège pour surprendre
les Anglais s'ils sortaient du château. Et pour faire la
bataille, messire Bertrand fit abattre la palissade dont

son siège était clos. Et les Français partirent en ordonnance de leur siège pour assembler aux Anglais. Et, tous serrés, lances baissées, les Français allèrent tant, qu'ils baissèrent leurs lances en face des archers des Anglais. Et le trait (1) dura peu. Après que le trait eut cessé, la bataille des Français s'assembla contre les Anglais, et de leurs lances ils poussèrent les uns contre les autres. Dans cette bataille, les Français reculèrent les Anglais par force de lances ; et alors les Anglais laissèrent choir leurs lances et se prirent aux haches pour briser les lances des Français. Messire Bertrand aperçut bien que les Anglais avaient laissé choir leurs lances ; et alors, en réconfortant les Français, il s'écria que chacun tînt raide sa lance ; et il fit renforcer la poussée de telle vertu, que les Anglais se prirent à reculer.

Quand ceux du château aperçurent que les Anglais étaient assemblés contre les Français, ils firent abaisser le pont du château et ils sortirent en armes ; mais par messire de Beaumont ils furent déconfits et le capitaine pris ; ce dont les Français surent brièvement les nouvelles, pendant qu'ils étaient en bataille ; et leur hardiesse en augmenta beaucoup.

En combattant, les Français repoussèrent à coups de lance très grandement les Anglais. Et sur les ailes de la première bataille, messire Bertrand avait mis un

____

(1) Le tir des archers.

très grand nombre de gens d'armes et d'arbalétriers qui
de haches et de traits s'assemblèrent contre les Anglais
tellement qu'ils furent enclos de toutes parts, et qu'en
peu d'heures la déconfiture tourna sur les Anglais. Là
fut pris messire Jean d'Evreux par messire Pierre de
Négron. Et il y mourut environ six cents Anglais ;
et de toutes parts, toute la bataille, ne furent retenus
que cinq prisonniers en vie (1).

Et après la déconfiture messire Bertrand retourna au
siège. Et après cette journée-là le château lui fut rendu.
Et bien frustré de son intention fut Jaquentré, capitaine de Civray, l'Anglais, qui sur la place demeura
mort, et qui, au départ de Niort, avait chargé son hôte
de faire grand appareil pour festoyer messire Bertrand
et qui pensait déjà avoir sur lui la victoire. Et c'est bien
vrai ce qu'on dit en proverbe : « *Assez deschiet de ce
que fol pense ;* (2) » et : « *L'homme propose et Dieu dis-
pose.* »

CLIX. — Comment messire Bertrand entra dans la
ville de Niort, et ceux de la ville pensaient que ce fussent les Anglais.

Aussitôt que le château fut rendu à messire Bertrand, il fit prendre tous les vêtements des Anglais et les chevaux sur lesquels ils étaient montés et

---

(1) Le combat de Chizay eut lieu le 21 mars 1373.
(2) De ce qu un fou pense, il en faut rabattre.

qui avaient été gagnés dans la bataille, et fit monter dessus les Français, et hâtivement les fit partir de Chizay pour venir devant Niort. Quand ceux de Niort aperçurent les Français habillés des robes que portaient les Anglais et montés sur les chevaux qu'ils avaient, ils pensèrent que ce fussent les Anglais et appertement abaissèrent leur pont. Et dans Niort entrèrent hâtivement les Français ; et quand ils furent dedans, ils commencèrent à crier : « *Guesclin!* » Et tous ceux qui étaient dedans furent pris, et les Français y gagnèrent beaucoup de belles richesses. Et messire Bertrand fit garnir la ville et le château. Et de là il s'en alla devant le château de Civray, et tantôt le conquit et y tint garnison. Au départ de Civray, messire Bertrand chevaucha devant Jançay que tantôt il prit d'assaut et dont il garnit le château. Après la prise de Jançay, Bertrand chevaucha devant Lusignan, où il y a ville bien située et le plus fort château de Poitou ; mais il ne séjourna guère qu'il ne conquît la ville et le château.

Paur garder le comté et la sénéchaussée de Poitou, messire Bertrand ordonna messire Alain de Beaumont, chevalier de renom ; et messire Bertrand partit du pays pour aller à Pontorson, lui et sa chevalerie ; et là il pensait trouver le duc de Bretagne, qui à jour certain avait promis d'y être ; et, par l'accord de ses barons, il avait promis de venir en l'obéissance du roi de France : ce dont il ne fit rien, mais il s'en alla par mer en Angleterre où il fit peu de ce qu'il pensait faire ; et depuis, en bien pauvre état, il alla longuement dans le comté de Flandre.

Quand messire Bertrand se trouva dans Pontorson, avec les barons de Bretagne qui étaient venus là pour mener le duc devers le roi, et qu'ils aperçurent la faute du duc, il n'y eut en eux que courroux. Ils eurent alors conseil ensemble que, puisque le duc manquait au roi de parole, ils mettraient en l'obéissance du roi les villes et les châteaux du duché de Bretagne. Ce à cause de quoi messire Bertrand entra en Bretagne, et, de par le roi Charles de France, réclama villes et châteaux, dont la plus grande partie lui fut rendue (1).

Mais maintenant l'histoire se tait des faits du duché de Bretagne, et retourne aux faits de messire Bertrand, qui partit de Bretagne pour venir devers le roi Charles de France.

En cette partie l'histoire dit : que, après que messire Bertrand eut en Bretagne reçu les fidélités des barons et pris saisie de plusieurs villes et châteaux qui se rendirent au roi, il s'en retourna à Paris pour voir le roi qui, par ses lettres, l'avait mandé. Avec le roi était alors le duc d'Anjou, frère du roi. Et quand messire Bertrand fut arrivé, que nul ne demande la chère et l'honneur qui de par le roi lui furent faits, et aussi par

---

(1) C'est contre le duc de Lancastre que se fit cette expédition, en 1377. A la mort d'Édouard III, il avait entrepris la conquête de la Bretagne au profit de Montfort chassé par ses sujets.

les ducs et princes et par le peuple de Paris ; car, si Dieu fut descendu sur terre, à peine en eût-on pu faire plus.

CLX. — Comment le roi Charles envoya messire Bertrand avec le duc d'Anjou en Périgord (1).

PAR le gré du roi Charles de France, le duc d'Anjou fit en ce temps une armée pour aller en Périgord contre les Anglais qui guerroyaient le comté et le pays de Limousin. En la compagnie du duc, le roi envoya messire Bertrand, Yvain de Galles, Hugues de Villiers, le maréchal de Sancerre, Thibault du Pont, écuyer de renom, et autre grand'chevalerie de France, qui allèrent tant par plusieurs journées, qu'ils arrivèrent près d'un château appelé la Bernardière, qui est situé sur la frontière de Limousin et de Périgord. Là étaient un grand nombre d'Anglais qui bientôt surent la venue du duc d'Anjou et de messire Bertrand, et ils mirent le feu dans la forteresse et brûlèrent leurs prisonniers, puis s'en partirent en grand'hâte. Là arrivèrent brièvement les Français qui aperçurent la destruction. Et là fut trouvé un prêtre qui était brûlé et en sa main il tenait encore un calice d'argent ; ce dont grand'pitié prit à ceux de la chevalerie de France, qui prirent leur chemin droit à Condat.

(1) La conquête du Périgord eut lieu en 1378.

Et un samedi messire Bertrand fit commencer l'assaut fier et merveilleux, mais par force de mauvais temps l'assaut cessa. Sur eux descendit si grand orage qu'ils perdirent bien cent chevaliers et écuyers ; mais le lendemain messire Bertrand fit recommencer l'assaut de telle puissance, que les Anglais ne purent souffrir le combat, mais ils se rendirent au duc, leurs vies sauves. Et de là partirent les Anglais. Et le duc fit garnir le château de Condat. Après la prise de Condat le duc partit avec ses troupes, et devant Bergerac alla mettre le siège. Messire Bertrand fit assaillir de toutes parts la ville et le château, et les Anglais se défendirent âprement ; mais à la fin ils se rendirent au duc qui entra dedans et garnit la ville et le château.

Au partir de Bergerac, le duc et messire Bertrand chevauchèrent devant Esmettoy qui leur fut bientôt rendu ; et de là ils allèrent devant Sainte-Foix qui semblablement se rendit.

CLXI. — Comment messire Perdiccas d'Albret fut pris par les Français.

EN ce temps fut pris messire Perdiccas d'Albret qui avait grevé les Français tout son vivant ; et le duc d'Anjou le haïssait fort. Quand le duc en sut la prise, il traita tant, qu'il lui fut amené en ses prisons, et il le fit mettre aux fers. Et avant qu'il pût partir de ses prisons, il rendit par rançon au duc vingt-sept châteaux qui étaient en son obéissance ; et à la prière du sire d'Albret, qui était son parent, le duc le mit à finance. Le duc était tenu envers le sire d'Albret d'une grand'somme de deniers, à cause de pension qu'il prenait sur lui, et la somme montait bien à cent cinquante mille francs. Le duc mit messire Perdiccas à cette finance, et la donna en payement au sire d'Albret ; mais avant son départ, il paya comptant, pour chaque jour qu'il avait tenu prison, cinquante francs pour sa dépense, avec les gages de ses gardes.

En ce même temps fut pris le sire de Devois qui promit d'être Français ; et pour cela le duc le tint quitte de sa rançon ; mais il ne demeura guère qu'il ne se rendît Anglais ; et cela lui fut tourné à grand reproche.

Depuis la prise de Sainte-Foix, le duc d'Anjou et le connétable de France chevauchèrent devant Châtillon qui tantôt leur fut rendu, et le duc fit garnir le château. Ils partirent de Châtillon, et chevauchèrent tant, qu'ils vinrent devant Saint-Macaire et y tinrent le siège.

Là vinrent au secours du duc le sire de Coucy et le sire de Parthenay avec très grand nombre de gens. Là furent apportées au duc les clefs de plusieurs villes et châteaux, qui se rendirent au roi. Et, par accord, se rendirent ceux de Saint-Macaire ; puis le duc donna congé à ses troupes, et retourna en Touraine. Et messire Bertrand s'en alla à Paris devers le roi qui eut grand'joie de sa venue ; et il l'honora fort et le fit honorer par tous ceux de son sang (1).

CLXII. — Comment messire Bertrand partit avec une grande armée et entra dans le duché de Guyenne où il mit le siège à Randon.

MESSIRE Bertrand ne séjourna pas longuement à Paris ; mais par l'accord du roi de France il assembla très grand'armée et entra dans le duché de Guyenne. Et il chevaucha tant, en conquérant villes et châteaux, qu'il arriva devant Châteauneuf de Randon. Là étaient Anglais qui gardaient le château, et qui étaient grandement garnis de vivres et d'artillerie. Le château était fort et bien situé. Et messire Bertrand le fit assiéger, et y livra assaut par plusieurs fois ; mais il y exploita peu. Alors messire Bertrand jura là

(1) Le chroniqueur ne parle pas de l'expédition que du Guesclin fit l'année suivante (1379) en Bretagne, pour assurer la réunion du duché à la France ; expédition malheureuse, que le connétable entreprit à contre-cœur sur l'ordre du roi, et dans laquelle ses vieux compagnons de guerre, bretons comme lui, l'abandonnèrent pour soutenir Montfort, qu'ils avaient chassé trois fois. La confiscation qui transformait en maîtres les Français, alliés de la veille, rattacha, en effet, toute la Bretagne au parti de Montfort. L'insuccès de l'expédition fut exploité contre du Guesclin qui, indigné de voir soupçonner sa fidélité dans une occasion où il lui avait tant coûté d'être fidèle, renvoya au roi l'épée de connétable. — Devant la protestation de toute la France contre la disgrâce imméritée du héros, Charles V supplia du Guesclin de reprendre sa charge : il n'y consentit que pour courir sur l'Anglais.

le siège. Et il tint tant les Anglais à l'étroit, que de
nulle part ils n'avaient de secours de vivres. Pour
cela, les Anglais requirent un jour de trève, et par
devers messire Bertrand ils envoyèrent leur capitaine,
qui traita que : à un jour certain ils rendraient le château s'ils n'avaient du roi anglais secours de gens
d'armes ; et de cela ils donnèrent otages à messire Bertrand ; et trèves leur furent données jusqu'au jour qu'ils
devaient rendre le château.

CLXIII. — Comment messire Bertrand se coucha au
lit de mort, et comment il mourut ; et avant il manda
le maréchal et la chevalerie en sa tente, et comment
il reçut tous ses sacrements comme bon chrétien.

DURANT les trèves prises par les Anglais de Châteauneuf de Randon, messire Bertrand du
Guesclin, connétable de France, qui y tenait le siège,
se coucha au lit de la mort. Et quand par la mort il se
vit si oppressé, dévotement il reçut ses sacrements ;
et par devant lui il fit venir le maréchal Louis de Sancerre, qu'il tenait pour fort cher, messire Olivier de
Mauny et la chevalerie de son siège, auxquels il dit :

« Seigneurs, la mort qui est à tous commune me fera
» brièvement partir de votre compagnie. Par vos vail-
» lances et non par moi la Fortune m'a tenu en haut
» honneur, dans toute la France, en mon vivant ; et à
» vous en est dû l'honneur, et non à moi qui vous re-

» commande mon âme. Certes, Seigneurs, j'avais bien
» l'intention de brièvement finir par vos vaillances les
» guerres de France, et de rendre au roi Charles tout
» son royaume en son obéissance ; mais je ne puis plus
» dorénavant vous tenir compagnie. Et néanmoins, je
» requiers Dieu, mon créateur, qu'il vous donne tou-
» jours loyal courage envers le roi, lequel finira ses
» guerres par vous, Sire maréchal, et par les vaillances
» de vous et de toute la chevalerie qui s'est toujours
» comportée envers lui si loyalement et vaillamment.
» Mais, Sire maréchal, et vous autres, Seigneurs qui
» êtes ici, je vous veux requérir d'une chose à cause de
» quoi finirait ma vie en grand repos si faire se pou-
» vait. Et je vous dirai laquelle. Vous savez, Seigneurs,
» que les Anglais ont pris envers moi journée pour
» rendre leur château, s'ils ne sont pas secourus du roi
» anglais. Aujourd'hui est la journée ; ce pour quoi en
» mon cœur je désire fort que, avant ma mort, les An-
» glais rendent le château (1). »

Des paroles de messire Bertrand ceux de toute la
chevalerie eurent si grand'pitié, que nul ne le saurait
dire. L'un regardait l'autre en pleurant, en faisant un
deuil non pareil à ce qu'on vit jamais, et ils disaient :

« Hélas ! maintenant nous perdons notre bon père

---

1) Une autre chronique prête au connétable mourant ces belles paroles : « Sou-
venez-vous que gens d'église, femmes, enfants et menu peuple, ne sont point vos
ennemis, et que vous portez les armes pour les défendre, non pour les opprimer. Je
vous l'ai recommandé toujours, et je vous le répète encore en vous disant adieu. »

» et capitaine, notre bon pasteur qui si doucement
» nous nourrissait et sûrement nous conduisait ; et si
» nous avons bien et honneur, c'est par lui. O honneur
» et chevalerie, tu perdras tant quand celui-ci finira ! »

Et ceux du camp faisaient plusieurs autres regrets,
tellement que ceux du château l'aperçurent en quelque
façon ; mais pourquoi c'était, ils n'en savaient rien.
Ainsi se passa la journée, et ceux du château n'eurent
aucun secours du roi anglais.

Le lendemain matin, le maréchal Louis de Sancerre
vint devant le château et manda le capitaine du château,
lequel tantôt vint à lui ; et fort doucement le maréchal
Louis de Sancerre lui dit :

« Capitaine et ami et frère, de par monseigneur le
» connétable, je vous viens requérir de rendre les clefs
» du château et d'acquitter vos otages selon votre
» promesse. »

Courtoisement répondit le capitaine :

« Sire, il est vrai que nous avons conventions avec
» messire Bertrand, lesquelles nous lui tiendrons quand
» nous le verrons, mais non à un autre. »

— « Ami, dit le maréchal Louis, si je n'étais venu de
» par lui, je ne vous l'aurais point dit. »

— « Certes, Sire, je vous tiens bien pour fidèle mes-
» sager ; et je me conseillerai sur vos paroles aux com-
» pagnons de la garnison, puis je vous en ferai réponse,
» après dîner, s'il vous plaît. »

A cela s'accorda le maréchal Louis de Sancerre, qui alla devers messire Bertrand, et lui raconta ce qu'il trouva chez l'Anglais.

Alors messire Bertrand approchait de sa fin, et il le connut bien. Pour cela, il manda la chevalerie, et devant lui fit venir l'épée royale, laquelle lui fut apportée. Et il la prit en sa main ; et puis il dit, devant tous, ces paroles :

« Seigneurs, entre qui j'ai eu les honneurs des mon-
» daines vaillances, dont je suis peu digne, il me faudra
» brièvement payer le tribut de mort, qui n'épargne
» personne. Je vous prie que vous vouliez premièrement
» me recommander envers Dieu. Et vous, Sire Louis
» de Sancerre, qui êtes maréchal de France, et qui avez
» bien mérité plus grand honneur, je vous recommande
» ma femme (1) et ma parenté. Vous me recomman-
» derez aussi au roi Charles de France, mon souverain
» seigneur, et vous lui rendrez de par moi cette épée
» sous laquelle est le gouvernement de France ; car
» en la main de plus loyal ni de meilleur que vous je
» ne la puis mettre en garde. »

Et après cette parole il fit le signe de la croix sur lui. Et ainsi trépassa de ce siècle messire Bertrand du Guesclin (2), qui, pour le renom de ses vaillances, fut

---

(1) Tiphaine de Raguenel, première femme de Bertrand, était morte en 1372 ; il avait épousé en secondes noces, en janvier 1374, Jeanne de Laval-Tinteniac.

(2) Bertrand du Guesclin mourut devant Châteauneuf-de-Randon, le 13 Juillet 1380.

mis au nombre et comme dixième preux. Et pour sa mort menèrent grand deuil la chevalerie de France et d'Angleterre ; car, bien qu'il fût contraire aux Anglais, ils l'aimaient pourtant fort, pour sa loyauté et sa droiture, et pour ce que, quand il les prenait, il les traitait et gouvernait amiablement et sans dure prison et rançons (3).

CLXIV. — Comment le capitaine de Châteauneuf de Randon rendit le château à messire Bertrand depuis qu'il fut mort, et apporta les clefs sur son cercueil.

AU trépassement de messire Bertrand s'éleva un grand cri dans le camp des Français, ce à cause de quoi les Anglais du château refusèrent de rendre le château. Alors le maréchal Louis fit amener les otages sur les fossés pour leur faire trancher les têtes ; mais appertement ils abaissèrent leur pont. Et le capitaine vint offrir les clefs au maréchal, lequel les refusa et lui dit :

« Ami, vous aviez fait vos promesses à messire Ber-
» trand, et vous les lui rendrez à lui. »

— « Dieu ! Sire, dit le capitaine, vous savez bien que
» mort est messire Bertrand, qui tant valait ; et comment

---

(1) Ici se termine l'imprimé. Au verso du dernier feuillet sont simplement ces mots que nous avons reportés à la fin du volume : « Cy finist le livre des faiz.... etc... » Les trois chapitres qui suivent et qui sont nécessaires au complément de l'ouvrage, ont été pris dans Buchon qui les a reproduits d'après un manuscrit.

» serait-ce que nous rendissions à lui ce château et nous ?
» Certes, Sire maréchal, vous cherchez bien entièrement
» notre déshonneur, vous qui voulez faire rendre à un
» chevalier mort nous et notre château. »

— « De cela il est inutile de parler, dit le maréchal
» Louis ; mais faites-le vite ; car, si vous en tenez paroles
» davantage, allez en votre château faire les funérailles
» de vos otages, parce que bientôt finira leur vie. »

CLXV. — De la garnison que mit le maréchal Louis
de Sancerre en Châteauneuf de Randon.

LEs Anglais aperçurent bien que cela ne pouvait
être autrement. Alors ils sortirent tous du château, leur capitaine devant eux, et ils vinrent au maréchal Louis qui les mena en l'hôtel où reposait le corps
de messire Bertrand, et leur fit rendre et mettre les clefs
sur le cercueil de messire Bertrand, tout en pleurant.

Et que tous sachent qu'il n'y eut là chevalier ni
écuyer Français ou Anglais qui ne démenassent grand
deuil.

En cette manière rendit l'âme messire Bertrand du
Guesclin qui tant valut.

Dans le Châteauneuf de Randon le maréchal Louis
mit garnison de gens d'armes et d'arbalétriers ; puis il
s'en partit à grand'chevalerie ; et il fit embaumer le
corps de messire Bertrand et le fit charger pour le porter enterrer à Guingamp en Bretagne.

Pour conduire le corps furent messire Olivier de Mauny, messire Alain de Beaumont et autres chevaliers de nom, qui tant allèrent par plusieurs journées qu'ils arrivèrent au Mans. Et en passant par toutes les cités de France, des cités sortirent les bourgeois et gens d'église en procession au-devant du corps, faisant grand deuil ; et ils faisaient porter le corps dans les églises cathédrales. Et en chaque cité, il eut son service fait. Puis ils l'accompagnaient avec des torches, au départ, pendant plus d'une lieue. Et quand le roi Charles sut nouvelles du trépassement de messire Bertrand, que nul ne demande le grand deuil qu'il en faisait.

CLXVI. — Comment le roi Charles de France manda que le corps de messire Bertrand fût amené à Saint-Denis en France.

POur la grand'amour et affection qu'avait le roi Charles de France envers messire Bertrand, il écrivit hâtivement à messire Olivier de Mauny et à la chevalerie qui menaient le corps à Guingamp : qu'ils amenassent le corps à Saint-Denis en France, et qu'il voulait qu'il fût enterré là (1). Alors ils se mirent en

(1) D'après les intentions de Bertrand du Guesclin qui avait désiré être enterré à Dinan, et non à Guingamp, auprès du tombeau de Tiphaine de Raguenel, Charles V fit envoyer son cœur dans une boîte de plomb aux Dominicains de Dinan, qui le placèrent sous une pierre de marbre noir portant cette inscription : « Cy » gist le cœur de messire Bertrand du Guesclin, connestable de France, qui tré- » passa le XIII Julet l'an mil IIIᶜ IIIIˣˣ et dont le corps respose avecques ceux » des roys à Sainct-Denys en France. »

chemin pour amener le corps et ils vinrent à Chartres. Au dehors de Chartres sortirent les colléges et les bourgeois, en procession, avec un grand nombre de torches, pour recevoir le corps, et là il y eut fort grand'-deuil démené. Puis ils le portèrent dans le chœur de la maîtresse-église ; et là lui fut fait le service solennel ; puis les chevaliers reprirent le corps, et prirent leur chemin droit à Paris. Mais le peuple de Paris fut si ému de deuil à cause de sa mort, que le roi Charles fit enterrer son corps au pied de sa sépulture. Ce dont le roi fut fort loué de ses chevaliers.

Et le bon roi Charles, qui tant fut sage, alla de vie à trépassement au mois de septembre suivant (1) après son bon connétable, en l'an mil-trois-cent-quatre-vingt de la Résurrection de Notre-Seigneur Jésus-Christ, qui veuille recevoir leurs âmes en sa benoiste gloire. Amen. Amen. Amen. Amen. Amen. Amen.

𝕮𝖞 𝖋𝖎𝖓𝖎𝖘𝖙 𝖑𝖊 𝖑𝖎𝖇𝖗𝖊 𝖉𝖊𝖘 𝖋𝖆𝖎ȝ

𝖉𝖊 𝖒𝖊𝖘𝖘𝖎𝖗𝖊 𝕭𝖊𝖗𝖙𝖗𝖆𝖓𝖉 𝖉𝖚

𝕲𝖚𝖊𝖘𝖈𝖑𝖎𝖓, 𝖈𝖍𝖊𝖛𝖆𝖑𝖎𝖊𝖗, 𝖏𝖆=

𝖉𝖎𝖘 𝖈𝖔𝖓𝖓𝖊𝖘𝖙𝖆𝖇𝖑𝖊 𝖉𝖊

𝖋𝖗𝖆𝖓𝖈𝖊 𝖊𝖙 𝖘𝖊𝖎=

𝖌𝖓𝖊𝖚𝖗 𝖉𝖊

𝕷𝖔𝖓𝖌𝖚𝖊=

𝖛𝖎𝖑𝖑𝖊.

---

(1) Le 16 septembre 1380.

Appendice.

Début du poème de Cuvelier, contemporain de B. Du Guesclin.

Cy commence le Rommant de Bertrand de Claquin.

Seigneurs, or écoutez, pour Dieu le roy divin.
Que nostre sire Dieux, qui de l'eaue fist vin,
Vous voeille tous garder et donner bonne fin !
Or me vueillez oyr, chevalier et meschin (1),
Bourjoises et bourjois, prestres, clers, Jacobin,
Et je vous chanteray commencement et fin
De la vie vaillant Bertran de Claquin,
Connestable de France, le vaillant palazin (2)
Qui tant fu redoubtez jusques à l'eaue du Rin,
En France, en Auvergne et dedans Limosin ;
Oncques puis le tams du roy Alixandrin
Ne puis le roy Artus, ne le bon roy Pépin,
Ne du tamps Gaudefroy, ne de Salehadin
Ne régna oncques tels pour maintenir hutin (3).
Que croniques en sont, ne cuidez qu'adevin,
A Saint-Denis en France escriptes en latin.

Seigneurs, or faictes pais et à moy entendez.
Vous qui voulez raison et qui honneur gardez,
Et vous traiez vers moy, par quoy que vous orrez
Un livre souffisant qui nouvel est rimez.

---

(1) Serviteurs.
(2) Paladin.
(3) Guerre, combat.

Cil qui le mist en rime est Cuveliers nommez,
Et pour l'amour du prince, qui de Dieu soit sauvez !
Afin c'on (1) n'eust pas les bons fais oubliez
Du vaillant connestable, qui tant fu redoubtez,
En a fait les beaux vers noblement ordonnez.

. . . .

Seigneur, cilz connestables fust Bertran appelez :
Tant qu'il fut jeunes homs, c'est bien la véritez,
Poures (2) chevaliers fust et pauvrement rentez ;
Mais, ainçois (3) qu'il éust tous ses lieu passez,
Fust sire possessans de 11 nobles contez
Et en Espaigne fust ducs et contes nommez ;
De Moulines (4) fust ducs, une noble duchez :
Roys Henriz li donna, ce dist l'auctoritez.
Et li rois des François li donna terre assez,
Donna-lui Lôgueville, Laguiffart, se créez (5).
Et tant fust ce Bertran par fortune montez,
Que connestables fust, du roy fust bien amez
Plus c'on ne vous diroit, et tant fust redoubtez,
Que chascun se tenoit desconfis et matez (6)
Aussi tost qu'en assaut estoit ses cris getez.
Les anemis du roy a moult vitupérez ;
Juifs et Sarrazins et puis Chrestiennez
Redoubtoient Bertran en toutes héritez (7).

(1) *C* pour *que*.
(2) Pauvre.
(3) Avant que
(4) Molinas.
(5) Croyez-le.
(6) Mort, abattu ; de l'espagnol *matar*.
(7) Pays, héritages.

En maint lieu disoit-on que enfans noviaux-nez
Disoient : « Taisiez-vous, où jà le comparrez (1) :
Bertran du Guesclin est de çà arrivez. »

Tout au commencement de nostre bon rommant
Vous dirai la venue du nobile (2) Bertrant :
De Bretaigne fust nez, ce scevent li auquant (3),
A VI lieues de Rennes, une cité vaillant,
De la Mote de Bron, où il a chatel grant.
Regnault du Guesclin fut le père à l'enfant
D'une moult gentilz dame et de moult bel samblant.
Mais l'enfant dont je di et dont je voi parlant,
Je croi qu'il n'ot si lait de Resnes à Disnant.
Camus estoit et noirs, malotru et massant (4) ;
Li père et la mère si le héoient (5) tant,
Que souvent en leurs cuers (6) aloient désirant
Que fust mors ou noiez en une eaue corant (7) ;
Garçon, nisce et coquart l'aloient appelant.
Tant estoit déboutez (8) à loy de meschéant,
Que conte n'en tenoient écuyer ne sergent.
Mais on a bien véu en ce siècle apparant
Que li plus débouté estoient li plus grant.
Aussi en advint-il, de ce n'alez doubtant ;

---

(1) Vous le payerez.
(2) Noble, de *nobilis*.
(3) Ce savent quelques-uns.
(4) Méchant. D'autres versions disent *nuisant*.
(5) Le haïssaient.
(6) Cœurs.
(7) Courante.
(8) Repoussé.

Cor puis (1) ot (2) plus d'onneur, de ce soiez créant,
C'onques n'ot chevalier puis le tamps de Rolant ;
Car li rois qui régnoit pour le tamps que je chant,
Le baisa mainte foiz com son loial amant (3),
Pour tant que pour s'amour s'aloit aventurant ;
Sans redoubter la mort aloit tousjours devant.
De la mort du vassal gentil et conquérant
Seront et ont esté maint cuer triste et dolant (4).

Ainsi que dit vous ai devant en la chançon,
Fust li enfès (5) gentilz, qui tant ot de renon,
Appelez bien souvent et tenu à garçon,
Jusques à tant qu'ilz ot V ans ou environ.
Avint à I haut jour comme l'Ascension
Que la mère Bertran (6), dont j'ai fait mencion,
Estoit en une chambre qui fust en sa maison ;
Là estoient ses fils delez lui (7) environ ;
Non pour quant cilz Bertran séoit sur un lizon,
Et estoit à par lui, n'avoit nul compaignon :
Li autre dui (8) estoient en haut establison ;
Non pour quant fust ainsnez (9) Bertran, si le dit-on ;
Mais compte n'en tint-on nès plus que d'un mouton.
Ainsi que là disnoient en ceste mansion (10),

---

(1) Depuis.
(2) Eut.
(3) Comme son loyal ami.
(4) Affligé. On a dit longtemps *se aouloir*.
(5) Enfant.
(6) **La mère de Bertrand.**
(7) Auprès d'elle.
(8) Les deux autres.
(9) L'aîné.
(10) Maison ; c'est le mot latin *mansio*.

Une converse y vint, que sage tenoit-on.
La dame l'ot mandée pour avoir garison
D'aucune maladie ou d'aucune frisson (1) :
Juise (2) avoit esté en sa renacion.
A la dame s'en vint à sa commandison (3) ;
La dame la receupt et l'appela par non :
— « Bien viengniez-vous, dist-elle, à Dieu bénéiçon ! »
La converse li fist moult belle affliction,
Puis prist à regarder entour lui environ,
Et a véu Bertran le jeune valeton.
Lors s'adreça vers lui et li dit à haut ton :
— « Enfès, cilz te béneie, qui souffri passion ! »
Et quand Bertran la vit, si dreça le menton ;
Une chière (4) li fist à guise de lion,
Fièrement respondi d'une haute raison.
Quand la converse vit Bertran, qui haut parla,
Et en lui respondant les ieux lui esroilla,
Celle perceut sa chière et ses mains regarda,
La manière de lui et très bien l'avisa
Et sa phizonomie moult bien considéra.
Je ne sai qu'elle y vit, ne qu'elle en devisa ;
Mais tout ce qu'elle en dit et qu'elle en proposa
Advint depuis ce di et depuis ce fait là.
S'en vint devers la mère, qui à table disna,
A ses II autres frères un peu se délita.
— « Dame, dit la converse, or ne me celez jà :
N'est mie vostre fils, cilz enfès par de là. »

(1) Fièvre.
(2) Juive.
(3) Commandement.
(4) Accueil.

— « Si est, se dist la dame ; . . . .
Mais oncques vraiement mon seigneur ne l'ama ;
Car jà plus ennuieux de lui ne naistera,
Rudes, malgracieux jamais plus ne sera.
Il bat, il fiert, il rue les enfans de deçà ;
Nul ne veult déporter ; jà si grant ne sera
Que quant on li dit riens, en l'eure le ferra ;
Et est nices et lours, sens ne manière n'a.
Pleut à Dieu qu'il fust mors ! désiré l'ai pièça. »

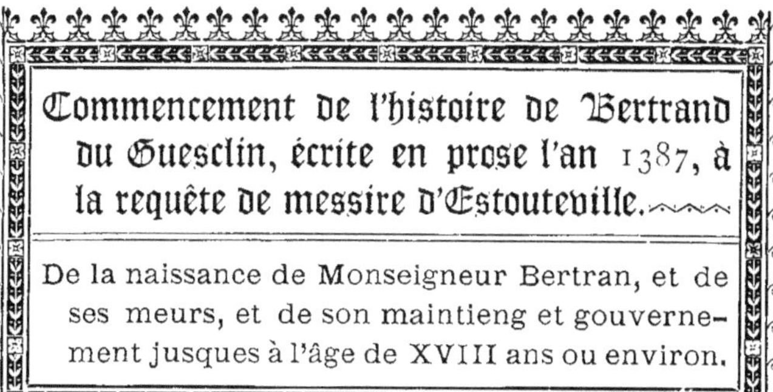

ONSEIGNEUR Bertran du Guesclin, dessus nommé, dont ce prologue cy a fait et fera mention, fu nez de loyal mariage, ou chastel de la Mote de Broon, à six lieuës près de Rennes, extrait de moult noble lignée, combien que lors teinssent pou de terre. Et fu son père nommé messire Regnault du Guesclin, et sa mère estoit une très-belle et gentil Dame. Mais Bertran estoit lait enfançonnet, et mal gracieux, et n'estoit plaisant de visaige, ne de corsage. Car il avoit le visage moult brun, et le nez camus. Et avecques ce estoit de grosse et rude taille le corps, rude aussi en maintieng et en paroles : pou habilité à chose quelconque, et de petit contiennement. Et avecques ce, moult semilleux et ennuyeux, et pour les jeunesces qu'il faisoit ; et continuelment tenoit un baston. Et pour ce son dessus dit père et sadite mère le hayoient moult, et souvent desiroient sa mort : ne ne vouloient souffrir qu'il fust à la table de ses frères, combien qu'il feust l'ainsnel de tous leurs enffens. Mais souventes fois l'appelloient nyce, coquart, malostru et mescheant. Et moult estoit debouté et dechascié, tant d'eux comme de leur mesnies.

Si avint à un iour de la Sension, que la mère dudit Bertran estoit en sa chambre, et ses deux autres fils avecques elle, assis honorablement à haute table. Et ledit Bertran, qui ainsnez estoit, comme dit est, et avoit pour lors l'aage de six ans ou environ tant seulement, se seoit tout seulet et sans compaignie à une petite tablette. Lors se leva, et vint à ses frères que il moult aimoit, et leur demanda de haulte voix : « S'ils se devoiêt là asseoir des premiers au mengier, et il deust ieûner et attendre aussi comme un garçon. » Et en outre leur dist : Que il iroyt seoir à leur table, voulzissent ou non, et se ils en parloient, il abatroit tout par terre. Lors ses diz frères le recueillirent doubcement, et s'ala seoir delez eux, et rudement print à mengier à plain poing. Et quant sa mère vit sa contenance, elle luy escria haultement : « Que se de là ne se levoit, elle le feroit très bien batre. » Et quant il l'entendi, il se leva tout courroucié, en telle manière qu'il tresbucha ladite table à terre, et tout ce qui dessus estoit. Et lors sa mère dist que c'éstoit un rude charreton, et qu'en luy n'avoit sens, raison, ne manière, ne jà à son extraction ne feroit honneur.

Entretandiz entra léenz une converse, qui Juifve avoit esté, laquelle venoit visiter la Dame, pour lui donner remeide et garison d'aucune maladie. Laquelle converse se cognoissoit ou signe des mains et du visage, et commença à regarder Bertran, qui estoit tout simple et coy, pour ce qu'on luy avoit dit moult de villenies, et appellé garçon et bergier. Lors elle le salua, en disant : que Dieu le beneist. Lequel cuidant qu'elle le deist par derisiô, luy dist, « que elle le laissast en paix, ou se non, il lui donrait du baton que il tenoit. » Mais elle l'apaisa moult doubcement, en luy disant : « Qu'il ne se courrouçast, et qu'il auroit plus d'onneur ou temps avenir, que hôme de son lignage. » Lors dict le maistre d'hostel, qui ceste parole oy, « qu'elle s'éstoit bien acquitée, et belle bourde avoit trouvée. » Et lors ladite converse vint à la Dame, et lui demanda de Bertran « si c'étoit son fils. » Et elle luy respondi que « oy ; mais pour les rudesces et nicetez qui estoient en soy, son Seigneur ne le povoit amer. » Mais ladite converse, qui la philosommie dudit Bertran avoit bien avisée et regardée, conta véritablement à sadite mère de mot à autre tout le bien et honneur qui à avenir lui estoit ; et comment il seroit prisiez et honnourez en plusieurs lieux, et par especial ou Royaume de France, et amez des Fleurs de Liz. Laquelle Dame mère dudit Bertran ne le povoit croysre, pour ce qu'elle en véoit si petite apparance. Et après ce, fist disner ladite converse. Mais comme ledit maistre d'ostel apportoit un paon pour la servir, Bertran lui osta des deux poings, et en servy icelle converse, en luy disant « qu'il luy vouloit amender ce que ainsi rudement avoit parlé à elle. » Et puis lui versa plaine coppe de vin si habondamment, qu'il le convint aseronder. Pourquoy sa mère dit « que oncques mais ne lui avoit veu faire tât de bien. »

Plourez, princes, ducs, comtes et barons,
Tous chevaliers, escuiers et bourjois !
Plourez, Normans, Angevins et Bretons,
La mort du preux connestable françois,
　　Le bon Bertran du Guesclin !
Plourons trestuit, soyons à Dieu enclin,
Pour son ame prier, c'est bien raison :
Car loialment defendi de cuer fin
Les fleurs de lis du lieupart felon.

Hardis estoit et fier comme lyons,
Li valereux chevalier et courtois ;
Sa baniere et ses nobles penons
Très fierement demonstroit sur Englois ;
　　Il les mettoit à declin
Par sa valeur. Or li soit Dieu à fin,
Et nous ottroit avoir tel champion
Qui garder puist par proesce et engin
Les fleurs de lis du lieupart felon !

Soit enterrez entre les roiaulx bons
Son vaillant corps par honnour, c'est bien drois ;
Car puis le tamps des neufs preux, plus preudons
En fait d'armes ne fu, si con je crois ;
　　Tout dis vray et enterin
A son seigneur estoit le palazin :
Bien y apert à ses fais de renom.
Or veille Dieux garder le très begnin
Les fleurs de lis du lieupart felon !

Cy après ensuyvent les armes lesquelles portoit Monseigneur Bertrand du Guesclin.

L'escu d'argent à I. aigle de sable
A II. tez (1) et à I. rouge baston
Portoit le preux, le vaillant connestable,
Le bon Bertrand du Guesclin en surnom.
A Bron fut né le chevalier breton,
Fier et hardi, couraigeux comme I. tor (2),
Qui tant ama de loyal cuer et bon
L'escu d'azur à trois fleurs de lis d'or.

A luy n'estoit chevalier comparable
En son vivant, pour certain ce dit-on,
Ne qui tant fust aux armes convenable,
Pour vaincre gens ou abattre penon.
Or est-il mort : Dieu lui fit face pardon !
Pleust or à Dieu que il vesquit encor !
Si deffendist de ce liepar felon (3)
L'escu d'azur à trois fleurs de lis d'or.

Pour ses grans fais soit escript en la table
Machabeus et des preux de renon,
De Josué, David le raisonnable,
D'Alexandre, d'Ector et Cesaron,
Artus, Charles, Godefroid de Billon,
Et soit nommé le dixième dès or
Bertrand le preux qui servit com preudom
L'escu d'azur à trois fleurs de lis d'or.

---

(1) Têtes. — (2) Taureau.

(3) Le poète parle ici de l'Angleterre, dont les armes étaient de gueules aux
trois léopards d'or passants.

Bien doit plourer chevalerie,
Puis que mors est celui qui tant l'ama,
Li preux preudons Bertrans qui en sa vie
Les grans fais d'armes tous jours continua,
Et qui partout ses ennemis mata (1)
Où il fut chef, c'est vérité prouvée,
En mer, en mine, en champ combattu a,
Et par son fait Espaigne a conquestée.

Ha ! chevaliers, escuiers qui envie
Avez d'ounour, querre qui vous menra
Qui fera mais à povre gens aye,
Ne qui chevaux ne harnois lor donra ?
Qui dira bien des bons, qui le dira ?
Puis que la char (2) et en terre boutée
Du preux Bertran qui France recouvra,
Et par son fait Espagne a conquestée.

Ha ! doulce France, que dure departie
Du vaillant homme qui tant vous honnoura,
Et qui gardé vous a vo signourie,
Dès que la prist, et que tenue l'a.
S'envie ne fust, qui jamais ne morra,
D'Alebion l'orde fausse couvée
Vous eust vengiée, qui l'aigle noir porta (3),
Et par son fait Espaigne a conquestée.

---

(1) Vainquit. Expression tirée du jeu d'échecs.
(2) Chair.
(3) Voyez ci-dessus la ballade sur les armes de du Guesclin.

Prince, je pri à Dieu, qui tout crea,
Qu'en paradis soit l'ame couronnée
Du preux Bertran qui d'armes tout passa,
Et par son fait Espaigne a conquestée !

Description du service funèbre fait en l'honneur de Bertrand du Guesclin (1).

Jésus-Christ, qui a grand'puissance,
Veuille tous ceulx de mal garder
Qui du connestable de France
Monsieur Bertrand oiront chanter.
Ouyr pourront de l'ordonnance,
Comment le roy qu'on doit aimer
Fist faire à Saint-Denys-en-France
Mémoire du noble guerrier.

L'an de grâce, trois cent et mille
Et quatre-vingt, et puis neuf ans,
Sept jours en may, ne fut pas guille, (2)
Fist de France le roy puissant
Faire un service moult nobile (3)
De Bertrand qui tant fut vaillant :
Maint roy, maint duc, maint comte habile
Furent au service présents.

Oncques mais si noble assemblée
Ne fust veüe nullement.
Là eut mainte torche allumée
Et maint cierge certainement.
Neuf destriers, chose est prouvée
Furent en armes noblement,

----

(1) Extrait d'un poème de Guillaume de la Perenne intitulé *Faits des Breton en Italie sous le commandement de Sylvestre de Bure.*

(2) Sans erreur.

(3) Noble, *nobilis.*

De Bertrand, qui l'âme aît sauvée,
Eurent les armes pleinement.

Quatre destriers en l'église,
Furent à l'offrande menés ;
Deux y en eut de telle guise
Comme pour un tournois armés
Et les autres deux en la guise
De guerre furent ordonnés. (1)
Quatre escuyers pleins de franchise
Eut com les destriers armés.

Le franc comte de Longueville
Porta le premier des escus ;
Frère fut de Bertrand sans guille (2),
Dieu reçoive s'âme là sus ! (3)
Le comte Dammartin nobile
Fut avec lui, n'en doutent nuls.
Le second escu, par saint Gilles !
Fut porté du seigneur cremus

Alain de Beaumont ; sans doutance,
Le porta, et deux chevaliers.
Monsieur Olivier, sans faillance,
De Mauny y porta le tiers.
Le quart escu, par révérence,
Fut porté de nobles guerriers :

---

(1) Caparaçonnés les uns avec des harnais de tournois, les autres avec des harnais de guerre.

(2) Le frère de Bertrand du Guesclin hérita de son titre de comte de Longueville.

(3) Dieu reçoive son âme là-haut.

Mauny, Beaumanoir en présence,
Et le Bègue faisoit le tiers.

Puis y fut noblesse hautaine
Quand vint aux espées porter.
Car le noble duc de Touraine
En porta l'une, sans douter.
Et le comte, chose est certaine,
De Nevers volt après aller. (1)
Les autres, de pensée saine,
Allèrent après présenter.

De Navarre Monseigneur Pierre
Porta la tierce vraiement ;
La quarte présenta à grand erre (2)
Henri de Bar certainement.
Je crois qu'oncques, en nulle terre,
Ne fust plus noble parement
Qu'il eut pour cel qui gist en terre,
A qui Dieu fasse sauvement.

Quatre bannières, sans faillance,
Allait-on après présenter :
L'une porta, par révérence,
Le Baudrain, bien l'ouïs nommer
Treziguidi de Saliance ;
Et la seconde volt porter
Le Maréchal sans défaillance
Qui Blainville se fait nommer.

---

(1) Voulut.
(2) En grand équipage.

Fut monsieur Guillaume des Bordes
Avec celuy qui la portoit,
Et la tierce portoit le Borgne
De Montbouchet; avec estoit
Un escuyer qui moult est noble,
Daugenais ; et la quarte avoit
Grandpré, Beaujeu : ainsi par ordre
Chacun son office faisoit.

Après cela, je vous affie
Furent présentés li cheval :
Le premier, je vous certifie,
Mena Monseigneur de Laval ;
La Bret fust en sa compagnie.
Clisson le bon, seigneur loyal,
Mena l'autre, quelque nul die,
La Marche fust à lui égal.

Le tiers destrier, sans éloigne,
Lors fust présenté noblement
Par li nobles ducs de Bourgoigne,
Et de Bourbon certainement.
Le quart cheval, sans millisoine,
Le présenta très noblement
Duc de Lorraine, sans vergoigne,
Philippe de Ber ansement.

Quand l'offrande se fut passée,
L'évesque d'Auxerre prescha.
La fust mainte larme plorée
Des paroles qu'il recorda :

Car il conta comment l'espée (1)
Bertrand du Guesclin bien garda,
Et comme en bataille rangée
Pour France grand peine endura.

Tous les princes fondoient en larmes
Des mots que l'Évesque montroit,
Car il disoit : « Plorez, gens d'armes,
     » Bertrand qui très tant vous aimoit.
     » On doit regretter les faits d'armes
     » Qu'il a faits au temps qu'il vivoit.
     » Dieu ait pitié, sur toutes âmes,
     » De la sienne, car bonne estoit. »

Charles, le noble roy de France,
Qui Dieu doint (2) vie et bonne fin,
A fait faire telle remembrance
Du noble Bertrand du Guesclin,
Qu'on doit bien avoir souvenance
Du noble guerrier enterrin (3).
Dieu octroye à s'ame honorance
Ès cieulx où sont des séraphins !
                              Amen.

-----

(1) De connétable.
(2) A qui Dieu donna.
(3) Enterré

Table des Matières.